Ingo Tornow
PIROSCHKA UND WUNDERKINDER

Ingo Tornow

PIROSCHKA UND WUNDERKINDER

oder

Von der Vereinbarkeit
von Idylle und Satire

Der Regisseur Kurt Hoffmann

filmland presse
1990

Bildnachweis: Taurus-Film, München-Unterföhring; Deutsches Institut für Filmkunde, Frankfurt a.M.; Will Meisel Verlage, Berlin; Filmwelt, München; Bildarchiv Filmland Presse, München; Archiv des Autors.

CIP-Titelaufnahme der Deutschen Bibliothek:

Tornow, Ingo:
Piroschka und Wunderkinder oder: Von der Vereinbarkeit von Idylle und Satire; der Regisseur Kurt Hoffmann / Ingo Tornow. — München: Filmland Presse, 1990.
   ISBN 3-88690-100-9

Alle Rechte vorbehalten. © 1990 Ingo Tornow

Verlagsbuchhandlung Filmland Presse, Aventinstraße 4, D-8000 München 5, Telefon 089/22 01 09.

ISBN 3-88690-100-9

1 93 33111 2 062

1 92 17933 1 062

Inhalt

	Seite
Vorwort	7
Ein Mann, der optisch denkt	9
Drei Jahrzehnte Filmkomödie in Deutschland. **45 Filme 1939 – 1971**	23
Paradies der Junggesellen	25
Hurra! Ich bin Papa!	30
Quax, der Bruchpilot	33
Ich vertraue Dir meine Frau an	40
Kohlhiesels Töchter	44
Ich werde Dich auf Händen tragen	49
Das verlorene Gesicht	54
Heimliches Rendezvous	59
Fünf unter Verdacht	63
Der Fall Rabanser	68
Taxi-Kitty	73
Fanfaren der Liebe	78
Königin einer Nacht	84
Klettermaxe	88
Wochenend im Paradies	93
Musik bei Nacht	97
Hokuspokus	101
Moselfahrt aus Liebeskummer	106
Der Raub der Sabinerinnen	110
Das fliegende Klassenzimmer	116
Feuerwerk	120
Drei Männer im Schnee	125
Ich denke oft an Piroschka	129
Heute heiratet mein Mann	133
Salzburger Geschichten	137
Bekenntnisse des Hochstaplers Felix Krull	143
Das Wirtshaus im Spessart	148
Wir Wunderkinder	152

Der Engel, der seine Harfe versetzte	159
Das schöne Abenteuer	163
Lampenfieber	168
Das Spukschloß im Spessart	173
Die Ehe des Herrn Mississippi	178
Schneewittchen und die sieben Gaukler	185
Liebe will gelernt sein	190
Schloß Gripsholm	195
Das Haus in der Karpfengasse	200
Dr. med. Hiob Prätorius	206
Hokuspokus — oder: Wie lasse ich meinen Mann verschwinden	210
Liselotte von der Pfalz	213
Herrliche Zeiten im Spessart	218
Rheinsberg	224
Morgens um sieben ist die Welt noch in Ordnung	229
Ein Tag ist schöner als der andere	233
Der Kapitän	238
Anmerkungen	243
Literaturverzeichnis	245
Personen- und Filmtitelregister	247

Vorwort

Am 10. November 1990 wird Kurt Hoffmann, einer der bedeutendsten deutschen Filmregisseure, 80 Jahre alt. Aus diesem Anlaß wird hiermit erstmals eine umfassende Würdigung seines filmischen Werks vorgelegt. Die anhaltende Beliebtheit, deren sich Hoffmanns Filme erfreuen und die sich unter anderem darin zeigt, daß kaum eine Woche vergeht, in der nicht einer seiner Filme vom Fernsehen gesendet wird, steht in umgekehrtem Verhältnis zu der publizistischen Beachtung, die dieses filmische Schaffen gefunden hat. Es war also höchste Zeit, Versäumtes nachzuholen und Kurt Hoffmann auch literarisch den ihm gebührenden Platz in der deutschen Filmgeschichte einzuräumen.

Zum Gelingen des Buches hat eine Reihe von Personen und Institutionen mit Material beigetragen, denen an dieser Stelle herzlichst gedankt sei. Besonders reichlich versorgt wurde ich von der Firma Taurus-Film, München-Unterföhring, die die Kino- und/oder Fernsehrechte an einer großen Zahl von Hoffmann-Filmen erworben hat. Namentlich der Leiterin der Abteilung Dokumentation von Taurus-Film, Frau Stefanie Knorr, muß ich für ebenso zeitaufwendiges wie geduldiges Suchen danken. Die Will-Meisel-Verlage, Berlin haben mich ungewöhnlich großzügig mit Material über „Königin einer Nacht" ausgestattet. Die Neue Deutsche Filmproduktion, München-Unterföhring gewährte mir freundlicherweise Einsicht in die Drehbücher und Dialoglisten der von ihr produzierten Hoffmann-Filme. Der CCC-Film, Berlin danke ich für die Überlassung einer Videokopie von „Fünf unter Verdacht". Dem Testamentsvollstrecker Erich Kästners, Herrn Dr. Ulrich Constantin, München, bin ich noch für seine umfassende Hilfestellung für mein Buch „Erich Kästner und der Film" verbunden. Sie kam auch der Besprechung der Kästner-Verfilmungen Hoffmanns zugute.

Für freundliche Unterstützung sei ferner gedankt: Micky Glässge, Hannelore Plagge-Braicks, Werner Schneider, Horst Timm, Magda Tornow und nicht zuletzt meinem Verleger Hans Klaus Denicke für seinen Mut, dieses wenig markträchtige Thema aufzugreifen, schließlich meiner Frau Heidi Horny-Tornow für Geduld, Zuspruch, vielerlei Entsagungen und für unermüdliches Korrekturlesen. Ihr ist dieses Buch auch gewidmet.

Noch ein Wort zu den filmographischen Angaben: Rüdiger Koschnitzki hat eine umfassende „Filmographie Kurt Hoffmann" (siehe Literaturverzeichnis) erarbeitet. Da dieses Werk (leider) nicht sehr verbreitet und nicht jedem Leser meines Buches ohne weiteres zugänglich ist, habe ich mich entschlossen, die filmographischen Angaben dennoch sehr umfangreich zu gestalten, wobei ich bei einem großen Teil dankbar auf Koschnitzki zurückgegriffen habe. Lediglich auf Daten, die für die Betrachtung von Hoffmanns Werk weniger wichtig erschienen, wie z.B. die Zeitpunkte der FSK-Freigabe oder Fernsehsendetermine, wurde verzichtet. In jedem Fall aufgenommen habe ich, so weit sie mir bekannt wurden, über Koschnitzki hinaus gehende Daten, meist Schauspieler, die im Vorspann und den Produktionsunterlagen nicht genannt sind aber im Film identifiziert werden konnten. Sie sind zur besseren Übersicht durch Schrägdruck gekennzeichnet. In der Rubrik „Verleih" ist jeweils zunächst der ursprüngliche Verleih und dann, falls vorhanden, nach „/" der derzeitige Verleih angeführt. Ebenfalls wird auf das Erscheinen der Filme auf Videokassette hingewiesen, wobei geklammerte Angaben bedeuten, daß die Kassette zur Zeit vergriffen ist.

Ein Mann, der optisch denkt

„Film ist Kamera, aber heute schreibt man nur Dialoge, niemand denkt mehr optisch." Als Kurt Hoffmann dies sagte, 1959, stand der deutsche Film kurz vor seinem Tiefpunkt, den er Anfang der 60er Jahre erreichte. Hoffmann aber war auf dem Höhepunkt seines Könnens und seines Ruhms. Dennoch wurde er, speziell von der jungen Kritik, angegriffen wie kaum ein anderer. Er war ihnen der seichte Komödienmacher, der Unterhaltungsfilmer, der die Menschen nur von den eigentlichen Problemen ablenkte, sie täuschte und betrog. Für sie war er nur graduell besser als die unsäglichen Klamotten- und Schnulzenregisseure der Zeit, ja daß er besser war, schien eigentlich erst recht ein Fehler, denn er stand damit dem Zusammenbruch des alten Systems und der Einführung der schönen neuen Filmwelt nur im Wege.

In Deutschland hat es nur selten Meister der eleganten, subtilen Komödie gegeben. Ernst Lubitsch, der allzu früh nach Hollywood Abgewanderte, steht nach allgemeiner Meinung als unerreichbarer Gipfel über allen. Reinhold Schünzel und vielleicht Erich Engel konnten in den 30er und 40er Jahren halbwegs sein Niveau halten. In den 50er Jahren gab es in Deutschland nur einen Komödienspezialisten von Rang, Kurt Hoffmann, und er hat später auch keinen Nachfolger gefunden. Sicher, gute Komödien haben auch die wenigen anderen Großen gedreht, Helmut Käutner zumal. Aber sie konzentrierten sich doch in der Hauptsache auf anderes. Hoffmann bleibt der einzige Spezialist von Klasse.

Daß die Deutschen sich schwertun mit der Komödienform, ist eine auch auf anderen Gebieten, zum Beispiel dem Theater, oft beobachtete Tatsache. Über die Gründe dafür wurde viel diskutiert, aber es würde zu weit führen, dieser Diskussion hier nachzugehen. Für einen der genannten Gründe, daß nämlich das Leichte, Unterhaltsame in Deutschland zuwenig Ansehen genieße, ist Hoffmann das beste Beispiel. Obwohl er unstreitig zu den (mit Käutner und Staudte) drei besten deutschen Regisseuren der 50er Jahre gehört, fand er bei weitem am wenigsten Anerkennung bei der Kritik. Immer wurde den (Problem-)Filmen von schwerfälligen Ethikern wie zum Beispiel Harald Braun oder ehrgeizigen, aber blutarmen Literaturverfilmungen von Fontane („Rosen im Herbst", Rudolf Jugert 1955) über Hauptmann („Die Ratten", Robert Siodmak 1955) bis Shaw („Frau Warrens Gewerbe", Akos von Rathony 1959) oder teuren Prestigeprodukten wie „Das indische Grabmal" (Fritz Lang 1958) oder pompösen Biographien wie „Canaris" (Alfred Weidenmann 1954), „Sauerbruch" (Rolf Hansen 1954) und „Stresemann" (Alfred Braun 1956) mehr Beachtung (und Achtung) entgegengebracht. Wenn Hoffmann selbst sich dann einmal an ehrgeizige Projekte wie die Thomas Mann-Verfilmung „Bekenntnisse des Hochstaplers Felix Krull" oder die Dürrenmatt-Adaption „Die Ehe des Herrn Mississippi" wagte, dann wurde ihm leicht vorgeworfen, er habe sich übernommen, obwohl er diese Aufgaben sicher besser löste, als es fast allen Regisseuren, die damals in Deutschland zur Verfügung standen, möglich gewesen wäre.

Nur wenige deutsche Regisseure hatten eine so gründliche und vielseitige Ausbildung wie Hoffmann. Die so früh erworbene handwerkliche Perfektion kam zwar seinen Filmen zugute, erwies sich aber auch als Handikap, da sie schon bald zu seinem Ruf als Nur-Handwerker beitrug.

Am 12. November 1910 in Freiburg im Breisgau geboren, kam Hoffmann schon von Anfang an mit dem Film in Berührung. Sein Vater war Carl Hoffmann, der geniale Kameramann des deutschen Stumm- und frühen Tonfilms und Regisseur einiger hübscher Komödien der 30er Jahre. Nach dem Abitur plante Hoffmann zunächst zu studieren, doch das vom Elternhaus geprägte Interesse am Film siegte. Durch Vermittlung des Vaters bekam er 1931 eine Volontärsstelle bei Eric Charells „Der Kongreß tanzt". Das bedeutete für ihn zunächst vor allem, Kaffee für die Crew zu holen und das Drehbuch zu halten, wobei er so oft es ging einen Blick in letzteres riskierte. Nach einer weiteren Volontärsstelle bei Robert Siodmaks „Stürme der Leidenschaft" (1931) wurde er ein Jahr später erstmals Regieassistent, und zwar bei Reinhold Schünzel für „Das schöne Abenteuer" (nicht stoffgleich mit Hoffmanns späterem gleichnamigem Film). Er blieb Schünzels ständiger Regieassistent für insgesamt neun Filme bis zu dessen letztem Film in Deutschland, „Land der Liebe" 1937. Obwohl er zwischendurch einmal Regieassistent bei

Gustav Ucicki („Der junge Baron Neuhaus" 1934) und danach dreimal bei Wolfgang Liebeneiner („Versprich mir nichts" 1937, „Yvette" 1937/38 und „Du und ich" 1938) und einmal bei Hans Steinhoff („Ein Volksfeind" 1937) war, kann man sagen, daß Reinhold Schünzel sein Lehrmeister wurde. Der Einfluß seiner musikalischen Komödien ist an denen Hoffmanns aus den 50er Jahren abzulesen.

In dieser Zeit seiner Regieassistenztätigkeit stand Hoffmann hinter der Kamera, saß am Schneidetisch, kurz machte sich mit allen filmischen Tätigkeiten vertraut. Nur als Darsteller betätigte er sich meines Wissens nie. Er erwarb sich solches Ansehen, daß er schon früh mit der Beratung filmisch weniger erfahrener Regisseure betraut wurde und 1938 die Gelegenheit zur eigenen Regie in drei Kurzspielfilmen erhielt („Wochenendfrieden", „Der Skarabäus" und „Andere Länder, andere Sitten"). Im selben Jahr wurde er Heinz Rühmanns Regieassistent bei dessen erster Regie („Lauter Lügen") und erhielt von ihm im nächsten Jahr die Chance zur ersten Langfilmregie in dem von Rühmann produzierten „Paradies der Junggesellen".

Im Gegensatz etwa zu dem frühvollendeten Käutner, der seine Regietätigkeit etwa zur gleichen Zeit wie er begann, oder zu Staudte, der schon kurz nach dem Krieg seine wichtigsten Filme drehte, brauchte Hoffmann verhältnismäßig lang, bis er zu seinem Stil fand und seine Meisterwerke schuf. Es fehlte ihm offenbar der zähe, bohrende Wille, seine Interessen durchzusetzen. Ein Experimentator oder filmstilistischer Revolutionär war er ohnehin nicht. So begnügte er sich mit Auftragsarbeiten wie den Rühmann-Vehikeln der ersten Jahre oder — notgedrungen nach Kriegsdienst (1940 vorübergehend, endgültig ab 1944) und Kriegsgefangenschaft (bis 1946) und Synchronregie bis 1948 — mit den ihm nicht gemäßen Angeboten des Psychothrillers „Das verlorene Gesicht" oder der Krimis „Fünf unter Verdacht" und „Der Fall Rabanser", denen allen er stilistisch gerecht zu werden versuchte und oft genug auch wurde, ohne daß diese Filme etwas Persönliches, etwas wie einen Hoffmann-Touch hätten. Anfang der 50er Jahre wurde er unter dem Druck der Produktionsverhältnisse gar zum Vielfilmer, drehte 17 Filme in sechs Jahren. Erst als er nach dem Sensationserfolg von „Feuerwerk" sich seine Stoffe selbst aussuchen und seinen Arbeitsrhythmus selbst bestimmen konnte, fand er zu sich, wurden Stoffwahl und Handschrift persönlich, kann man sagen, daß seine Filme unverwechselbar sind.

Der Krise des deutschen Films in den 60er Jahren hatte der Erfolgsregisseur Hoffmann nichts entgegenzusetzen — außer Erfolgen. Nach den Regisseuren der Edgar Wallace-, Karl May- und Lümmelfilmserien Reinl, Vohrer und Jacobs war Hoffmann der erfolgreichste des Jahrzehnts, im Gegensatz zu diesen aber der einzige, der künstlerische Reputation besaß. Doch seine künstlerische Entwicklung, die im „Wirtshaus im Spessart" und in „Wir Wunderkinder" kulminiert hatte, stagnierte. Auf Hoffmann, der immer stark von der Qualität seiner Mitarbeiter abhing, wirkten sich nun auch die Kreativitätskrise des deutschen Films und die versteinerten Produktionsbedingungen der Filmwirtschaft aus. Die Jungfilmer und ihr filmkritischer Anhang, seit dem Oberhausener Manifest von 1962 lautstark an die Öffentlichkeit getreten, seit 1966 mit eigenen Langfilmen auf den Markt gekommen, stellten Hoffmann als einen der Hauptrepräsentanten eines Systems heraus, für das Ausdrücke wie „Papas Kino" oder „Schnulzenkartell" standen. Hoffmann kam zu dem Schluß, daß er seiner Zeit nichts mehr zu sagen hatte, und resignierte. Nach seinem Film „Der Kapitän" 1971, der noch einmal einer der erfolgreichsten deutschen Filme der Saison geworden war (nach diversen Sexfilmchen und einem dümmlichen Klamaukfilm sogar der erfolgreichste), zog er sich aus dem Filmgeschäft zurück, ohne sich zum Fernsehen zu flüchten wie etwa Käutner und Staudte, die im erstarrten Apparat der Filmwirtschaft ein ähnliches Schicksal erlitten hatten wie er, die aber von der Kritik nicht in ähnlichem Maße mit dem Negativimage von Papas Kino identifiziert worden waren. Nur einmal drehte Hoffmann fürs Fernsehen, 1976 unter dem Obertitel „Sonntagsgeschichten" die Verfilmung dreier Kurzgeschichten von Somerset Maugham, B. Traven und Karel Čapek. In einer kurzen Einleitung zu diesem Episodenfilm fühlte sich Hoffmann — typisch für die Situation in Deutschland! — bemüßigt, die Berechtigung von Unterhaltungsfilmen zu verteidigen. Heute lebt Hoffmann zurückgezogen im Tessin und in München.

Hoffmanns Kritiker haben sehr oft den Fehler gemacht, ihn nicht an seinen eigenen Ansprüchen zu messen, sondern daran, was nach Meinung des Kritikers dem Film nottat. Es wurde nicht gefragt, ob er das, was er machen wollte, gut gemacht habe, sondern festgestellt, daß das Thema ganz anders hätte dargestellt werden müssen. Das führte dann zu Verdikten mit dem Tenor, er habe sich bei der Stoffwahl vertan, statt sein Thema so oder so anzugehen, habe er einen ganz „falschen" Aspekt aufgegriffen, andere hätten den Film ganz anders gemacht und was dergleichen Hochnäsigkeiten mehr sind. Zugegeben, diese Einwände können berechtigt sein; auch ich werde bei den Einzelbesprechungen von Hoffmanns Filmen — manchmal — auf derlei Argumente zurückgreifen müssen. Aber die Penetranz, mit der sie von der Kritik gegen Hoffmann vorgetragen werden, läßt nur den Schluß zu, daß man nicht gewillt war, sich um Verständnis für den Regisseur zu bemühen. Hinter allem steht dann unausgesprochen das vernichtende Urteil, Hoffmann sei eben „nur" ein Unterhaltungsfilmer.

Hoffmann selbst verstand sich in erster Linie als Unterhaltungsfilmer, nicht als Schulmeister, großer Künstler oder Revolutionär mit der Kamera. In dieser Rolle versuchte er, allen Unterhaltungsgenres gerecht zu werden. Zu zeigen, daß und warum ihm dies nicht immer gelang, daß zum Beispiel das Kriminalgenre nicht seinem Gefühl für den Umgang mit der Realität entsprach, daß die Slapstickkomödie seinem Tempogefühl zuwiderlief, ist ein weit fruchtbarer Ansatz für Kritik. Ich werde bei den Einzelbesprechungen der Filme darauf zurückkommen. Daß andererseits Unterhaltung nicht von vornherein das Seichte bedeutet, zeigt die Wahl von Vorlagen wie Thomas Mann, Tucholsky, Dürrenmatt, selbst Kästner[1] in Hoffmanns Oeuvre. Wo und warum er hier scheiterte, soll ebenfalls in den Einzelbesprechungen untersucht werden.

Nur einmal hat Hoffmann kein dezidiert unterhaltsames Thema gewählt, bei „Das Haus in der Karpfengasse". Das mag in gewisser Weise ein Fehler gewesen sein, denn an diesem Film wie an keinem anderen entzündete sich die Debatte um Hoffmann den unpolitischen (und deshalb zu verurteilenden!) Regisseur. Ich finde es müßig, mich grundsätzlich mit dieser Meinung vom a priori politischen Charakter der Kunst auseinanderzusetzen. Es ist an anderer Stelle schon oft genug geschehen und würde hier zu weit führen. Die Forderung des „Schuster bleib bei Deinem Leisten" jedenfalls, die in der Auseinandersetzung um

„Das Haus in der Karpfengasse" mitschwang, lag unausgesprochen schon der Kritik der vorangegangenen eineinhalb Jahrzehnte zugrunde. Hoffmann bekam seine besten Kritiken immer dann, wenn er sich auf Themen und Genres einließ, die ihm besonders gut lagen und bei denen er sich nicht an hehren literarischen Größen wie Thomas Mann und Tucholsky „vergriff", „Feuerwerk" etwa, „Ich denke oft an Piroschka" oder „Das Wirtshaus im Spessart". Hätte er sich an dieses Motto gehalten, wäre der deutsche Film um manchen interessanten Versuch gebracht worden, und auch seinen wunderbaren Film „Wir Wunderkinder" hätte er dann wohl nicht gedreht. Als er sich im Umfeld einer ängstlichen, zu keinem Risiko bereiten Filmwirtschaft daran hielt, etwa ab Mitte der 60er Jahre, wurde er künstlerisch uninteressant.

Hoffmann verstand sich auch als Handwerker, in dem Sinne, daß er einwandfreie, dem höchsten Standard entsprechende Qualitätsarbeit zu liefern habe. In einem Interview hat er gesagt: „Wenn ein Film gut geworden ist, so verdankt er dies in erster Linie äußerst vorsichtiger Stoffwahl und dann der Tatsache, daß von der ersten Zeile Drehbuch bis zum letzten Meter Schnitt mit kompromißloser Sorgfalt und Konzentration daran gearbeitet worden ist."[2] Das muß man mehr als eine Forderung an sich und seine Zunftgenossen verstehen, denn als eine Selbsteinschätzung als Nur-Handwerker. Zur Erfüllung dieses Ziels hat sich Hoffmann wo immer möglich die exquisitesten Mitarbeiter ausgesucht, und so ist handwerklich an kaum einem seiner Filme etwas auszusetzen, gehören alle zum Besten, was der deutsche Film zu bieten hat. Wenn Joe Hembus dagegen von Hoffmann sagt: „Die Qualität seiner Filme ist nicht zuletzt die Summe der Talente seiner Mitarbeiter, der Autoren Heinz Pauck und Günter Neumann, der Kameramänner Richard Angst, Günther Anders und Sven Nykvist und der Komponisten Franz Grothe und Friedrich Hollaender"[3], so tut er Hoffmann damit Unrecht. Hoffmann ist mehr als ein geschickter Koordinator guter Mitarbeiterleistungen. Er hat eine eigene Handschrift entwickelt, die den Stil seiner besten Filme unverwechselbar macht und sich vor allem in den Gattungen der romantischen Idylle und der musikalischen Komödie zeigt. Einige elegante Konversationskomödien wie „Heute heiratet mein Mann", „Liebe will gelernt sein" und letztlich auch „Bekenntnisse des Hochstaplers Felix Krull" sind darüberhinaus zu erwähnen. „Drei Männer im Schnee" gehört ebenfalls zu dieser Gattung, kann aber auch den Idyllen zugerechnet werden.

Die wichtigsten Elemente in Hoffmanns Stil, Ironie und Satire, das Idyllische und die musikalische Auflösung des Geschehens sind in seinen Filmen selten rein vorhanden, sondern auf das Vielfältigste miteinander verwoben. Nun scheinen Satire und Idylle ausgesprochen unvereinbar. Aber Satire gerät Hoffmann ohnehin immer etwas brav, ist nie von der ätzenden Art, neben der sich eine Idylle wie in einem Salzsäurebad in nichts auflösen müßte. Eher sind Ironie und gutmütig-spöttisches Augenzwinkern Bestandteile seiner Filme. (Daß Bierernst nie zu den Merkmalen dieser Filme gehört, macht auch die leichtgewichtigsten unter ihnen für den Anspruchsvollen noch konsumierbar.) Wenn die Satire schärfer wird, ist sie eher Bestandteil von Lustspielen wie „Das Spukschloß im Spessart". Dennoch kann Satire eingebaut sein in Idyllen (wie die Tourismusattacken in „Schloß Gripsholm" oder die schloßbesichtigenden Offizierskarikaturen in „Rheinsberg"), um der Selbstreflexion der Idylle zu dienen, ihre Begrenztheit zu verdeutlichen. Davon wird gleich noch zu sprechen sein. Andererseits können, wie in „Wir Wunderkinder", Idyllen als gefährdete Idyllen in die Satire eingebaut sein, um den Realitätsgehalt dieser Satire zu verstärken. Denn: Hoffmann war kein Realist. Sicher, er konnte Wirklichkeit sehr genau darstellen, dafür war er perfekter Handwerker und genauer Beobachter genug. Aber was herauskam, war nicht die Realität, sondern in den gelungensten Filmen seine eigene Welt. So liebte Hoffmann es denn auch, die Realität entweder zu überhöhen, wie in „Der Engel, der seine Harfe versetzte", oder zu ironisieren, wie in den Hans Böckel-Szenen von „Wir Wunderkinder". Die Realität getroffen hat er weniger durch genaue Schilderung als durch Satire. Wo er ersteres versucht hat, bleiben die Ergebnisse zwiespältig („Lampenfieber", „Das Haus in der Karpfengasse") oder kläglich („Ein Tag ist schöner als der andere").

Ein Kritiker hat einmal von „Hoffmanns strahlender Harmlosigkeit"[4] gesprochen. Doch diese „strahlende Harmlosigkeit" ist nicht, wie unterstellt wurde, die unbewußte Haltung eines naiven, unrealistischen Filmemachers, sie ist Methode, ist Ausdruck einer Kunstgattung, der Idylle. „Idylle", einen der Dichtkunst und Malerei entlehnten Begriff, verwende ich hier nicht im engeren Sinne als Darstellung eines idealisierten Landlebens, sondern in erweiterter Bedeutung als Darstellung eines hermetischen Zustands, in dem Idealität möglich scheint. Diese durch mehr als zwei Jahrtausende von Theokrit und Vergil bis Goethe und Mörike ganz selbstverständlich gepflegte Kunstgattung ist seit Mitte des 19. Jahrhunderts zunehmend in Verruf geraten. Sie gilt als Mittel der Realitätsverfälschung und der Wirklichkeitsflucht, der unzulässigen Illusionierung und Verharmlosung. Dies ist auch der Ansatz für die Kritik an Hoffmanns Idyllen[4a]. Doch Wirklichkeitsflucht, Flucht in den schönen Traum wird in Hoffmanns besten Idyllen so bewußt vollzogen und so eindeutig als zeitlich begrenzt, als nicht zum Dauerzustand erhebbar dargestellt (meisterhaft etwa in „Ich denke oft an Piroschka"), daß diese Kritik nicht greift. Hoffmanns Idyllen ist immer ihre eigene Unwirklichkeit bewußt, so daß sie nicht verlogen wirken. Sie entgehen damit aber auch der Gefahr, zuckersüß zu wirken und sind deshalb so gut verdaulich.

Wenn in Hoffmanns Idyllen Elemente der Realität eingewoben sind, ja geradezu einbrechen, so mißverstehen das viele Kritiker, ausgehend von einer a-priori-Forderung nach Realitätsnähe, als Beweis für die Unfähigkeit Hoffmanns zur konsequenten Darstellung der Realität. Als ob das seine Absicht wäre! Wenn man das Falsche von ihm erwartet, kann man nicht das Richtige finden. Diese Momente der Realität, meist mit satirischen Mitteln eingebracht, wie ich oben an den Beispielen von „Schloß Gripsholm" und „Rheinsberg" gezeigt habe, dienen dazu zu zeigen, daß die Idylle kein immerdauernder Zustand sein kann, daß sie tatsächlich etwas der Realität Entzogenes ist, bewahren diese Idylle aber gleichzeitig vor dem Abgleiten in Kitsch, Trivialität und Realitätsverleugnung. Daß die Idylle für manche Stoffe die unangemessene Gattung sein kann, wie etwa streckenweise in „Dr. med. Hiob Prätorius", sei nicht verschwiegen. Das oben angesprochene Unbehagen der Kritik gegenüber „Lampenfieber" beruht allerdings nicht auf der Wahl der unangemessenen Gattung, sondern tatsächlich auf zu wenig konsequenter Realitätsschilderung (und auf einem schlechten Buch, was für viele mißglückte Hoffmann-Filme entscheidend war!).

Uwe Nettelbeck hat bei einer Besprechung von „Das Haus in der Karpfengasse"[5] den richtigen Ansatz, wenn er die Intention des Films darin sieht, die „Zerstörung einer Idylle" zu zeigen. Doch er zieht die falschen Schlüsse. Idylle hat bei ihm eine andere Bedeutung als bei Hoffmann, ist „Illusion . . ., die das Leben kosten" kann oder „Besitz, (der) träge macht". Hoffmanns Aufgabe wäre daher nach Nettelbecks Meinung gewesen, die „Fatalität (der Idylle) aufzudecken". Worauf wäre das hinausgelaufen? Doch wohl auf die Lehre, man hätte rechtzeitig etwas tun müssen. Diese Lehre hat Hoffmann den Deutschen in „Wir Wunderkinder" verkündet. Angesichts der tschechischen von aller Welt verlassenen Opferlämmer aber hätte sie reichlich zynisch gewirkt. Hoffmann unterläßt es und Nettelbeck zieht aus seiner Forderung den Umkehrschluß, Hoffmann sei es mehr auf Schilderung der Idylle als eines „Wertes an sich" angekommen, als auf Darlegung der Gründe ihrer Zerstörung. Gezeigt werden soll aber vielmehr — zugegebenermaßen in ausgesprochener Hilflosigkeit gegenüber der Unmenschlichkeit des Nationalsozialismus —, daß hier nicht der Ort für Idylle ist. Auch Nettelbeck macht den Fehler, vom Künstler etwas zu verlangen, was nicht dessen Intention ist, etwa „die Gründe für ihre Zerstörung (der Idylle) zu nennen" oder „Ursache und Funktion (der Nazi-Untaten) zu erklären". Der Film „Das Haus in der Karpfengasse" ist vielmehr nur angemessen ins Schaffen Hoffmanns einzuordnen, wenn man ihn als Hoffmanns radikalste Darlegung der Begrenztheit und Nicht-Verwirklichbarkeit von Idylle als einem Ideal versteht.

Nur einmal erlag Hoffmann der Gefahr, die Idylle als eine totale darzustellen. Als in „Das schöne Abenteuer" für das späte Mädchen Dorothee die Idylle der „Reise durchs Familienalbum"[6] zu Ende ist, flüchtet sie sich im letzten Moment in die Ehe mit Marius, die aus dem erinnernden Blättern im weitergeführten Familienalbum nach 25 Jahren als Zustand immerwährender Idylle erscheint.

„Ein Tag ist schöner als der andere" ist entgegen der Meinung vieler Kritiker und trotz seines Titels keine Idylle, sondern ein Beispiel für mißglückten Realismus. Wenn eine Familie gezeigt wird, die fähig ist, Konflikte zu lösen, so ist das kein Grund, den Film mit dem Schimpfwort „Idylle" zu belegen (denn so ist es gemeint[7]).

17

Hoffmanns meiste Komödien, soweit sie nicht ohnehin starke idyllische Elemente enthalten wie „Drei Männer im Schnee" oder „Salzburger Geschichten", haben mit seinen Idyllen eins gemeinsam: das Tempo. Nicht der Aberwitz überdrehter Komödien, nicht tempogeladener Slapstick sind Hoffmanns Stärke, obwohl er sich auch hierin mit mehr („Quax, der Bruchpilot", „Ich vertraue Dir meine Frau an") oder weniger („Klettermaxe") Erfolg versucht hat. Aber in seinen besten Filmen walten vielmehr Behaglichkeit, milde Ironie, gemessenes Tempo, Zurückhaltung und Witz, der mehr zum Schmunzeln als zum lauten Lachen anregt.

Das gilt auch für schwankhafte Stoffe wie „Fanfaren der Liebe" oder „Der Raub der Sabinerinnen". Die vorsichtige, sorgfältig auf Einhaltung der Regeln des guten Geschmacks achtende Behandlung dieser Sujets bewahrt sie zwar vor dem Abrutschen in die billige Klamotte. Aber das mäßige Tempo, das Element der Behaglichkeit, die Distanz, all das nimmt diesen Stoffen doch Wesentliches. Das ist nicht die angemessene Art, einen Schwank anzugehen.

Ein wichtiges Element in Hoffmanns Komödien, vielleicht das wichtigste, auf jeden Fall wichtiger als in den Idyllen, ist die Musik. „In meinen Filmen war *immer* etwas Musikalisches wichtig", hat er sogar in einem Interview betont.[8] Doch war in „Ich denke oft an Piroschka" die Musik nur stimmungshafte Folie, vor der sich das Geschehen entfaltet, eine Funktion, zu der im Salzburg-Film der illustrative Charakter mancher Nummern hinzukommt, so ist sie in den Spessart-Filmen, vor allem den beiden ersten, in „Der Engel, der seine Harfe versetzte" oder in „Wir Wunderkinder" wesentliches Gestaltungselement von jeweils ganz eigener Art. In „Taxi-Kitty" ist diese Art der Gestaltung bereits auf überzeugende Weise vorweggenommen, im späten „Schneewittchen und die sieben Gaukler" dagegen nur noch zu Beginn geglückt. („Königin einer Nacht" als plane Operettenverfilmung, „Feuerwerk" als musikalisches Lustspiel mit vielen Strichen fallen aus dieser Betrachtung heraus.) Hoffmann ist hier auf dem Weg zur eigenständigen (Weiter-)Entwicklung einer eigenen deutschen Form der filmischen Musikkomödie in Musical-Nähe. Wie kein anderer im deutschen Film der Nachkriegszeit verstand er es, musikalische Szenen mit Spielhandlung zu verknüpfen, sie nahtlos daraus hervorgehen zu lassen, Spielhandlung durch Musiknummern zu kommentieren, zu ironisieren, zu kontrastieren, aber auch zu verdichten. Nur ein Käutner hat meines Erachtens, mit „Das Glas Wasser", in ganz eigener, stärker kabarettistischer Art einen ähnlich geglückten Film dieses Genres geschaffen, aber eben nur einen.

Hoffmann ging hier in zeitgemäßer Modifikation einen Weg weiter, der Anfang der 30er Jahre von Wilhelm Thiele mit „Die Drei von der Tankstelle" und von Reinhold Schünzel mit mehreren Filmen vielversprechend eingeschlagen, dann aber von den unoriginell an Hollywood orientierten UFA-Filmrevuen der Nazi-Zeit zugeschüttet worden war. Die Kritik hat zum Teil Hoffmann genau dies zum Vorwurf gemacht, daß er einen Weg weitergegangen sei, statt einen neuen einzuschlagen. Solche Kritiker verwechseln Kunst mit (ästhetischer, politischer, beim Film auch technischer) Fortschrittlichkeit. Das ist unsinnig. Es hat immer Künstler gegeben, die sich eher traditioneller Formen und Stilmittel bedienen und solche, die neue entwickeln. Über künstlerische *Qualität* sagt beides wenig aus, kann keinesfalls zum Hauptkriterium für die Wertung erhoben werden.

Wenn dieser Vorwurf zudem mit der Anklage verbunden wird, Hoffmann habe (wie fast der gesamte deutsche Film der 50er Jahre) die von den Nazis entwickelte UFA-Ästhetik weitergeführt, so ist das erst recht unsinnig. Zum einen ist die Gleichsetzung von UFA-Ästhetik mit Nazi-Ästhetik undifferenziert. Der Film der nationalsozialistischen Zeit speiste sich aus so vielen, auch gegensätzlichen ästhetischen Quellen, daß man bezweifeln muß, ob es eine eigene Nazi-Ästhetik gibt. Der Stil der UFA-Unterhaltungsfilme hat zum anderen viele internationale Parallelen, ist wie schon angedeutet zum großen Teil von Hollywood abgekupfert.

Nun trifft es sicher für einen großen, zu großen Teil des deutschen Films der 50er und frühen 60er Jahre zu, daß nicht nur in stilistischer Hinsicht, sondern — schlimmer noch — inhaltlich an die nationalsozialistische Zeit angeknüpft wurde (charismatisches Führertum, Autoritätsgläubigkeit), aber bei Hoffmann dürfte es schwer sein, derartiges nachzuweisen. Stilistisch geht er, wie gezeigt, auf Quellen aus der Zeit vor 1933 zurück, die, und das ist das Entscheidende, nach 1933 nicht weiterentwickelt wurden. Und inhaltlich wären seine privaten, unaggressiven, einem freundlichen Humanismus huldigenden Filme in der Zeit des Nationalsozialismus sicher nicht sehr geachtet gewesen, auch wenn man sie kaum als Ausdruck einer inneren Antihaltung hätte deuten können. Daß er tatsächlich in dieser Zeit etwas anderes gedreht hat, geschickt gemachte Auftragsproduktionen im Geschmack der Zeit ohne viel eigenes, aber auch, ich werde bei den Einzelbesprechungen darauf zurückkommen, ohne allzuviele Zugeständnisse an die Machthaber, steht auf einem anderen Blatt.

Den „Mann mit der leichten Hand" hat man Kurt Hoffmann oft genannt. Bald jede dritte positive Besprechung seiner Filme seit Mitte der 50er Jahre verwendet fast toposartig diesen Begriff. Was mit der Floskel gemeint ist, ist schwer zu sagen — und wird auch nirgends gesagt. Man soll wohl an die Malerei denken, an die Pastellmalerei, zu deren duftiger Wirkung eine „leichte Hand" bei der Pinselführung nötig sein mag und mit deren Wirkung Hoffmanns Filme verglichen werden sollen. Man soll vielleicht das Leichtgewichtige der Stoffe assoziieren, die für Hoffmann typisch sind, obwohl für eine gute Komödie mehr Sorgfalt, ja Können nötig ist als — beispielsweise — für einen Problemfilm, jene beliebte und geachtete Gattung der 50er Jahre (Hoffmann streift sie mit seinem „Lampenfieber"). Da der Begriff „leichte Hand" offenbar positiv gemeint ist, soll er aber sicher auch ein Hinweis auf die Eleganz und Spritzigkeit der besten Hoffmann-Filme sein. Schließlich mag — „Hand" deutet auf die Art der Durchführung hin — auf eine vermeintliche Mühelosigkeit beim Drehen der Hoffmannschen Komödien hingewiesen werden. Daß dies absurd ist, daß, nicht nur nach Hoffmanns eigener Einschätzung, ganz besonders viel harte Arbeit, Präzision und Sorgfalt (nicht zuletzt aber auch Geschmack, Stilsicherheit und Inspiration) notwendig sind, um solche Ergebnisse zu erzielen, darauf wurde oben schon hingewiesen, es sei aber zur Charakterisierung von Hoffmanns Qualitäten noch einmal wiederholt.

Hoffmann hat immer optisch gedacht, hat „durch die Kamera inszeniert". In seinen gelungenen Filmen, und das sind nicht wenige, hat er sich nie mit dem bloßen In-Szene-Setzen der Handlung und des Dialogs begnügt, hat eine eigenständige Bildsprache entwickelt, die, konventionell hin, konventionell her, seine Filme wirklich *filmisch* macht. Das unterscheidet ihn von den meisten auch der geachteteren Regisseure seiner Zeit, die sich oft mit weit tiefschürfenderen Themen abmühten, aber sie nicht adäquat in Film umzusetzen verstanden, und das ist somit konstitutiv für seinen herausragenden Rang im deutschen Film.

Hoffmann hat im deutschen Kino der 50er und 60er Jahre zwei Genres zur Perfektion entwickelt, von denen das eine als Gattung von Niveau sonst nicht vorhanden war, die Idylle, und das andere mangels kontinuierlicher Tradition und entsprechendem künstlerischem Umfeld eine isolierte Spätform war, das Filmmusical deutscher Prägung. Kritisiert wurde er, weil er nicht oder nicht genügend leistete, was man vom Film der Zeit forderte: Vergangenheitsbewältigung, Zeitkritik, realitätsnahes, quasi-dokumentarisches Kino, Entwicklung einer neuen Ästhetik. Einen Vorwurf mag ich ihm daraus nicht machen!

Drei Jahrzehnte Filmkomödie in Deutschland

45 Filme 1939 – 1971

Paradies der Junggesellen

1939

Produktion: Heinz Rühmann Produktion, Berlin/Terra-Filmkunst, Berlin. Drehbuch: Karl Peter Gillmann, Günter Neumann nach dem gleichnamigen Roman von Johannes Boldt. Kamera: Carl Drews. Musik: Michael Jary. Liedtext „Das kann doch einen Seemann nicht erschüttern": Bruno Balz. Bauten: Willi A. Herrmann. Kostüme: Heinke/Paersch. Masken: Franz Siebert. Schnitt: Arnfrid Heyne. Ton: Erich Schmidt. Regie-Assistenz: Kurt Skalden.

Darsteller: Heinz Rühmann (Hugo Bartels), Josef Sieber (Apotheker Spreckelsen), Hans Brausewetter (Studienrat Hannemann), Gerda Maria Terno (Eva), Hilde Schneider (Hermine), Trude Marlen (Frau Platen), Lotte Rausch (Frau Wagenlenker), Maly Delschaft (Frau Bernau), Armin Schweizer (Herr Bernau), Albert Florath (Landgerichtsdirektor), Paul Bildt (Stadtrat Krüger), Werner Schott (Kapitän), Albert Venohr (Portier), Aribert Grimmer (Möbelpacker August), Otto Braml (Möbelpacker Wilhelm), Rudolf Schündler (Rechtsanwalt), Eduard Wenck (Auktionator), Clemens Hasse (Matrose), Lucie Lamera (Frau Liesegang), Gerhard Dammann (Wirt).

Länge: vor 1945 2562 m = 94 Min./nach 1945 2309 m = 84 Min.
Uraufführung: 1. 8. 1939. Verleih: Terra/Transit. FSK: ab 12.

Nachdem der Standesbeamte Hugo Bartels nun schon zum zweitenmal geschieden worden ist, fürchtet der Stadtrat Krüger um die Reputation seiner Behörde und nimmt ihm unter Androhung der Entlassung das Versprechen ab, nie mehr zu heiraten, damit er sich nie mehr der Gefahr einer Scheidung aussetze. Schon aber lauert Hugos Zimmervermieterin und versucht, ihn mit Gänsebraten und Eierkognac in ihre Netze zu locken. Mit Mühe kann sich Hugo zu einem Kameradschaftsabend der ehemaligen Besatzung des Torpedobootes „Viktoria" retten. Dort trifft er seine beiden alten Freunde, den Apotheker Spreckelsen und den Studienrat Hannemann, wieder. Diese beiden überzeugten Junggesellen beschließen, Hugo unter ihre Fittiche zu nehmen. Zuerst muß er sein Zimmer kündigen, was nicht ohne wüste Beschimpfungen von seiten der Zimmervermieterin wegen angeblicher sexueller Belästigung durch Hugo abgeht. Dann suchen sich die drei eine Wohnung, um sich darin ihr Paradies der Junggesellen einzurichten. Kein weiblicher Fuß soll je die Schwelle dieser Wohnung überschreiten!

Das Schicksal will es, daß die Hausbesitzerin eine schöne junge Frau ist. Hugo fühlt sich schnell zu ihr, Frau Platen, hingezogen und trifft sich hinter dem Rücken seiner Freunde mit ihr. Doch die Zeit für diese Rendezvous ist knapp bemessen, beschränkt sich auf die Zeit, die Hugo eher Dienstschluß hat als seine Freunde. So beschließt er, die beiden auf ihre Standhaftigkeit zu testen, um so etwas in Bewegung zu bringen. Er überredet seine Ex-Frauen, zu denen er noch ein freundschaftliches Verhältnis hat, an Spreckelsen und Hannemann Briefe zu schreiben und sie um ein Rendezvous zu bitten. Denn die beiden Frauen haben Hugos Freunde schon einmal flüchtig kennengelernt, ohne daß diese von ihrer Identität wüßten. Hugos Freunde sagen zu und sind schon bald in die schönen Frauen verliebt, ebenso wie diese in sie.

Nun haben Spreckelsen und Hannemann ihrerseits ein schlechtes Gewissen gegenüber Hugo wegen ihrer vermeintlichen Untreue. Sie versuchen, den beiden Frauen klarzumachen, daß sie die Heiratsanträge, die sie ihnen im Verlauf eines feucht-fröhlichen Abends gemacht haben, nicht aufrecht erhalten können, weil ihr Freund Hugo sie braucht. Der aber hat inzwischen andere Probleme. Er kann sich Frau Platen nicht erklären, denn da gibt es ja noch das Versprechen, das er dem Stadtrat geben mußte. Doch Frau Platen, der er davon erzählt, überredet den Stadtrat, Hugo noch einen dritten Versuch zu gestatten. Hugo bereitet nun für seine Freunde ein kleines Fest vor, bei dem er ihnen seine Ex-Frauen präsentiert. Die Zerknirschung der Freunde weicht erleichtertem Gelächter, als er seine eigene neue Eroberung vorstellt, und es kommt zu einer Dreifachhochzeit, bei der Hugo als Standesbeamter wieder einmal seine Standardrede von der Ehe als dem Paradies auf Erden halten kann.

Die Gelegenheit zu dieser seiner ersten Regiearbeit bekam Hoffmann durch Heinz Rühmann. Er war Rühmanns Assistent bei dessen erster Regie in „Lauter Lügen" gewesen und hatte sich ihm in den handwerklichen Belangen als so fähig und nützlich erwiesen, daß Rühmann ihm im nächsten selbst produzierten Film, in dem er im Gegensatz zu „Lauter Lügen" ja auch die Hauptrolle spielte, die Regie ganz anvertraute. Hoffmann hat in einem Interview[9] schmunzelnd erzählt, er sei manchmal noch etwas unsicher gewesen und habe vor dem Team nicht zu verbergende Nachdenkpausen benötigt, was Rühmann zu dem nicht ernstgemeinten Stoßseufzer veranlaßt habe: „Hätten wir bloß den Carl Boese genommen!" (ein Komödien-Routinier, mit dem Rühmann ein Jahr zuvor „Fünf Millionen suchen einen Erben" gemacht hatte.)

Paradies der Junggesellen

Heinz Rühmann, Josef Sieber, Lotte Rausch, Hans Brausewetter

Josef Sieber (links), Heinz Rühmann

Nun, das Nachdenken hat sich gelohnt, dem fertigen Produkt ist von Unsicherheit nichts mehr anzumerken. Es kann durchaus neben dem Werk des Routiniers bestehen. Obwohl das Drehbuch nicht alle Ungereimtheiten und Ungeschicklichkeiten des zugrundegelegten, mäßig lustigen Romans ausmerzte (die mangelnde Motivation für die Scheidungen zum Beispiel oder das alberne Kuppelspiel mit den geschiedenen Frauen und den beiden Freunden), ist „Paradies der Junggesellen" dennoch eine spritzige Komödie, voller Bildwitz und berstend vor Spiellaune der drei Hauptdarsteller. Die Kombination aus Routiniertheit und Frische, die dieser Erstling ausstrahlt, erstaunt immer wieder.

Eine Episode aus der Entstehung des Films ist berühmt geworden. Der damalige Produktionschef der Terra Alf Teichs erinnerte sich später[10], das im Film vorkommende Lied „Das kann doch einen Seemann nicht erschüttern" (ein unmotivierter Einschub, nur bei einer brillant variierenden Wiederholung von Ferne an Hoffmanns späteren subtilen Einsatz von Liedern erinnernd), sei eines Abends aus einer Bierlaune heraus entstanden. (Und so wirkt es auch, was ich durchaus positiv meine! Ein Ulk, mehr nicht.) Irgendein Unglücklicher habe darauf gereimt: „Das kann den Ersten Seelord (Churchill, d. Verf.) nicht erschüttern". Das sei dem Propagandaministerium zu Ohren gekommen, und es habe angeordnet, diese Version zu singen. Rühmann habe sich geweigert und sich durchsetzen können. Kurz danach wurde das Lied in dem berüchtigten Propagandafilm „Wunschkonzert" (Eduard von Borsody 1940) ausgebeutet. Dieser Umstand und die schon gleich nach der Entstehung versuchte politische Einflußnahme mögen zu dem nicht gerechtfertigten zweifelhaften Ruf des Liedes beigetragen haben.

Hoffmann hat in dem oben zitierten Interview auch gesagt, es habe im Dritten Reich keinen nennenswerten politischen Einfluß auf unpolitische Filmemacher gegeben. Man sei nicht gezwungen worden, in die Partei einzutreten, und man habe im wesentlichen ungestört arbeiten können. Zumindest die Erinnerung an die Episode um das Lied „Das kann doch einen Seemann nicht erschüttern" hätte ihn von einer solchen Aussage abhalten müssen. Sie kann ihm ja wohl kaum verborgen geblieben sein.

Übrigens, die gern zitierten Spötteleien des Films über nationalsozialistische Standardbegriffe, den spöttischen Gebrauch von „Volksempfänger" und „Lebensmittelkarten" oder die Verballhornung von „Kraft durch Freude" durch „Kraft durch Kräuter" sollte man nicht überbewerten. Ein bescheidenes Maß an Spott und Kritik war auch im „Tausendjährigen Reich" zumindest vor der Endphase des Zweiten Weltkriegs aus psychologischen Gründen als „Stuhlgang der Seele" (Goebbels) durchaus geduldet. Auf die Diskussion über Hoffmanns Verhältnis zum Dritten Reich wird bei späteren Filmen noch näher einzugehen sein.

Hurra! Ich bin Papa!
1939

Produktion: Cine-Allianz, Berlin. Drehbuch: Thea von Harbou. Kamera: Oskar Schnirch. Musik: Hans Lang. Bauten: Alfred Bütow, Heinrich Beisenherz. Kostüme: Margot Hielscher. Schnitt: Helmuth Schönnenbeck. Ton: Ewald Otto.

Darsteller: Heinz Rühmann (Peter Ohlsen), Albert Florath (Ludwig Ohlsen), Walter Schuller (Hänschen), Carola Höhn (Kathrin Gebhardt), Ursula Grabley (Nina), Marianne Stanior (Charlott), Hansi Arnstaedt (Frau Koch), Bruno Fritz (Fahrer Willy), Ludwig Schmitz (Wirt Lüttjohann), Ilse Stobrawa (Margret Lüttjohann), Eberhard Leithoff – Wolfgang Keppler – Wolf Ackva – Rolf von Naukhoff – Ursula Ulrich – Karin Lüsebrink – Sophie Lieslak – Marianne Kiwit (Peters Freunde), Michael von Newlinski (Oberkellner), Christa Dilthey (Kindermädchen), Rudolf Schündler, Olga Limburg.

Länge: 2222 m = 81 Min. Uraufführung: 16. 11. 1939. Verleih: Märkische-Panorama-Schneider-Südost. FSK: ab 16.

Der Student Peter Ohlsen kann sich aufgrund der Wohlhabenheit seines Vaters ein flottes Bummelleben leisten. Weder Ermahnungen noch Drohungen des Vaters haben bisher etwas gefruchtet. Nach einer durchzechten Nacht findet Peter eines Tages in seinem Bett einen etwa vierjährigen Jungen, der ihn mit „Papi" anredet. In einem Brief liest er, daß die Mutter es nun satt habe, sich allein um das Kind zu kümmern, und nun sei er, der Vater, dran. Peter findet sofort großen Gefallen an Hänschen, seinem Sohn. Er macht sich auf die Suche nach der Mutter, um sie zu heiraten. Doch sein Verdacht, es sei eine hübsche Wirtstochter aus dem Rheinland, wohin er neun Monate vor Hänschens Geburt gereist war, erweist sich als falsch. Auf der Rückfahrt lernt Peter die Kinderpflegerin Kathrin Gebhardt kennen, die sehr gut mit Hänschen umgehen kann. Peter engagiert sie.

Der Zuschauer erfährt, daß Kathrin Hänschens Mutter ist und daß sie das Kind kurz nach der Geburt in ein Heim geben mußte, weshalb dieses die Mutter nicht kennt. Kathrin hat sich, weil Peter nicht zu sprechen war, an seinen Vater gewandt, und der hat sich die List ausgedacht, um Peter zur Raison zu bringen.

Und wirklich: Peter wirft nach der Heimkehr erst einmal seine verbummelten Freunde hinaus und beginnt eifrig zu arbeiten. Schon bald ist er in Kathrin verliebt, was ihn zusätzlich motiviert. Höchst irritiert ist Peter allerdings von der Tatsache, daß sich Kathrin gelegentlich mit seinem Vater trifft. Als er sein Examen bestanden hat, findet Peter zu

Hause einen Brief seines Vaters vor, der besagt, daß Peter doch nicht Hänschens Vater sei und daß die Mutter ihn auffordere, das Kind zurückzugeben. Nach diesem letzten Schrecken erfährt Peter in einer Villa, in die der Vater ihn bestellt hat und die er ihm und Kathrin zur Hochzeit schenken will, endlich die volle Wahrheit, und nichts steht mehr im Wege, daß Peter, Kathrin und Hänschen eine glückliche Familie werden.

Einige dramaturgische Ungeschicklichkeiten des arg konstruierten Drehbuchs von Thea von Harbou, etwa die Szene, in der Vater Ohlsen und Kathrin sich gegenseitig erklären, warum Hänschen seine eigene Mutter nicht kennt, obwohl sie es schon wissen (kann der Zuschauer das nicht eleganter erfahren?), einige solcher Ungeschicklichkeiten also hat Hoffmann in den Film übernommen, ihn aber gekonnt, zügig und mit hübschen optischen Gags inszeniert. In einigen Details der Geschichte deuten sich schon Elemente an, mit denen Rühmann in den 50er Jahren (ohne Mithilfe Hoffmanns) auf die Tränendrüsen des Publikums zu drücken liebte. So denkt man bei der Szene, als er die Nachricht erhält, Hänschen sei doch nicht sein Sohn, unwillkürlich an das Rührstück „Wenn der Vater mit dem Sohne" (Hans Quest 1955). Doch Hoffmann läßt solchen Handlungselementen nicht viel Raum, hat seinen Hauptdarsteller gut im Griff und umschifft die Klippen der Sentimentalität sicher. Auch Auswahl und Einsatz des Darstellers des Hänschen verhindern, daß das Vergnügen am Spiel des Kindes in Unbehagen über kitschige Bübchen-Herzigkeit umschlägt. Und daß die ziemlich penetrante Moral des Harbouschen Sujets im Film eher beiläufig wirkt, ist wohl ebenfalls dem Regisseur anzurechnen.

Hurra! Ich bin Papa!

Heinz Rühmann, Walter Schuller

Walter Schuller, Carola Höhn

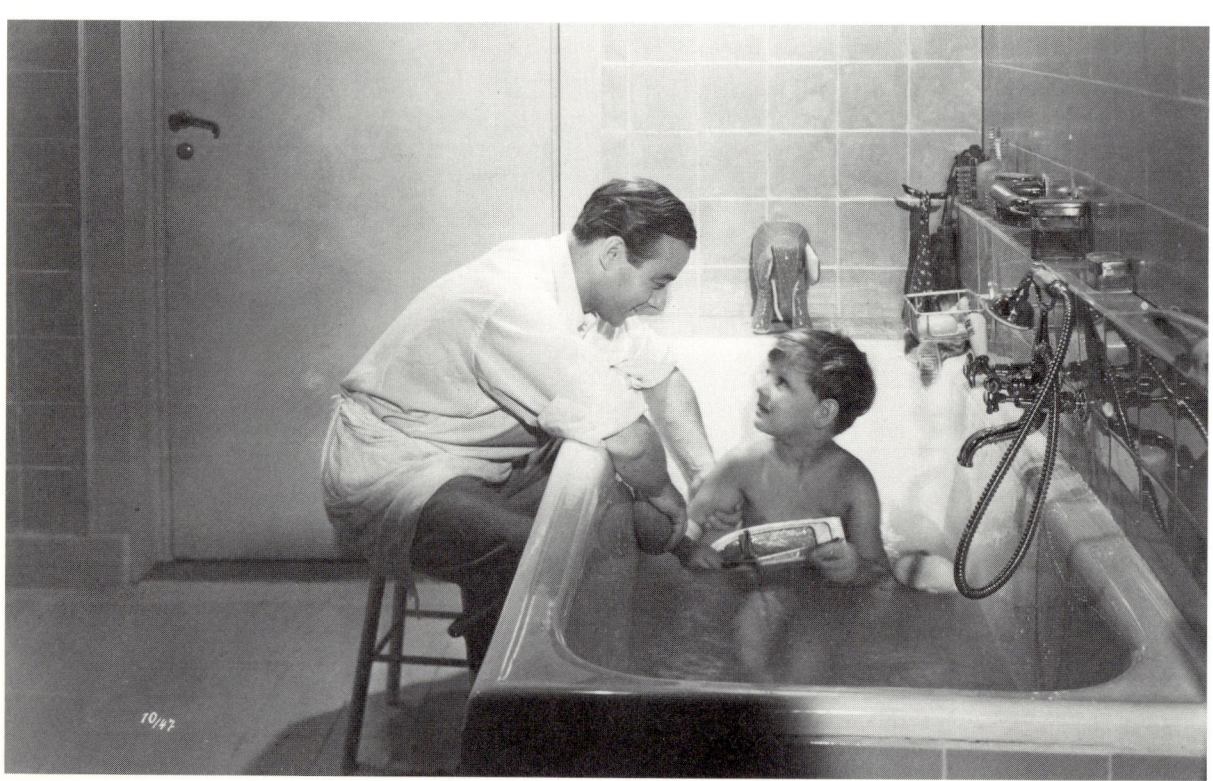

Heinz Rühmann, Walter Schuller

Quax, der Bruchpilot
1941

Produktion: Heinz Rühmann Produktion, Berlin/Terra Filmkunst, Berlin. Drehbuch: Robert Adolf Stemmle nach der gleichnamigen Erzählung von Hermann Grote. Kamera: Heinz von Jaworsky. Musik: Werner Bochmann. Liedtext „Heimat, deine Sterne": Erich Knauf. Bauten: Otto Moldenhauer, Rudolf Linnekogel. Schnitt: Walter Fredersdorf. Ton: Alfred Zunft. Regie-Assistenz: Toni Thermal, Fritz Aeckerle.

Darsteller: Heinz Rühmann (Otto Groschenbügel, gen. Quax), Lothar Firmans (Fluglehrer Hansen), Karin Himboldt (Marianne Bredow), Hilde Sessak (Adelheid), Harry Liedtke (Gutsbesitzer Bredow), Elga Brink (Frau Bredow), Franz Zimmermann (Flugschüler Harry Peters), Kunibert Gensichen (Flugschüler Walter Ottermann), José Held (Flugschüler Karl Bruhn), Günther Markert (Flugschüler Gottfried Müller), Manfred Heidmann (Flugschüler Ludwig Mommsen), Leo Peukert (Bürgermeister), Lo Etthoff (Frau des Bürgermeisters), Georg Vogelsang (alter Krehlert), Beppo Brem (Knecht), Lutz Götz (Herr Busse), Irene Fischer (Fliegerin Hilde), Arthur Schröder (Flugarzt), Walter Holten (Flugplatzleiter), Helmut Weiss (Journalist), Alfons Teuber (Journalist), Erich Kestin (Mechaniker), Markus Staffner (Mechaniker), Walter Lieck (Lehrer), Otto Braml (Reisebüroleiter), Karl Etlinger (Sparkassendirektor), Karl Heidmann (Polizeihauptmann), Wilhelm Bendow (Reisender), Gertrud Wolle (Reisende), Walter Bechmann (Wetterwart), Gerhard Dammann (Fotograf), Emanuel Matousek (Sportflieger), Werner Stock (Flugschüler).

Länge: vor 1945 2524 m = 92 Min./nach 1945 2464 m = 90 Min.
Uraufführung: 16. 12. 1941. Verleih: Terra/Transit. Video: UFA. FSK: ab 6.

Otto Groschenbügel, genannt Quax, Angestellter des Verkehrsvereins in der Kleinstadt Dünkelstädt, hat beim Preisausschreiben einer Zeitschrift den ersten Preis gewonnen, eine kostenlose Ausbildung zum Sportflieger. Eigentlich hatte er ja nur den dritten Preis, eine Reise, gewinnen wollen. Durch seine anmaßende, angeberische Art macht sich Quax in der Fliegerschule bald allseits unbeliebt. Sein Fluglehrer Hansen empfiehlt ihm, heimzufahren und seinen Platz einem freizumachen, der mehr Neigung und Eignung zur Fliegerei hat. Zu Hause bemerkt Quax, daß er inzwischen eine Art Volksheld geworden ist. Er übernimmt prahlerisch die ihm aufgenötigte Rolle des Fliegerhelden, sieht sich aber dadurch gezwungen, zur Fliegerschule zurückzukehren. Die medizinische Prüfung unter erschwerten Bedingungen, mit der man noch einmal versucht, ihn loszuwerden, besteht er mit Glanz. Seine fliegerischen Fähigkeiten machen aber zunächst keine rechten Fortschritte. Auf einem Volksfest lernt er die junge Marianne kennen und will sie beeindrucken, indem er sich als großen Flieger ausgibt. Bei einem Ballonflug, den Hansen mit seinen Flugschülern zur Übung der Orientierungsfähigkeit aus der Luft unternimmt, landet man auf einem Gut, und Quax erkennt in der Tochter des Gutsbesitzers Marianne wieder. Während die anderen Kaffee trinken, überredet Quax Marianne zu einem Fesselballonaufstieg, 25 Meter, gesichert durch die Mannschaft am Halteseil.

Doch der Ballon macht sich selbständig, und die beiden müssen samt einigen mitgenommenen Kindern und einem unfreiwilligen Passagier, der am Halteseil hängt, einige bange Stunden bestehen, ehe der Ballon fast genau da wieder landet, wo er aufgestiegen ist.

Quax ist zerknirscht, vor allem wegen der Gefahr, in die er Marianne gebracht hat, und er erwartet seinen sofortigen Rauswurf. Doch Hansen ist von seiner Zerknirschung gerührt und von seiner Besonnenheit beim Ballonflug beeindruckt. Er gibt Quax eine letzte Chance. Quax wird nun auch wirklich ein guter, wenn auch etwas ungebärdiger Schüler und macht so große Fortschritte, daß er bald zum ersten Alleinflug starten darf. Da fliegt er nach Dünkelstädt und landet dort zum Staunen der ganzen Stadt auf dem Marktplatz. Er hält um Mariannes Hand an und kündigt dem Bürgermeister, da er sich in Zukunft ganz der Fliegerei widmen will. Inzwischen haben Kinder den Tank des Flugzeugs beschädigt, und Quax macht auf dem Rückflug eine Bruchlandung. Nun scheint alles aus. Hansen nimmt Quax nicht so sehr die Demolierung des Flugzeugs übel, als vielmehr die verwegene, disziplinwidrige, menschengefährdende Landung in Dünkelstädt. Doch als er erfährt, daß Quax in Dünkelstädt war, um zu kündigen, weil er bei der Fliegerei bleiben möchte, drückt er noch einmal ein Auge zu und hat Quax nach zwei Jahren soweit, daß er selbst als Ausbilder tätig werden kann.

„Quax, der Bruchpilot" ist einer der berühmtesten Filme aus der Zeit des Dritten Reichs. Das liegt zum einen an der Qualität des Streifens, der schon zu seiner Entstehungszeit zu den erfolgreichsten deutschen Filmen zählte. Rühmann, auf den der Film vollkommen zugeschnitten ist, bietet eine seiner besten Leistungen, ob er nun den Angeber, den Pfiffikus, den tollkühnen Flieger (eine Rolle, die ihm als begeistertem Sportflieger besonderen Spaß machte) oder den Zerknirschten herauskehrt. Und Hoffmann besticht als Anfänger, der er mit diesem seinem dritten Film ja immer noch war, durch exaktes Timing, durch genaue Dosierung der Slapstickelemente und durch gut geschnittene Flugszenen, die den Film auch zu einem Leckerbissen für Flugsportbegeisterte machen.

Quax, der Bruchpilot

Heinz Rühmann (links), Lothar Firmans (Mitte)

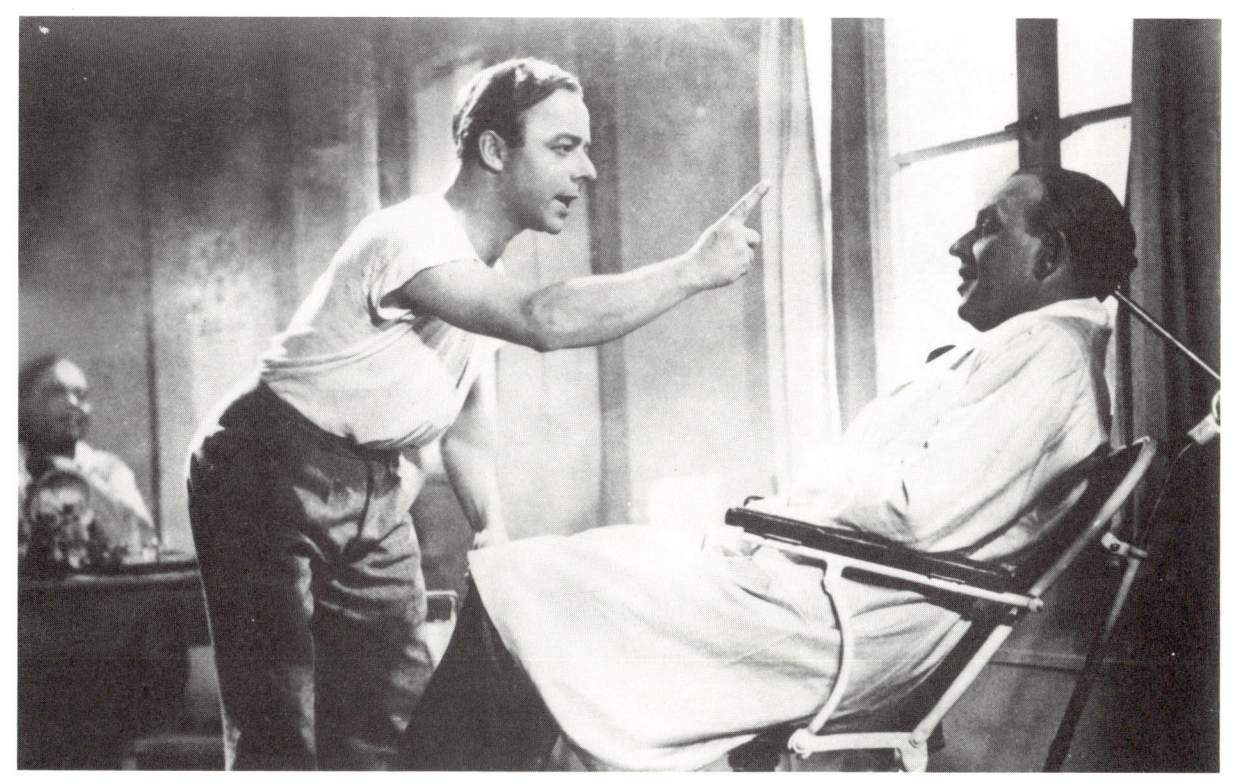

Heinz Rühmann, Arthur Schröder

Gerade in diesem Umstand steckt aber auch ein ambivalenter Grund für die Berühmtheit des „Quax". Der Film wird immer wieder als Musterbeispiel dafür herangezogen, daß im Dritten Reich scheinbar harmlose Unterhaltungsfilme über ihre Ablenkungsfunktion hinaus den Interessen des Regimes dienten und seine Ideologie transportierten. Durch die totale paramilitärische Einbindung der zivilen Fliegerei im Dritten Reich, so die Essenz der Aussagen, könne ein Film über Fliegerei nicht harmlos sein. Courtade/Cadars schreiben, „Quax, der Bruchpilot" habe, obwohl kein Kriegsfilm, doch der Kriegsvorbereitung gedient, da er eine Menge an „präziser Information über das Fliegen und dessen Zielsetzungen im Deutschland von damals" enthalte.[11] Für Hembus gar genügt schon die abschätzige Bemerkung, Hoffmann sei der Mann, „der mitten im Dritten Reich ‚Quax, der Bruchpilot' drehte"[12], um diesen zu disqualifizieren.

Doch dem Team Rühmann/Hoffmann aus der puren Stoffwahl solch schwerwiegende Vorwürfe zu machen, ist maßlos überzogen. Sicher mögen die beiden etwas blauäugig an das Thema herangegangen sein, aber letzten Endes wurde es ihnen angetragen, vermutlich sogar aufgetragen. Und mit einem solchen Thema konnte man sich gewiß eher anfreunden, als mit eindeutigen Propagandathemen, denen viele Filmleute der Zeit trotz besten Willens nicht ausweichen konnten. Man denke etwa an die Versuche von Ferdinand Marian und Werner Krauß, sich der Mitarbeit an „Jud Süß" (Veit Harlan 1940) zu entziehen. Außerdem wurde „Quax, der Bruchpilot" nach Möglichkeit von den martialischen Klängen der Buchvorlage gereinigt, was sicher vor allem ein Verdienst des Drehbuchautors R. A. Stemmle ist, der als ehemaliger Sozialist im Dritten Reich mit nur scheinbar linientreuen Filmen erfolgreich Mimikry betrieb. Er hat aus dem Buch des Hauptmanns der Luftwaffe Hermann Grote die „präzisen Informationen über das Fliegen und dessen Zielsetzungen im Deutschland von damals" ebenso eliminiert wie kernige Sprüche der Art: „Leben ist Kampf" oder „Bedenken Sie doch, daß Ihr Leben nicht Ihnen, sondern dem Vaterland gehört! … Ihre ganze Kraft gehört dem Volke, dem Sie zu dienen haben". Was weggelassen wird, kann in solchen Fällen mehr Aussagekraft besitzen, als das, was beibehalten wird. Es bleibt als Beleg für die nationalsozialistische Werteideologie, die der Film vertrete, der Hinweis, daß von Quax „Disziplin, Disziplin, Disziplin" gefordert wird[13]. Nun, man möge sich in den Fliegerschulen der Welt umhören, welchen Stellenwert Disziplin für die Fliegerei hat, und man wird sich wundern, wie verbreitet das nationalsozialistische Gedankengut ist.

Zu einem letzten Vorwurf: Am „Quax" werde „exemplarisch" die „von der nationalsozialistischen Weltanschauung vertretene Ansicht" abgehandelt, „der Mensch sei auf Grund seiner biologischen Erbanlage von Geburt an unwandelbar bestimmt. Sein Kern könne zwar durch äußere Einflüsse in seiner Jugend verdeckt werden, aber in Momenten der Bewährung trete er doch offen hervor."[13] Das scheint bestechend. Quax, in seiner Jugend durch welche Einflüsse auch immer — im Dritten Reich pflegte man allerdings sonst sehr deutlich zu werden, wenn man solche Einflüsse unterstellte! — zum Angeber und Feigling geworden, wird in der Fliegerschule ordentlich rangenommen und wandelt sich zum tollkühnen Flieger. Doch die oben angeführte erbbiologische Theorie ist nicht genuin nationalsozialistisch, sondern wurde von den Nationalsozialisten übernommen und könnte nur in einem umfassenden Kontext mit anderen nationalsozialistischen Ideologiebestandteilen zum Nachweis entsprechender Färbung dienen. Dafür aber gibt der Film meines Erachtens nichts her. Nichts als — im Film eher beiläufig und unverfänglich gepriesene — Werte wie „Disziplin, Disziplin, Disziplin", Verantwortungsgefühl, Gemeinschaftsbewußtsein, die ebenfalls alles andere als genuin nationalsozialistisch sind, aber zum Teil von den Nationalsozialisten pervertiert wurden.

Zum anderen: Quax zeigt nicht in der Stunde der Bewährung seinen wahren Kern, sondern er macht eine charakterliche Entwicklung durch, bei der die Liebe eine wichtige Rolle spielt. Noch bei der ersten Begegnung mit Marianne ist Quax ein Angeber und schlechter Flieger. Der mißglückte Ballonausflug, auch eine Imponiergeste gegenüber Marianne, bringt eine erste Einsicht in die Notwendigkeit von Disziplin und Verantwortungsbewußtsein. Das Erstaunen des Fluglehrers über seine Bewältigung des Ballonflugs, der schwieriger sei, als das Fliegen mit einem Flugzeug, nimmt ihm die Angst und gibt ihm Vertrauen in seine Fähigkeiten. Der Zwischenfall in Dünkelstädt und die Bruchlandung, verbunden mit seiner Angst, die Fliegerei, die inzwischen seine Leiden-

Quax, der Bruchpilot

Beppo Brem

Heinz Rühmann

schaft geworden ist, aufgeben zu müssen, bewirken schließlich bei Quax die endgültige und ernsthafte Hinwendung zu Disziplin und Verantwortungsbewußtsein. Der ironische Schluß allerdings deutet an, daß Quax sein angeberisches Wesen vielleicht doch noch nicht restlos abgelegt hat. Hier wird nichts „exemplarisch" abgehandelt, hier kann man — allenfalls! — den Vorwurf machen, daß die Psychologie der Hauptfigur nicht mit der letzten Stimmigkeit gezeichnet ist.

Nur das Bemühen, alles und jedes im deutschen Film jener Zeit als faschistisch beeinflußt zu erklären, läßt Urteile wie die oben zitierten entstehen. Ich will hier nichts verharmlosen. Aber das Geschehen in der deutschen Filmwirtschaft in der Zeit des Nationalsozialismus war zu vielschichtig, als daß ihm solche billigen Einseitigkeiten gerecht werden könnten.

Ich vertraue Dir meine Frau an
1942/43

Produktion: Heinz Rühmann Produktion, Berlin/Terra Filmkunst, Berlin. Drehbuch: Helmut Weiss, Bobby E. Lüthge, *(Erich Kästner)* nach einem Theaterstück von Johann von Vaszary. Kamera: Willy Winterstein. Musik: Franz Grothe. Liedtext „Allerschönste aller Frauen": Willy Dehmel. Bauten: Willi A. Herrmann. Schnitt: Elisabeth Pewny. Ton: Alfred Zunft. Regie-Assistenz: Helmut Weiss.

Darsteller: Heinz Rühmann (Peter Trost), Lil Adina (Ellinor Deinhardt), Werner Fuetterer (Robert Deinhardt), Else von Möllendorff (Sekretärin Lil), Arthur Schröder (Rechtsanwalt Kurt), Paul Dahlke (Boxer Alois), Kurt von Ruffin (Fred Hansen), Alexa von Porembsky (Dienstmädchen), Willy Witte (Fritz), Ingrid Ostermann (Sekretärin Mary), Wilhelm Bendow (Barkellner), Clemens Hasse (Bademeister), Hans Meyer-Hanno (Polizist), Gerhard Bienert (Verkehrspolizist), Ernst Rotmund (Gast am Telefon), Ralph Lothar (Friseur), Erwin Biegel (Reisender).

Länge: 2414 m = 88 Min. Uraufführung: 2. 4. 1943. Verleih: Terra/Transit. FSK: ab 16.

Peter Trost ist eingefleischter Junggeselle und Erfinder von Haushaltshilfsgeräten für Junggesellen wie zum Beispiel dem Mechanischen Frühstücksbrote-Streich- und -Einwickelapparat „Mefrüstrei". Jetzt will er in den längst geplanten Angelurlaub fahren. In der Bahnhofshalle begegnet er seinem Jugendfreund Robert Deinhardt und dessen Frau Ellinor. Robert will mit seiner Sekretärin auf Geschäftsreise gehen, aber seine Frau hat ihm gedroht, ihn zu betrügen, wenn er das tut. So vertraut Robert seine Frau Peter an, der über ihre eheliche Treue wachen soll. Ehe sich Peter äußern kann, ist Robert abgereist.

Ellinor zu überwachen erweist sich als gar nicht so einfach. Sie hetzt einen Polizisten auf Peter, dieser muß einen städtischen Autobus „leihen", um ihr in halsbrecherischer Verfolgungsjagd auf den Fersen zu bleiben. Er nimmt ein unfreiwilliges Bad, wirft einen fremden Herrn aus Ellinors Wohnung und tauscht mit seinem Freund Kurt, den er zu Hilfe gerufen hat, die Kleider, woraufhin dieser von einem Polizisten, den Ellinor erneut zu Hilfe gerufen hat, verhaftet wird. Inzwischen hat Peter Ellinor so weit, daß sie sich für den Abend in seine Begleitung fügt. Doch als sie ein Tanzlokal betreten, entdeckt er im Leiter der Kapelle just den Herrn, den er kurz vorher aus Ellinors Wohnung geworfen hat. Und Ellinor beginnt auch gleich, mit einer ganzen Reihe weiterer Herren zu flirten. Da taucht der wieder auf freien Fuß gesetzte Kurt auf und rät Peter, Ellinor in sich verliebt zu machen, was seine Überwachungsaufgabe auf sich selbst beschränken und damit sehr erleichtern werde. Als Peter anfängt, Ellinor verliebte „Geständnisse" zu machen, merkt er, wie daraus plötzlich Ernst wird. Und auch Ellinors Rührung über Peters tolpatschige Zähigkeit und unbeholfene Ritterlichkeit schlägt in zärtliche Gefühle um. Nun bereut sie es, daß sie den Schwergewichtsboxer Alois auf ihn angesetzt hat. Doch Peter besteht den Kampf mit List und Wendigkeit und unter Zuhilfenahme eines Trampolins.

Ellinor hat in Roberts Hotel angerufen und ist mit „Frau Deinhardt" verbunden worden. Daraufhin erklärt sie Robert, nun werde sie ihn mit seinem Freund Peter betrügen. Sie begleitet Peter in seine Wohnung, und als es spät nachts klingelt, schlüpft sie heimlich in sein Bett. Doch es erscheint nicht Robert, sondern Peters Sekretärin Lil, die ernste, aber unbegründete Absichten auf ihren Chef hat und nun entrüstet ist. Kurz darauf aber steht doch Robert im Zimmer und scheint nun bereit, in die von Ellinor längst geforderte Scheidung einzuwilligen. Wieder einige Zeit später findet Ellinor Lil in Peters Bett vor. Daß dies der beste Weg ist, um die Männer zu erpressen, hat die Sekretärin von Kurt erfahren. Doch sie hat keinen Erfolg und muß sich mit dem willigen Kurt trösten. Peter „zieht die Konsequenzen" und überläßt Ellinor seine Wohnung. Doch als er im Hausflur steht, bittet sie ihn als Gast wieder herein, und bei einem Kaffeeklatsch beginnt ihre Annäherung.

Am Drehbuch zu „Ich vertraue Dir meine Frau an" hat Erich Kästner während der kurzen Zeit seiner Schreiberlaubnis 1942 mitgewirkt. Es war die erste Begegnung Hoffmanns mit Kästner. Erst nach dem Krieg kam es zu der intensiven Beziehung der beiden, die für den deutschen Film so erfreuliche Ergebnisse hatte und die abgerundet wird durch die Mitarbeit der Lebensgefährtin Kästners, Luiselotte Enderle, am Drehbuch zu „Das Wirtshaus im Spessart". Im Falle von „Ich vertraue Dir meine Frau an" verbat sich Kästner die Nennung seines Namens im Vorspann, da er Neider fürchtete. Dies ist allerdings auch ein Indiz dafür, daß Kästner seinen Anteil an diesem Film nicht sehr wichtig fand. Beim „Münchhausen" (Josef von Baky 1943), seinem Hauptwerk als Filmautor, das er ebenfalls unter der genannten Schreiberlaubnis verfassen durfte, wollte er die Nennung zumindest seines Pseudonyms juristisch erzwingen, ein lebensgefährliches Unterfangen, von dem ihn Freunde nur mühsam abbringen konnten. Kästners Anteil am Drehbuch

Ich vertraue Dir meine Frau an

Kurt von Ruffin, Lil Adina

Von links: Else von Möllendorff, Heinz Rühmann, Lil Adina

ist nur schwer abzuschätzen. Nur selten blitzt der typisch Kästnersche Sprachwitz in diesem doch manchmal etwas dialoglastigen Film auf. Immerhin aber kommt sogar die obligate Kästnersche Mutter vor: Peter erzählt Ellinor, daß er seine Haushaltshilfen eigentlich gar nicht für die Junggesellen erfunden habe, sondern für die Frauen, weil ihn die Plackerei seiner Mutter im Haushalt in seiner Jugend so gerührt habe.

Bei einer Wiederaufführung 1959 sprach der Berliner Tagesspiegel von den „vor Einfalt schier überwältigenden Dialoge(n) von B. E. Lüthge"[14]. Der Produzent Alf Teichs erinnerte sich später, das Drehbuch sei zu bühnenmäßig gewesen (Vorlage war ja ein Theaterstück) und man habe sich noch einige optische Tricks ausdenken müssen.[15] Und das ist Hoffmann vorzüglich gelungen. Gemeint sind dabei nicht so sehr die Verfolgungsfahrt mit dem Autobus und der Boxkampf auf dem Trampolin, auf die sich Teichs bezieht und die damals sicher sehr viel Effekt machten, heute aber etwas bieder wirken. Gemeint sind vielmehr viele überraschende Kameraeinstellungen und -schwenks, die Hoffmanns frühe handwerkliche Meisterschaft bezeugen.

Bemerkenswert sind an dem Film schließlich noch einige besonders gelungene Chargenrollen, so der Boxer Paul Dahlkes und einmal mehr Wilhelm Bendow in einem hinreißenden Kurzauftritt als Kellner. Der (im Leben homosexuelle) Bendow beobachtet höchst indigniert, weil mißverstehend, eine Liebeserklärung Kurts an Peter, mit der Kurt dem Freund lediglich demonstrieren will, wie er sich an Ellinor heranmachen solle.

Kohlhiesels Töchter

1942/43

Produktion: Tobis-Filmkunst, Berlin. Drehbuch: Georg Zoch nach einem gleichnamigen Drehbuch von Hans Kräly. Kamera: Robert Baberske. Musik: Harald Böhmelt. Liedtexte: Hans Bussmann. Bauten: Willy Schiller, Franz Koehn. Kostüme: Isolde Willkomm. Masken: Erich Fuhrun. Schnitt: Ilse Voigt. Ton: Gerhard Froboess.

Darsteller: Eduard Köck (Mathias Kohlhöfer, gen. Kohlhiesel), Heli Finkenzeller (Vroni und Annamirl Kohlhöfer), Oskar Sima (Simon Moser, gen. Jodok-Simerl), Erika von Thellmann (Wirtschafterin Theres), Margarete Haagen (Wirtschafterin Sophie), Leo Peukert (Gemeindevorsteher), Sepp Rist (Kaspar Pointner), Josef Eichheim (Thomas Altlechner), Paul Richter (Bertl), Fritz Kampers (Schmied Unterhuber), Marta Salm (Frau Unterhuber), Klaus Pohl (Gemeindediener Paulus), Beppo Brem (Florian), Beppo Seidler, Heinz Neunteufel, Ilse Pilary.

Länge: vor 1945 2466 m = 90 Min./nach 1945 2419 m = 88 Min.
Uraufführung: 18. 3. 1943. Verleih: DFV/Transit. FSK: ab 12.

Der reiche, verwitwete Bauer Mathias Kohlhöfer, genannt Kohlhiesel, hat seine Tochter Vroni dem ebenfalls begüterten Nachbarbauern Jodok-Simerl versprochen. Er durchschaut nicht, daß es dem Simerl bei seiner Werbung nur um den reichen Hof geht. Vroni aber liebt den armen Kleinbauern Pointner-Kaspar. Simerls Haushälterin Theres, die sich selbst Hoffnungen auf Simerl macht, schwärzt Vroni und Kaspar an. Als Kohlhiesel daraufhin von Enterbung spricht, erschrickt Simerl sehr. Doch Vronis Berater, der verschmitzte Bauer Altlechner, ein Jugendfreund ihrer Mutter, kommt dadurch auf eine Idee. Er redet Simerl ein, Vroni habe eine uneheliche, gleichaltrige Halbschwester Annamirl, die nun das gesamte Vermögen erben solle. Sofort interessiert sich Simerl für die Schwester. Vroni spielt sie in abstoßend häßlicher Maske als tolpatschigen Trampel und entlockt Simerl tatsächlich einen Heiratsantrag.

Theres vermutet, daß Annamirl die Tochter der Magd Franzi sei, die früher bei Kohlhiesel angestellt war und kurz nach dessen Heirat den Schmied Unterhuber in einem anderen Dorf geheiratet hat. Theres informiert, um auch Simerls Heirat mit Annamirl zu hintertreiben, den Gemeindevorsteher und Franzis Mann. Der Gemeindevorsteher wäscht Kohlhiesel den Kopf, der räumt ein, daß er in seiner Hochzeitsnacht im Vollrausch durchaus fremd gegangen sein könnte, und erklärt sich bereit, seine Vaterpflichten zu erfüllen. Beim Petrifest, auf dem die Verlobung Vronis mit Simerl bekanntgegeben werden sollte, erhält zur allgemeinen Überraschung (und nicht ohne tätige Mithilfe Altlechners) der

Kohlhiesels Töchter

Von links: Josef Eichheim, Heli Finkenzeller, Paul Richter

arme Pointner-Kaspar die ertragreiche Seepacht zugesprochen, die bisher immer in Kohlhiesels oder Simerls Besitz war. Simerl bittet Kohlhiesel um die Hand von Annamirl, und dieser sagt, wenn auch etwas erstaunt, zu, zumal die Festtafel schon gedeckt ist und die Gäste im Anmarsch sind. Als der empörte Unterhuber mit seiner Frau Franzi eintrifft und Kohlhiesel wegen des unehelichen Kindes zur Rede stellt, wird das Komplott aufgedeckt. Nur Simerl erfährt vorerst nichts davon und sucht vergeblich nach seiner Braut Annamirl. Altlechner kann Kohlhiesel überzeugen, daß Simerl es nur auf die Erbschaft abgesehen hat. Kohlhiesel ist nun auch mit der Heirat Vronis und Kaspars einverstanden, und Simerl muß sich mit Theres trösten.

Der Stoff von Hans Kräly war schon zweimal verfilmt worden, jeweils mit Henny Porten in einer Doppelrolle. Denn ursprünglich geht es um zwei wirkliche Schwestern, die eine hübsch und umgänglich, die andere häßlich und kratzbürstig. Um die Hübsche wetteifern zwei Burschen, doch nach der Bestimmung der verstorbenen Mutter muß erst die Häßliche verheiratet werden, ehe die Hübsche dran ist. Der schlauere der beiden Burschen überredet den anderen, sich erst pro forma mit der Häßlichen zu verheiraten und dann wieder scheiden zu lassen, um die Hübsche zu nehmen. Doch die Ehe des anderen mit der Häßlichen geht nach einigen handfesten Auseinandersetzungen gut, und er selbst hat nun den Weg zur Hübschen frei. „Der Widerspenstigen Zähmung in die bayrischen Berge versetzt", wie Ernst Lubitsch, der Regisseur der Erstverfilmung von 1920, den Stoff genannt hat.[16] Davon ist bei Hoffmann nicht viel geblieben. Georg Zoch, der Drehbuchautor, hat daraus einen reinen Bauernschwank gemacht mit Dorfintrigen, (vom Vater) verhinderter Liebe, Verdacht auf einen Fehltritt des Großbauern, Verwechslungsgeschichte und Düpierung des geldgierigen Nachbarn.

Das Schauspielerteam wurde sorgfältig aus gebürtigen Bayern und Österreichern zusammengesetzt. Doch obwohl darunter auch die im Genre bewährten Eduard Köck, Oskar Sima, Josef Eichheim und Beppo Brem sind, wirken die meisten anderen ziemlich deplaciert, ihre Bemühungen um einen bayrisch klingenden und doch in Norddeutschland verständlichen Dialekt sind eher komisch. Das gilt besonders für die in der Tschechoslowakei geborene Erika von Thellmann und die Nürnbergerin Margarete Haagen. Heli Finkenzeller (immerhin eine Münchnerin) in der Titelrolle ist zu damenhaft; man glaubt ihr so recht weder die gestandene Bauerntochter noch den Trampel. Immerhin ist die Landschaft um den Ossiacher See sehr schön fotografiert, und der Film hat durch die ausgezeichnete Kameraarbeit sehr viel Atmosphäre.

Kohlhiesels Töchter

Von links: Leo Peukert, Erika von Thellmann, Oskar Sima

Heli Finkenzeller, Eduard Köck

Ich werde Dich auf Händen tragen
1943

Produktion: Tobis-Filmkunst, Berlin. Drehbuch: Willy Clever, Ellen Fechner. Kamera: Fritz Arno Wagner. Musik: Hansom Milde-Meissner. Bauten: Willy Schiller, Hermann Liebig, Gabriel Pellon. Kostüme: Isolde Willkomm. Schnitt: Ilse Voigt. Ton: Hans Grimm. Regie-Assistenz: Hanns Mohaupt.

Darsteller: Hans Nielsen (Dr. Herbert Hartung), Heli Finkenzeller (Karin Hartung), Wolfgang Lukschy (Dr. Viktor Büchner), Hans Leibelt (Hans Wiegand, Karins Vater), Elisabeth Markus (Hedwig Wiegand, Karins Mutter), John Pauls-Harding (Stefan Wiegand, Karins Bruder), Hansi Wendler (Helga Wiegand, Karins Schwester), Rosi Wasinski (Fränzi), Eduard Wenck (Laborant Conrad), Ilse Fürstenberg (Dienstmädchen Lona), Ellen Bang (Frau Elvira), Ruth Lommel (Frau Sommer), Elsa Wagner (Frau Herbst), Christa Dilthey (Fräulein Berg).

Länge: vor 1945 2317 m = 85 Min./nach 1945 2289 m = 84 Min.
Uraufführung: 19. 10. 1943. Verleih : DFV/Transit. FSK: —

Der Film spielt im Zweiten Weltkrieg. Der Chemiker Dr. Herbert Hartung hat seiner Frau Karin bei der Heirat versprochen, er werde sie auf Händen tragen. Doch der Ehealltag sieht so aus, daß Herbert ganz in seiner Arbeit aufgeht und für die hauswirtschaftliche Arbeitsbelastung Karins weder Achtung noch Verständnis aufbringt. Als sie ihm das eines Tages erregt vorwirft, verspricht er, sich zu bessern. Doch schon bald ist er wieder der alte Ignorant. Da verläßt ihn Karin und zieht zu ihren Eltern. Dr. Viktor Büchner, ein Jugendfreund Herberts, verliebt sich in Karin, ohne zu wissen, daß sie Herberts Frau ist. Viktors Drängen, ihn zu heiraten — er werde sie auf Händen tragen! —, hält Karin entgegen, daß Männer am Anfang einer Beziehung immer große Versprechungen machten, den Beitrag der Frau in einer Ehe aber nicht zu schätzen wüßten und ihre Frauen nur zu bald vernachlässigten. Viktor faßt einen Plan. Seine Überlegung: Sein Freund Herbert hat schon erfolglos ein Dutzend Haushälterinnen ausprobiert. Karin ist nur durch den kalten und herzlosen Mann, von dem sie sich trennen mußte (Viktor weiß, wie gesagt, nicht, daß es Herbert ist), zu ihren negativen Ansichten gekommen. Sie soll Herbert, diesem Muster eines guten Ehemannes, dem seine kalte und herzlose Frau davongelaufen ist, zur Probe den Haushalt führen, um sich zu überzeugen, daß es auch aufmerksame Männer gibt, und sich so auf die Ehe mit ihm vorzubereiten.

Karin willigt nicht ohne Hintergedanken ein und bringt Herbert dazu, Viktor nichts von ihrer Identität als seine Frau zu verraten. Als Haushälterin hat sie nun alle gewünschte Achtung Herberts für ihre hausfrauliche Tätigkeit, doch seinen Annäherungsversuchen begegnet sie kühl. Da versucht es Herbert mit dem Rezept Eifersucht und bringt die junge Elvira mit nach Hause. Karin macht eine Szene, Elvira flieht entsetzt aus dem Haus, und Karin und Herbert raufen sich im wahrsten Sinne des Wortes zusammen. Viktor tröstet sich mit Karins jüngerer Schwester Helga, während im Wintergarten Karins Bruder seiner Verlobten erklärt, er werde sie auf Händen tragen.

Sieht man den Film ohne Bezug zur Zeit — und wenn man einige Anspielungen auf die Entstehungszeit wie „kriegswichtiger Betrieb", „Lebensmittelkarten", „Luftlage" wegläßt, so ist das durchaus möglich —, dann bleibt eine Lektion für die Männer, die übrigens bei einer vor kurzem von mir veranstalteten Vorführung vom männlichen Teil meiner Gäste recht gut verstanden wurde. Einige Männer begegneten ihren Gefährtinnen hinterher weit zuvorkommender als sonst. Wie lange das allerdings angehalten hat, entzieht sich meiner Kenntnis.

Aber Spaß beiseite. Die These von der Mißachtung hausfraulicher Tätigkeit durch die Männer ist teilweise sehr hübsch visualisiert, doch wirkt der Film über weite Strecken matt. Es fehlt ihm die Spritzigkeit vor allem auch im Dialog, die eine Komödie dieser Art haben müßte. Der erhobene Zeigefinger der Drehbuchautoren wird durch das gelegentliche Augenzwinkern des Regisseurs nicht verdrängt. Hoffmann hat sich immer sehr eng ans Drehbuch gehalten, das für ihn nach eigener Einschätzung das wichtigste für einen guten Film war.[17] Bei einem schlechten Drehbuch wie hier erwies sich diese Drehbuchtreue als fatal.

Doch zurück zum Zeitbezug, den man hier nicht einfach negieren kann. „Ich werde Dich auf Händen tragen" entstand 1943, und das wird im Film selbst, wie gesagt, auch einigermaßen deutlich. An der Realität dieser Entstehungszeit zielt er aber weit vorbei. Die deutschen Frauen waren 1943 nicht mehrheitlich Hausfrauen, die bei ihren Männern um Verständnis für die Belastungen ihrer Tätigkeit werben mußten. Sie arbeiteten in Rüstungs- oder anderen kriegswichtigen Betrieben bis zur Erschöpfung, während ihre Männer an der Front waren. Der gezeigte Fall wirkt zwar durchaus plausibel, da es um einen für die Produktion unentbehrlichen Wissenschaftler geht. Doch die Verallgemeinerung, die von den Autoren durchaus beabsichtigt ist, wirkt im Zeitkontext geradezu zynisch.

Aber ist der Film ein verkappter Propaganda-, vielleicht ein Durchhaltefilm für die „Heimatfront"? (Gerd Albrecht zum Beispiel[18] reiht ihn unter die „Filme mit manifest politisch-propagandistischer Funktion" ein.) Doch gerade der angesprochene Zynismus spricht dagegen. Zynismus pflegt Widerspruch zu erregen, nicht Zustimmung zu erzeugen oder von unangenehmen Dingen abzulenken, wie es die Filme im Dritten Reich nach dem Willen der Machthaber sollten. Sicher hat das Propagandaministerium Beschwichtigungsfilme drehen lassen, die die Realität der Zeit leugneten. Aber in denen fehlte *jeglicher* Zeitbezug. Und für einen Durchhaltefilm ist die (selbst unterschwellige) Tendenz nicht deutlich genug.

Es sind zwei Deutungsmöglichkeiten für die genannten Zeitbezüge denkbar, will man nicht annehmen, daß sie aus Naivität eingebracht wurden: Es mag sein, daß diese Bezüge geplant waren und propagandistischen Effekt haben *sollten*, daß dies aber — von welcher Seite auch immer; Hoffmann ist meines Erachtens unverdächtig, was das absichtliche Einbringen angeht — so ungeschickt geschah, daß der Effekt sich in sein Gegenteil verkehrte. Möglich ist aber auch, daß diese Ungeschicklichkeit Absicht war, um das gewünschte Einbringen von Propagandaeffekten zu unterlaufen.

Wendlandt, der unermüdliche Verteidiger des deutschen Films jener Zeit gegen den Vorwurf der nationalsozialistischen Färbung, meint, daß im Film einmal im Rundfunk „jazzige Musik im amerikanischen Swingstil" zu hören sei, und daß man, da Jazzmusik im Dritten Reich verboten war, annehmen müsse, „daß ein sog. ‚Feindsender' gehört wurde — ein mit der Todesstrafe bedrohtes Delikt!"[19] Nun, man muß auch die Heroisierung des Films nicht zu weit treiben. Trotz des Jazzverbots wurden swingähnliche Kompositionen deutscher Musiker (man denke nur an „Wir machen Musik" von Helmut Käutner) wegen ihrer ungeheuren Popularität zähneknirschend geduldet. Auch von einem deutschen Sender könnte im Film also diese Musik zu hören sein.

Ich werde Dich auf Händen tragen

Heli Finkenzeller, Hans Nielsen

Hans Nielsen

Wie auch immer: Man war offenbar mit Hoffmanns Arbeit nicht mehr zufrieden; er wurde erneut zum Kriegsdienst eingezogen.

Das verlorene Gesicht
1948

Produktion: Neue Deutsche Filmgesellschaft, München. Drehbuch: Harald Braun, Rolf Reissmann. Kamera: Franz Koch. Musik: Lothar Brühne. Bauten: Hanns H. Kuhnert, Max Seefelder. Kostüme: Gertrud Steckler-Waldmann. Masken: Max Rauffer. Schnitt: Adolph Schlyssleder. Ton: Hans Wunschel. Regie-Assistenz: Adolph Schlyssleder.

Darsteller: Marianne Hoppe (Johanna Stegen/Luscha), Gustav Fröhlich (Dr. Thomas Martin), Richard Häussler (Robert Lorm), Paul Dahlke (Axel Witt), Hermine Körner (Frau von Aldenhoff), Harald Mannl (Leo L'Arronge), Rudolf Vogel (Professor Kersten), Walther Kiaulehn (Anstaltsarzt), Erich Ponto (Wissenschaftler), Bruno Hübner (Bildhauer), Herbert Weicker (Dr. Rasan), Ruth Killer (Sonja), Eva Vaitl (Dame), Hellmuth Renar (Geheimrat Winter), Augusta Hansen-Kleinmichel.

Länge: 2695 m = 98 Min. Uraufführung: 18. 11. 1948. Verleih: Schorcht/Schorcht. FSK: —

Die junge Fotografin Johanna Stegen scheint geborgen in ihrem Freundeskreis, den der Arzt Dr. Thomas Martin, der Rechtsanwalt Robert Lorm und der Journalist Axel Witt bilden. Dennoch wird sie immer wieder von unerklärlichen Angstzuständen befallen, die Dr. Martin, der sie liebt, mit Vitamininjektionen zu bekämpfen sucht. Doch Johannas Zustand wird dadurch eher verschlimmert. Martin allerdings weigert sich, die Behandlung abzubrechen. Axel Witt bemerkt, wie Martin durch geheimnisvolle Telefonanrufe in einen geistesabwesenden, willenlosen Zustand versetzt wird. Er zieht einen befreundeten Hypnotiker zu Rate, der feststellt, daß Martin unter hypnotischem Einfluß steht und daß eine Sperre ihn, den Hypnotiseur, daran hindert, diesen Einfluß aufzuheben. Es gelingt allerdings, das Codewort für diese Sperre zu finden und Martin von dem hypnotischen Einfluß zu befreien. Nun können Martin und Witt Lorm überführen, als der versucht, mit dem Codewort Martin wieder unter seinen Einfluß zu bringen.

Lorm legt ein umfassendes Geständnis ab. Er berichtet, daß vor Jahren in Stuttgart auf der Straße ein verstörtes Mädchen mit ostasiatischen Gesichtszügen aufgegriffen wurde, dessen Sprache niemand, auch Ostasien-Experten nicht, verstehen konnte. Verschiedene Ärzte und Psychologen versuchten vergebens, das Rätsel um das Mädchen, das man Luscha nannte, zu lösen. Luscha konnte, auch als sie in der fürsorglichen Betreuung durch die Leiterin der Theosophischen Gesellschaft, Frau von Aldenhoff, deutsch sprechen gelernt hatte, nichts über ihre Herkunft und ihr Vorleben sagen. Zu dieser Zeit hat Lorm sie im Haus der

Das verlorene Gesicht

Marianne Hoppe

Paul Dahlke (links), Gustav Fröhlich

Frau von Aldenhoff kennengelernt und sich in sie verliebt. Er wollte sie mit sich nehmen. Vorher aber wollten die Wissenschaftler noch von Luschas Gesicht eine Maske herstellen lassen. Während dieser Prozedur erlitt Luscha einen Schock. Als die Maske abgenommen wurde, kam das Gesicht Johannas zum Vorschein, die sich an das Vorangegangene nicht mehr erinnern konnte. Die Wissenschaftler fanden nun heraus, daß Johanna aus einer Fürsorgeanstalt ausgebrochen war, eine Weile bei einer mongolischen Zirkustruppe gelebt hatte und durch den Schock eines Autounfalls in Luscha verwandelt worden war.

Johanna zog nach Heidelberg in ein Haus, das Frau von Aldenhoff ihr geschenkt hat. Lorm, der Luscha liebte, konnte sich mit dem Geschehenen nicht abfinden. Er reiste Johanna nach, die nun zwar die Geschichte von Luscha kannte, aber nichts von Lorms Liebe zu ihr wußte. In der Folgezeit versuchte Lorm durch direkte hypnotische Einflußnahme auf Johanna, durch Konfrontation Johannas mit der Gesichtsmaske Luschas und durch Marihuanainjektionen, die der hypnotisierte Dr. Martin Johanna statt der Vitamininjektionen verabreichte, eine Rückverwandlung Johannas in Luscha zu erreichen. Nun, als er die Vergeblichkeit seiner Bemühungen erkannt hat, als er einsehen muß, daß Luscha für ihn verloren ist, verschwindet Lorm aus Johannas Leben.

Der Film basiert auf einem authentischen Fall von Persönlichkeitsveränderung, der sich Anfang der 20er Jahre zugetragen hat. Nicht verbürgt ist allerdings der kriminalistische Rahmen, der dem Fall hier gegeben wurde. Die komplizierte Rückblendenstruktur des Films, die mit der obigen Inhaltsangabe erkennbar gemacht werden soll (während Inhaltsangaben zu diesem Film sonst in der Regel der einfacher wiederzugebenden Chronologie des Geschehens folgen), entspricht einer filmgestalterischen Mode der Zeit, ist aber hier nicht Selbstzweck, sondern wird virtuos und überzeugend zur Spannungserzeugung eingesetzt. Die zeitgenössische Kritik bemängelte den reißerischen Charakter, den der Film durch die Kriminalhandlung und die Methoden der Spannungserzeugung bekommen habe. Die Rätselhaftigkeit und Interessantheit des Falles, so der Tenor, müsse genügen, um das Interesse des Zuschauers zu sichern. Daß Braun, der Co-Autor und als Mitinhaber der Neuen Deutschen Filmgesellschaft auch Produzent, und Hoffmann einen Unterhaltungsfilm und kein Dokumentarspiel machen wollten, wurde dabei offenbar verkannt. Er sei überkompliziert wurde dem Film des weiteren vorgeworfen, doch wirft dies eher ein Licht auf die Rezeptionsgewohnheiten im Deutschland der unmittelbaren Nachkriegszeit, als man mit formal außergewöhnlichen Filmen oft nicht viel anzufangen wußte. Auf Spekulationen der filmhistorischen Literatur, die „Das verlorene Gesicht" gelegentlich als Indiz für die Seelenlage der Deutschen in der Nachkriegszeit behandelt, lasse ich mich hier nicht ein, da dieser Film meines Erachtens das untaugliche Objekt für dergleichen Beweisführungen ist.

Mit „Das verlorene Gesicht" beginnt Hoffmanns kurzzeitiger Flirt mit dem Kriminalgenre. Dennoch ist das Bemerkenswerte an dem Film nicht dieses Element, sondern die Behandlung parapsychologischer Phänomene. „Das verlorene Gesicht" war Hoffmanns erste Regiechance nach dem Krieg. Man sollte die Sujetwahl also nicht überbewerten. Aber dennoch: Durch sein Sujet — und nicht zuletzt durch die eindrucksvolle Erscheinung Marianne Hoppes! — ist „Das verlorene Gesicht" einer der interessantesten, wenn auch nicht unbedingt gelungensten Filme im Oeuvre Hoffmanns.

Das verlorene Gesicht

Richard Häussler (links), Gustav Fröhlich

Marianne Hoppe, Richard Häussler

Heimliches Rendezvous
1949

Produktion: Neue Deutsche Filmgesellschaft, München. Drehbuch: Heinz Pauck, Günter Eich. Kamera: Franz Koch. Musik: Michael Jary. Liedtexte: Heinz Pauck, Aldo von Pinelli. Bauten: Ludwig Reiber, Max Seefelder. Kostüme: Lilo Bodamer. Masken: Raimund Stangl, Minna Held. Schnitt: Adolph Schlyssleder. Ton: Hans Wunschel. Regie-Assistenz: Adolph Schlyssleder, Toni Schelkopf.

Darsteller: Hertha Feiler (Marianne Rothe), Rudolf Prack (Dr. Stefan Böhme), Walther Kiaulehn (Herr von Finkenstein), Klaus Behrendt (Christian Hartmann), Ellen Schwiers (Hildegard), Hans Nielsen (Schulrat), Ulrich Folkmar (Herr Tiefenfeld), Otto Storr (Herr Stimmrott), Herbert Kroll (Direktor), Hans Fitz (Herr Dornhofer), Beppo Brem (Schuldiener Schropp), Edith Schultze-Westrum (Fräulein Diethof), Gunnar Möller (Fritzchen), Alfons Höckmann (Möbius), Otto Friebel (Baumeise), Petra Unkel (Brigitte), Ruth Drexel (Therese), Inge Köstler (Inge), Franz Fröhlich (Lastwagenfahrer), Hannes Schulz (Lastwagenfahrer), Lisa Helwig (Kellnerin Käthe), Michl Lang (Reisender).

Länge: 2395 m = 88 Min. Uraufführung: 20. 5. 1949. Verleih: Schorcht/Schorcht. FSK: ab 16.

In der kleinen Stadt Mühlbach kommt eine hübsche junge Dame an — per Anhalter, weil sie ihre Geldbörse verloren hat. Der 23jährige Oberprimaner Christian Hartmann ist tief von ihr beeindruckt und bietet ihr seine Dienste an. Deshalb die Schule zu schwänzen, fällt ihm nicht schwer, da ihm, dem Kriegsheimkehrer, die Situation Schule ohnehin unbehaglich ist. Als die junge Dame, Marianne Rothe, auch noch in den Turm kommt, den er gemeinsam mit dem Maler Finkenstein und dem gerade abwesenden Studienrat Dr. Böhme bewohnt, um ihn, wie er glaubt, zu besuchen, ist er endgültig Feuer und Flamme. Umso überraschter ist er, als er am nächsten Tag in der neuen Lehrkraft, die stellvertretend den Chemieunterricht am Gymnasium übernommen hat, Marianne erkennt. Noch mehr überrascht aber ist Dr. Böhme, als ihm die neue Kollegin vorgestellt wird, denn es ist — seine Frau. Seit ihrer Heirat vor einem Jahr hat er sich vergeblich bemüht, die Zuzugsgenehmigung von Schleswig-Holstein nach Mühlbach für sie zu bekommen. Nun hat Marianne die Sache in die Hand genommen und sich unter ihrem Mädchennamen am Mühlbacher Gymnasium beworben. So werde sie, argumentiert sie etwas unüberlegt, die Zuzugsgenehmigung bekommen, die man dem unproduktiven Anhängsel des Lehrers Dr. Böhme verweigere. Und wenn sie die habe, werde sie den Dienst quittieren und sich als Frau Dr. Böhme zu erkennen geben.

Zunächst einmal ist die Situation für die beiden schwierig. Sie können sich kaum allein sehen, denn Marianne ist im Haus des Direktors untergebracht, und überhaupt ist der Umgang eines verheirateten Lehrers mit einer unverheirateten Lehrerin nicht schicklich. Als Christian dennoch eines Tages Marianne im Zimmer Böhmes überrascht, bekommt er einen Eifersuchtskoller. Ihn einzuweihen, wollen die beiden nicht riskieren, da das Abitur unmittelbar bevorsteht und sie Christian nicht verwirren wollen. Aber auch so geben die Leistungen des zwischen Liebe und Eifersucht hin und hergerissenen Christian zur Sorge Anlaß. Die Deutschprüfung besteht er mit Ach und Krach, doch in der ungeliebten Lateinprüfung malt er trotzig nur Männchen aufs Papier. Marianne, die die Aufsicht hat und sich für seinen Zustand verantwortlich fühlt, spielt ihm die Lösung zu, und Christian sieht das als Zeichen ihrer Zuneigung an. Daher fällt er aus allen Wolken, als er am nächsten Tag mit einigen Mitschülern auf die abgelegene Eberhütte zieht, um zwischen schriftlicher und mündlicher Prüfung ein wenig zu feiern, und dort auf Marianne und Böhme trifft. Die Mitschüler wollen die delikate Situation der beiden beliebten Lehrkräfte mit Diskretion übergehen, doch Christian macht einen Skandal.

Am Tag der mündlichen Prüfung trifft der noch recht junge Schulrat in Mühlbach ein. Erstaunt hört er, daß ausgerechnet der schlechteste Lateinschüler die beste Arbeit geschrieben hat. Christian wird noch einmal mit dem Text der schriftlichen Prüfung konfrontiert, versagt und ist überführt.

Marianne gesteht, ihm geholfen zu haben, und zieht die Konsequenzen, indem sie den Dienst quittiert. Der Schulrat, selbst Kriegsheimkehrer, prüft Christian noch einmal sehr ausführlich und stellt ihm dann das Zeugnis der Reife aus, einer Reife, die sich Christian im Schützengraben erworben hat. Marianne hat sich von Böhme schwere Vorwürfe anhören müssen und will abreisen, obwohl Böhmes Freund Finkenstein inzwischen beim Stadtrat durch „Kopftausch" von Frl. Marianne Rothe gegen Frau Böhme eine Zuzugsgenehmigung für sie erlangt hat. Böhme sieht, daß er Marianne zu verlieren droht, und holt sie in letzter Minute aus dem Zug.

Heimliches Rendezvous

Hertha Feiler, Rudolf Prack

Klaus Behrendt, Hertha Feiler, Gunnar Möller, Ellen Schwiers

Das Bemerkenswerteste an diesem Film ist, daß hier glaubhaft Probleme der unmittelbaren Nachkriegszeit wie die Schwierigkeiten der Kriegsheimkehrer oder die Einschränkungen der Freizügigkeit und die Wohnraumnot in eine Komödienhandlung eingebunden sind, ohne daß diese Probleme banalisiert würden oder die Komödie an Leichtigkeit verlieren und so um ihre Wirkung gebracht würde. Hilfreich für diese Ausgewogenheit ist es natürlich, daß bei aller Komik das Schulmilieu nicht auf eine Klamotte à la „Feuerzangenbowle" (Helmut Weiss 1943) reduziert wurde. Sicher sind diese Vorzüge des Plots zunächst ein Verdienst der Drehbuchautoren Heinz Pauck (der für Hoffmann einige von dessen besten Filmen schrieb) und Günter Eich. Aber Hoffmanns Regie beweist schon in diesem Film die Fähigkeit zur Balance zwischen (teils bitterer) Realität und heiterer, eleganter Form, wie sie am schönsten und perfektesten in „Wir Wunderkinder" gelungen ist.

Allerdings waren manche der gezeigten Probleme, vor allem die Schwierigkeiten mit der Zuzugsgenehmigung als Hauptursache für den Konflikt der Filmhandlung, für die Menschen schon nach einigen Jahren nicht mehr recht nachvollziehbar. (Ähnlich war es mit dem den Konflikt auslösenden Verbot des Geldtransfers in Kästners „Kleinem Grenzverkehr", das für Hoffmanns Verfilmung „Salzburger Geschichten" zum Handikap wurde.) Andererseits ist der Film, anders als einige der „Trümmerfilme" jener Jahre, keineswegs durch die Intensität, mit der er diese Probleme schilderte, zum Zeitdokument geworden. Diese Tatsache, und nicht etwa mangelnde Qualität, dürfte der Grund dafür sein, daß „Heimliches Rendezvous" später kaum Wiederaufführungen erlebte.

Fünf unter Verdacht (andere Titel: Stadt im Nebel / Mord in Belgesund

1949/50

Produktion: CCC-Filmproduktion, Berlin. Drehbuch: Johanna Sibelius, Eberhard Keindorff nach dem Roman „Thomson verhört die Prima" von Herbert Moll und Rudolf Bäcker. Kamera: Bruno Stephan. Musik: Herbert Trantow. Bauten: Franz Bi, Botho Höfer. Schnitt: Johanna Meisel. Ton: Fritz Schwarz. Regie-Assistenz: Werner Riedel.

Darsteller:[20] Hans Nielsen (Kriminaloberinspektor Thomsen), Friedrich Schönfelder (Studienrat Dr. Berling), Dorothea Wieck (Frau Berling), Ina Halley (Ingrid Sörensen), Josef Sieber (Hausmeister Palsberg/Erik Palsberg), Franz Nicklisch (Jensen), Hans Leibelt (Direktor Dr. Lassen), Blandine Ebinger (Fräulein Lassen), Gunnar Möller (Ole Klimm), Lutz Moik (Klaus Eriksen), Friedhelm von Petersson (Jacob Eriksen), Henry Lorenzen (Kriminalassistent Aalsen), Werner Schott (Kriminalkommissar Ribe), Karl Klüsner (Oberlehrer Falster), Kurt Waitzmann (Studienrat Dr. Claudius), Horst Gentzen (Arne Hansen), Thomas Lindberg (Knud Petersen), Arno Paulsen (Vater Klimm), A. Koch (Arzt), Gustav Püttjer (Ohlsen), *Wolfried Lier* (Zeitungsverkäufer), Ottokar Runze.

Länge: 2336 m = 85 Min. Uraufführung: 3. 3. 1950. Verleih: Dietz. FSK: ab 16.

Seit Wochen hängt dichter Nebel über der kleinen dänischen Hafenstadt Belgesund. Der Kommentar erklärt, daß heute der letzte Tag von Palsberg, dem Hausmeister des Privatgymnasiums Dr. Lassen, ist.

Palsberg bekommt Ärger mit den Schülern der Oberprima, da ihnen im Mathematikexamen andere Aufgaben gestellt wurden als die, die er ihnen als angebliche Prüfungsaufgaben verkauft hat. Hart und unnachgiebig fordert Palsberg von den Schülern Schulden ein, die sie bei ihm haben, weil er ihnen Schnaps und Zigaretten besorgt hat. Am Nachmittag bringt ihm Studienrat Dr. Berling Geld, weil Palsberg weiß, daß der verheiratete Berling ein Verhältnis mit einer minderjährigen Schülerin hat. Abends sitzen fünf der Primaner im Hinterzimmer einer Kneipe beim Kartenspiel. Eriksen wird ausgeschickt, um bei Palsberg eine Flasche Schnaps zu besorgen. Er kommt verstört zurück und berichtet, daß er Palsberg in seinem Blute liegend gefunden habe. Er legt das Heft, in dem Palsberg über seine Geschäfte mit den Schülern Buch geführt hat, auf den Tisch. Die Schüler beschließen, nicht die Polizei zu alarmieren, da dann bestimmt Eriksen verdächtigt werde. Am nächsten Morgen wird die Leiche gefunden.

Oberinspektor Thomsen aus dem Kriminaldezernat der nahegelegenen Großstadt übernimmt den Fall. Von Jensen, einem Freund des Ermordeten, erfährt er von dessen zwielichtigen Geschäften. Erik Palsberg, der Zwillingsbruder des Ermordeten, der seinem Bruder eine hohe Summe schuldete, taucht auf. Er gibt an, seinem Bruder das Geld am Morgen des Vortages zurückgezahlt zu haben, kann auch eine Quittung vorweisen, doch das Geld bleibt verschwunden. Am Tatort wird eine Fußspur gefunden, die auf Eriksens Schuh paßt. Ein Fluchtversuch Eriksens, der von den in Panik geratenen Primanern inszeniert wird, kann vereitelt werden. Thomsen findet eine Abschrift der Englisch-Prüfungsaufgaben. In einer Lehrerkonferenz erfährt er, daß der Mathematiklehrer wegen der verdächtig guten Leistungen der Schüler in Absprache mit dem Direktor die Aufgaben der Mathematikprüfung vertauscht hatte. Dr. Berling wird dabei beobachtet, wie er seine Schreibmaschine erst in die Gepäckaufbewahrung gibt und dann ins Wasser wirft. Thomsen weist ihm kurz darauf nach, daß die Abschrift der Prüfungsaufgaben auf der inzwischen sichergestellten Maschine erfolgte. Berling muß zugeben, von Palsberg dazu erpreßt worden zu sein.

Nach einigen weiteren Befragungen und Recherchen versammelt Thomsen alle Verdächtigen und sonstigen Beteiligten und erklärt ihnen, der Mörder sei unter ihnen. Er beschuldigt Dr. Berling und gibt an, man habe in seinen Hosenaufschlägen Zucker gefunden, der aus einem Zuckerfaß stamme, das beim Kampf mit Palsberg von einem Wandbord gefallen sei. Berling ist verstört und empört und fragt, ob auch die Hosenumschläge der anderen Verdächtigen untersucht worden seien. Thomsen verneint und bittet Jensen und Eriksen vorzutreten. Die geben an, am Tag des Mordes andere Hosen getragen zu haben. Thomsen bittet sie, diese zu holen. Er folgt Jensen und ertappt ihn dabei, wie er seine Hosenumschläge ausbürstet. Er wertet dies als Schuldgeständnis und sagt Jensen, daß er zu redselig gewesen sei. Vom Wirt der Stammkneipe Jensens habe er erfahren, daß Jensen noch zu einer späteren als der eingestandenen Zeit bei Palsberg gewesen sei. Daraufhin gesteht Jensen, er habe Palsberg um Geld gebeten und, als der es ihm verweigerte, es heimlich aus der Küchenlade nehmen wollen. Palsberg habe ihn dabei ertappt und ihn angegriffen. Da habe er ihn ermordet. Jensen flieht, wird von der Polizei durch die Stadt gehetzt und auf einer Brücke gestellt. Als er Thomsen mit einem Klappmesser angreift, macht der ihn kampfunfähig.

Fünf unter Verdacht

Von links: Werner Schott, Hans Nielsen, Franz Nicklisch, Friedhelm von Petersson, Josef Sieber, Kurt Waitzmann, Friedrich Schönfelder, Karl Klüsner, Lutz Moik, Blandine Ebinger, unbekannter Darsteller, Hans Leibelt, Henry Lorenzen

Hans Nielsen (links), Franz Nicklisch

Das Schema dieses Kriminalstoffs — fähiger Kriminalbeamter führt endlose Verhöre und Untersuchungen durch, findet immer neue Verdächtige, versammelt sie am Schluß um sich und wartet mit einer unerwarteten Enthüllung auf —, dieses Strickmuster, das inzwischen durch diverse Fernsehserien bis zur Unerträglichkeit ausgewalzt wurde und wegen seiner Verwirrtaktik hauptsächlich Ärger produziert, war schon zur Entstehungszeit des Romans „Thomson verhört die Prima" 1940 und erst recht bei Erscheinen von Hoffmanns danach gedrehtem Film ziemlich abgegriffen.

Die Regie bemüht sich mehr oder weniger überzeugend, mit dem bildwirksamen Motiv der Stadt im Nebel — so auch einer der insgesamt drei (!) Titel des Films — eine Atmosphäre der Bedrohung und der Angst zu erzeugen. Doch wird der banalen Mordgeschichte mit diesen Mitteln zu viel Gewicht verliehen. Intensive Milieuschilderung, die Hoffmann ansatzweise versucht, hätte interessantere Ergebnisse bringen können. Stattdessen experimentiert Hoffmann halbherzig mit expressionistischen Stilelementen. Für die Verfolgungsjagd auf den wie ein gehetztes Tier wirkenden Mörder haben Filme wie „M" (Fritz Lang 1931) Pate gestanden, während der Abschluß dieser Verfolgungsjagd mit einer heroischen Geste des Oberinspektors eher unterdurchschnittliches Action-Kino ist. Auch die stilistische Nähe zum „Dritten Mann" (Carol Reed 1949) fällt auf, den Hoffmann nicht gekannt haben kann, da er erst im Januar 1950 in Deutschland erstaufgeführt wurde, während die Dreharbeiten zu „Fünf unter Verdacht" im Dezember 1949 abgeschlossen waren.

Insgesamt bekommt Hoffmann den Kriminalstoff nicht recht in den Griff. Der Film wirkt, neben den Ansätzen zur Milieuschilderung, noch am meisten durch die leichte Ironisierung des eigentlich als Überfigur angelegten Oberinspektors. Doch auch die wird nicht konsequent genug betrieben, um für 85 Minuten Interesse zu wecken.

Die Kritik ging mit dem Film recht ungnädig um. Die atmosphärische Kameraarbeit wurde als „gesucht" verworfen, die Schauspielerführung (ungerechtfertigt) bemängelt, die Klischeehaftigkeit der Story und die Konstruiertheit des Drehbuchs hervorgehoben. Nachdem der deutsche

Film mit „Geliebter Lügner" (Hans Schweikart 1949) auf dem Gebiet des Lustspiels „Anschluß an die Weltproduktion gewonnen" habe, so die mehr als gewagte Behauptung des katholischen Filmdienst[21], sei dies auf dem Gebiet des Kriminalfilms auch mit diesem Film „trotz unleugbarer Fortschritte" noch nicht gelungen. Auf den „Anschluß an die Weltproduktion" warten wir auf diesem Gebiet heute noch.

Hoffmann wandte sich gleich mit seinem nächsten Film wieder dem Kriminalgenre zu, ebenfalls mit mäßigem Erfolg.

Der Fall Rabanser
1950

Produktion: Junge Film Union, Bendestorf. Drehbuch: Curt Johannes Braun nach einem Stoff von Sepp P. Walter. Kamera: Albert Benitz. Musik: Werner Eisbrenner. Bauten: Franz Schroedter. Kostüme: Herbert Ploberger. Schnitt: Martha Dübber. Ton: Martin Müller.

Darsteller: Hans Söhnker (Peter Rabanser), Paul Dahlke (Dr. Georg Rabanser), Carola Höhn (Dorothea Rabanser), Inge Landgut (Sekretärin Steffie), Ilse Steppat (Baronin Ellinor Felten), Richard Häussler (Kriminalkommissar Schelling), Harald Paulsen (Kriminalassistent Vogel), Albert Hehn (Taxifahrer Otto Krause), Inge Meysel (Bruni), Werner Riepel (Kassenbote Sass), Willi Rose (Kassenbote Esche), Josef Dahmen (Herr Imhoff), Franz Schafheitlin (Polizeirat), Hans Zesch-Ballot (Verlagsdirektor).

Länge: 2189 m = 80 Min. Uraufführung: 19. 9. 1950. Verleih: National. FSK: ab 12.

Um Mitternacht erscheint im Büro des Kriminalkommissars Schelling der Journalist und Schriftsteller Peter Rabanser und bittet, ihn zu verhaften, da sonst die Gefahr bestehe, daß er am nächsten Morgen einen Mord begehe. Er erzählt Schelling, daß er dabei sei, einen Bankraub vorzubereiten, dessen einzelne Stadien er in einer reißerischen Artikelserie „Ich raubte eine halbe Million" schildere. Da ihm sein Verlagsdirektor nicht glaube, daß er zu einem Bankraub fähig sei, hoffe er, das Geld wirklich an sich bringen zu können, um es am nächsten Tag triumphierend zurückgeben zu können. Er habe sich an zwei Kassenboten der Zentralbank herangemacht, zufällig herausbekommen, daß sie sich für pornographische Fotos interessieren, habe in einer fremden Gegend eine Wohnung gemietet und die beiden dort nach Feierabend mit Stoff versorgt. Nun habe er sie dazu gebracht, am nächsten Tag während ihres Dienstes, mit einer halben Million in der Tasche, zu ihm zu kommen, um sich einen pornographischen Film anzusehen. Da könnte er sie mit einem Schlafmittel im üblichen Begrüßungsschnaps ausschalten und das Geld an sich bringen. Nun aber habe er erfahren, daß seinem Bruder wegen Firmenunterschlagungen, die er seiner Frau zuliebe begangen habe, ein Prozeß drohe, wenn er nicht sofort 30.000,— Mark aufbringen könne. Da wolle er sich selbst vor der Versuchung, die Kassenboten als lästige Zeugen zu ermorden und das Geld tatsächlich zu stehlen, schützen, indem er um seine Verhaftung bitte.

Schelling rät Rabanser, sich erst einmal auszuschlafen. Doch am nächsten Tag erfährt er, daß tatsächlich in Rabansers Zweitwohnung zwei

Kassenboten erschossen worden sind und eine halbe Million geraubt wurde. Rabanser wird am Tatort verhaftet. Er gibt an, ein Unbekannter habe die Kassenboten erschossen und ihn selbst niedergeschlagen. Es meldet sich ein Zeuge, der gesehen hat, wie ein Geldsack aus dem Fenster der fraglichen Wohnung geworfen wurde. Doch dieser Zeuge wird kurz darauf erschlagen aus dem Fluß gefischt.

Rabanser kann beim Transport vom Polizeipräsidium ins Gefängnis fliehen. Er versteckt sich bei der „Baronin", der Inhaberin eines übelbeleumdeten Spielklubs, von der er sehr geschätzt wird. Kriminalrat Petersson erscheint und erklärt Rabanser, daß er ihm absichtlich die Möglichkeit zur Flucht verschafft habe, da er ihn für unschuldig halte und ihn als Lockvogel für den wirklichen Täter benutzen wolle, den er für sehr raffiniert und gefährlich halte.

Rabansers Sekretärin verdächtigt auf der Polizei Rabansers Bruder, da dieser dabei gewesen sei, als Rabanser den Schluß seiner Geschichte diktiert habe, mithin der einzige sei, der die Konstellation habe ausnützen können. Kriminalassistent Vogel mißt der Aussage nicht viel Bedeutung bei. Die Baronin hilft Rabanser zuliebe seinem Bruder aus der Patsche, indem sie ihn im Spiel 30.000,— Mark gewinnen läßt. Aus der Unterwelt bekommt sie einen Tip, wer der Mörder sei. Kurz bevor sie dies Kriminalrat Petersson mitteilen kann, wird sie erschossen.

Rabanser bestellt Kommissar Schelling spät nachts in die Redaktion, um ihm seine Theorie zu entwickeln, wer der Mörder sei. Ein ehemaliger Verbrecher habe sich unter falschem Namen in den Polizeidienst geschlichen und durch „Überführung" ehemaliger Kumpane Karriere gemacht. Nur er habe die Macht besessen, alles über Zeugen zu erfahren und diese verschwinden zu lassen. Und dieser Verbrecher sei Schelling. Er, Rabanser, habe ihn vom Büro der Baronin aus erkannt, als er vor dem Haus den tödlichen Schuß auf diese abgegeben habe. Schelling gesteht und will Rabanser „auf der Flucht" erschießen. Da greift Kriminalrat Petersson ein, der mit einigen Polizisten im Nebenraum versteckt war und das Geständnis mitangehört hat.

Der Fall Rabanser

Inge Landgut, Hans Söhnker

Harald Paulsen, Franz Schafheitlin, Statisten in Polizeiuniform

Gleich nach „Fünf unter Verdacht" ist dies Hoffmanns zweiter Versuch eines reinen Kriminalfilms. Bei der Kritik kam er unterschiedlich gut weg. Gelobt wurden allgemein das hervorragend ausgewählte und geführte Schauspieler-Ensemble und die fantasiereiche Kameraarbeit. Weniger Anklang fand das konstruierte, nur auf Verwirrung der Zuschauer bedachte, aller Logik und Wahrscheinlichkeit Hohn sprechende Drehbuch. Tatsächlich ist schon die Exposition äußerst unglaubwürdig, nur wegen des Knalleffekts von Rabansers Bitte um seine Verhaftung konstruiert. Wenn Rabanser nach eigenem Bekunden „es natürlich nicht tun" wird, wozu legt er dem Kommissar dann ein ausführliches (filmisch in Rückblendentechnik gestaltetes) Geständnis ab? Nur damit der davon erfährt und den Fall für sich ausnutzen kann. Und der gewitzte Zuschauer weiß spätestens nach dem Doppelmord, wo der Hase langläuft, auch wenn krampfhaft versucht wird, den Verdacht abwechselnd auf Rabansers Bruder, den Kriminalassistenten Vogel (durch einige völlig unmotivierte Bemerkungen des Kriminalrats über anonyme Verdächtigungen Vogels) und sogar auf Rabansers Sekretärin zu lenken.

Dennoch resümierte der Evangelische Filmbeobachter: „So muß ein Unterhaltungs-, in diesem Fall ein Kriminalfilm beschaffen sein. Dieser Wunsch ruft sogleich die Frage hervor, warum statt dessen im In- und Ausland so viele unbefriedigende Filme gedreht werden. An Stoffen mangelt es wahrhaftig nicht. Mehr schon an geschickten Autoren, die wie im Fall Rabanser den Knoten scheinbar unentwirrbar zu schürzen wissen und dennoch für einen befreienden Witz im Dialog sorgen."[22] Da fehlt eigentlich nur noch die Feststellung, nun sei endlich der Anschluß an die Weltproduktion erreicht.

Das Kriminalgenre hat in Deutschland weder in der Literatur noch im Film je eine vergleichbare Blüte gehabt wie in England, Frankreich oder den USA (über die Gründe dafür ist genug spekuliert worden, hier kann nicht darauf eingegangen werden). Gute Bücher für Kriminalfilme hat es in Deutschland selten gegeben; Hoffmann hat sie nicht gehabt (auch nicht für den als Film weit gelungeneren „Klettermaxe").

Andererseits: Das Kriminalgenre ist gerade in seinen besten Beispielen ein Genre der harten Realität. Nichts aber liegt Hoffmann weniger als die ungeschminkte Schilderung einer harten, unfreundlichen Realität, wie sich im „Fall Rabanser" unter anderem an den Szenen im Dirnen- und Nachtklubmilieu zeigt. So hat er sicher gut daran getan, sich mit Ausnahme des lustspielhaften „Klettermaxe" nie mehr diesem Genre zuzuwenden.

Taxi-Kitty

1950

Produktion: Junge Film Union, Bendestorf. Drehbuch: Kurt E. Walter, Jo Hanns Rösler, Kurt Werner nach einem Stoff von Hermann Droop. Kamera: Albert Benitz. Musik: Franz Grothe. Liedtexte: Willy Dehmel. Choreographie: Fritz Böttger. Bauten: Franz Schroedter. Kostüme: André. Masken: Alois Woppmann, Heinz Fuhrmann. Schnitt: Martha Dübber. Ton: Werner Schlagge.

Darsteller: Hannelore Schroth (Kitty Grille), Carl Raddatz (Charly), Hans Schwarz jr. (Brasch), Karl Schönböck (Molander), Fita Benkhoff (Elvira Rembrandt), Nuk (Clown Nuk), Gustl Busch (Frau Körner), Gunnar Möller (Boy), Inge Meysel (Sekretärin), Susanne Feldmann (Sekretärin).

Länge: 2391 m = 88 Min. Uraufführung: 28. 12. 1950. Verleih: National. FSK: ab 12.

Kitty Grille ist einst mit ihrem Vater als musikalisches Wunderkind durch die Lande gezogen. Nun, zur jungen Dame herangereift, möchte sie Varieté-Karriere machen. Stattdessen sitzt sie ohne Engagement da und hat seit drei Wochen ihre Miete nicht bezahlt. Da kommt ein Anruf von der bedeutenden Künstler-Agentur Molander, und Kitty stürzt in ihrer Wunderkindgarderobe davon. Straßenbahn und Bus fahren ihr vor der Nase weg. In ihrer Verzweiflung steigt sie in ein Taxi, das, durch eine mißverständliche Kopfbewegung angelockt, vor ihr stehenbleibt. Der Chauffeur Charly bietet an, vor der Agentur zu warten, was Kitty ebenso leichtsinnig wie notgedrungen — sie hat kein Geld und hofft auf einen Vorschuß — annimmt. Elvira Rembrandt, Herrn Molanders rechte Hand, macht ihr klar, daß sie für ein Wunderkind schon zu entwickelt ist, und der Chef läßt sich durch ihre hartnäckig vorgetragenen Talentproben nicht beeindrucken. Beeindruckt und gerührt aber ist der Taxifahrer Charly von der in Tränen aufgelösten Kitty, und er verzeiht ihr sogar, daß sie sich ohne Geld in seinen Wagen gesetzt hat. Als er mitbekommt, wie sie von ihrer Zimmervermieterin hinausgeworfen wird, nimmt er sie kurzerhand mit nach Hause. Mit seinem Kollegen Brasch betreibt er nebenher eine Taxifahrerkantine und eine Tankstelle, und sie stellen Kitty als Hilfe für die Kantine ein. Kitty erwirbt sich schnell die Zuneigung der Taxifahrer. Aber ihren Traum von der Bühne hat sie noch nicht aufgegeben. Charly beschließt, ihr im Garagenhof der Taxifahrer zu einem Auftritt zu verhelfen, bei dem ihr Talent entdeckt werden soll. Als eines Tages Elvira Rembrandt bei ihnen tankt und angesichts von Braschs Muskeln schwach wird, nutzt Charly die Gelegenheit, um über sie an Molander heranzukommen. Brasch muß mit ihr

Taxi-Kitty

Karl Schönböck, Hannelore Schroth

die Schleuderbrettnummer trainieren, mit der sie vor Jahren berühmt war, ehe ihr Partner sie wegen einer anderen verließ.

Als die Veranstaltung vorbereitet und dank der Werbung der Taxifahrer auch gut besucht ist, locken Elvira und Brasch auch Molander hin. Kitty offenbart in neu und geschickt einstudierten Nummern viel Talent. Doch auf dem Höhepunkt der Veranstaltung erscheint die Polizei. Molander bewahrt Charly vor Unannehmlichkeiten, indem er angibt, die Auftritte seien auf seine Veranstaltungslizenz erfolgt. Dann bestellt er Kitty zu sich. Er bietet ihr an, sie ausbilden zu lassen und zum Star zu machen, wenn sie sich seiner ganz persönlichen Führung anvertraue. Für einige Tage sieht Kitty ihre Taxifahrerfreunde kaum noch, da sie Tag und Nacht von Molander mit Beschlag belegt wird. Doch als dessen Absichten eines Nachts zu eindeutig werden, weist sie ihn ab und eilt zu Charly. Der aber rast inzwischen vor Eifersucht und wirft sie hinaus. Kitty geht zurück zu Molander, der ihr verspricht, sie auf eine Amerikatournee mitzunehmen und auftreten zu lassen. Doch Charly, der inzwischen auf Zureden von Brasch und Elvira vernünftig geworden ist, fängt mit Hilfe der Taxifahrer die beiden vor dem Bahnhof ab. Kitty zögert nur kurz, dann steigt sie zu Charly in den Wagen. Bei der Hochzeit bilden alle Taxifahrer der Stadt den Hochzeitszug.

Der Film wurde von der zeitgenössischen Kritik freundlich bis überschwenglich gelobt. Doch das ist eher ein Beleg für den traurigen Zustand des deutschen (Unterhaltungs-) Films Anfang der 50er Jahre als für die Qualität von „Taxi-Kitty", der vor allem an diesen anderen Produktionen der Zeit gemessen wurde. Trotz einiger hübscher Lustspielszenen in der Agentur Molander — Schönböck und Benkhoff spielen Schroth und Raddatz glatt an die Wand — und trotz einiger originell inszenierter Musiknummern, etwa Hannelore Schroths Talentprobe im Paternoster, ist hier lediglich ein albernes Allerweltsdrehbuch routiniert heruntergefilmt. Hoffmanns Neigung zu einem eher behäbigen Tempo, das seinen Idyllen durchaus gut ansteht, schadet diesem Film zusätzlich.

Am bemerkenswertesten ist an „Taxi-Kitty", wie der Übergang von der Spielhandlung in die Musiknummern gestaltet ist: Der „normale" Prosadialog wird unmerklich rhythmisch und beginnt sich zu reimen. Musik setzt ein. Aus der Sprache wird Sprechgesang und — soweit die Stimmen der Darsteller dies zulassen — schließlich Gesang. Die Musiknummern wirken durch diesen gleitenden Übergang nicht aufgesetzt und unmotiviert, obwohl sie eigentlich nicht zwingend aus der Handlung hervorgehen. Sie setzen das Geschehen fort oder kommentieren es ironisch und sind mit der Spielhandlung also dennoch organisch verbunden. Hierin und in der originellen Bildinszenierung zeigt sich bereits Hoffmanns spätere Meisterschaft im Genre der musikalischen Komödie.

Taxi-Kitty

Hannelore Schroth

Fanfaren der Liebe
1951

Produktion: Neue Deutsche Filmgesellschaft, München. Drehbuch: Heinz Pauck nach einem Stoff von Robert Thoeren und Michael Logan. Kamera: Richard Angst. Musik: Franz Grothe. Liedtexte: Willy Dehmel. Gesang: Kary Barnet. Bauten: Franz Bi. Kostüme: Doris Lauterbach. Masken: Raimund Stangl, Georg Jauss. Schnitt: Claus von Boro. Ton: Hans Wunschel. Regie-Assistenz: Claus von Boro.

Darsteller: Dieter Borsche (Hans), Ingeborg Egger (Gaby), Grethe Weiser (Lydia d'Estée), Georg Thomalla (Peter), Oskar Sima (Hallinger), Ilse Petri (Sabine), Beppo Brem (Boxer), Hans Fitz (Friedrich), Herbert Kroll (Poehle), Ursula Traun (Anette), Viktor Afritsch (Friseur), Michl Lang (Hotelportier), Walter Kiaulehn (Oberkellner), Kary Barnet (Sängerin), Olly Gubo, Luise Cramer, Irene Fischer, Annette Graesner, Addy Gnuschke, Ruth Megerle, Felicitas Müller, Christiane Maybach, Christine Weigold, Elisabeth Wischert, Inge von Weech, Nana Schneider, Adalbert von Cortens, Rudolf Vogel, Ruth Killer, Axel Scholz, Karl Wagner.

Länge: 2486 m = 91 Min. Uraufführung: 14. 9. 1951. Verleih: Schorcht/Schorcht. FSK: ab 12.

Die begabten aber stellungslosen Musiker Hans und Peter halten sich mit Gelegenheitsjobs in exotischen Orchestern über Wasser. Wenn Zigeuner gefragt sind, verkleiden sie sich als Zigeuner, wenn Neger gesucht werden, färben sie sich die Haut dunkel. Als in der nächsten Saison jedoch Damenorchester große Mode sind, müssen die beiden passen. Da fallen in einem berühmten Damenorchester kurz vor Antritt eines Engagements die Spielerinnen von Klavier und Baß aus — Hans' und Peters Instrumente. Eine Konventionalstrafe droht. Hans und Peter nutzen die Gelegenheit, verkleiden sich als Frauen und werden als Hansi und Petra ohne viel Federlesens engagiert. Auf der Zugfahrt zum Engagement, einem Hotel in München, genießen sie den ungezwungenen Umgang mit soviel hübscher Weiblichkeit. Der Leiterin des Orchesters, Frau d'Estée, die sie vor Männergeschichten warnt, können sie ebenso treuherzig wie ehrlich versichern, daß so etwas für sie nicht in Frage komme.

Schon bald rivalisieren Hans und Peter um Gaby, die Sängerin des Orchesters. Hans taucht in Männergarderobe auf und stellt sich als Komponist Hans Mertens vor. Peter trickst ihn aus, indem er Frau d'Estée auf die Suche nach Hansi schickt, und tritt dann selbst in Männerkleidern als Bruder Petras auf, von dem wiederum das weibliche Orchestermitglied Sabine sehr beeindruckt ist. Es kommt zu einer Verabredung zu viert, abends nach dem Auftritt in einer verschwiegenen Bar. Gaby, die inzwischen Verdacht geschöpft hat, will unbedingt, daß auch Hansi und Petra mitkommen, doch die beiden finden Ausreden, die Gaby scheinbar akzeptiert. Bevor Hansi sich wieder in Hans verwandeln kann, muß sie/er erst noch den verliebt-lüsternen Hotelbesitzer Hallinger abwehren.

Nach dem Bummel zurück im Hotel gibt Peter an, noch seine Schwester besuchen zu wollen. Hans wendet sich zum Gehen, doch Peter zeigt den beiden Mädchen, daß Hans sich zu Hansis Zimmer schleicht. In gespielter Empörung berichtet Gaby Frau d'Estée davon, die wiederum Hallinger vom nächtlichen Männerbesuch in Hansis Zimmer informiert. Doch der schuldbewußte Direktor nimmt Hansi in Schutz. Hans hat derweil Peter eine Abreibung verpaßt. Der hat seinerseits als Petra die Orchestermitglieder angestiftet, Hansi zur Strafe für ihre Eskapaden eine Tracht Prügel zu verabreichen. Sie erwischen jedoch im dunklen Zimmer den Direktor, der sich dort eingeschlichen hat. Dennoch mimt Hans am nächsten Tag die Schwerverletzte, läßt sich von Gaby pflegen und gibt an, abends nicht auftreten zu können. Hallinger droht dem Orchester mit Kündigung, falls es nicht komplett auftrete.

Hans tritt wieder als Mertens auf, und Gaby zeigt ihm, daß sie ihn durchschaut hat. Hans wollte zwar Hansi für immer verschwinden lassen, aber Peter und Gaby, die Hans ihre Zuneigung gesteht, überreden ihn, noch einmal als Hansi aufzutreten. Als sie ihn gemeinsam mit Sabine, in die sich Peter inzwischen verliebt hat, in eine Frau verwandelt haben, stellt die immer noch ahnungslose Sabine überrascht fest, daß Hansi vor ihr steht. Hansi und Petra demaskieren sich vor dem verdutzten Hallinger und Frau d'Estée, und Hans singt mit Gaby ein Lied, das er für das Orchester komponiert hat.

Der Blick auf „Fanfaren der Liebe" wird heute verstellt durch „Manche mögen's heiß", jene perfekte Komödie, für die sich Billy Wilder des gleichen Stoffs von Robert Thoeren und Michael Logan bediente. Tatsächlich offenbart ein Vergleich der beiden Filme viel von den Stärken und Schwächen des Hoffmannschen Werks wie von der unterschiedlichen Eigenart der beiden Regisseure.

Fanfaren der Liebe

Georg Thomalla (vorn)

Zunächst das Drehbuch: Billy Wilder ist Anfang der 40er Jahre zur Regie gekommen, weil er seine ausgezeichneten Drehbücher nicht mehr von ignoranter Produktion, mittelmäßigen Regisseuren und allürenhaften Stars verunstalten lassen wollte. Hoffmann dagegen, als Regieassistent zur Regie gekommen, hat zwar gelegentlich Korrekturen am Drehbuch aus der (filmischen) Sicht des Regisseurs vorgenommen, aber nie entscheidend in die Struktur einer Story eingegriffen und nur einmal ein Buch selbst mitverfaßt („Ein Tag ist schöner als der andere"). So ist er, der sich als exakt planender und kalkulierender Regisseur eng ans Drehbuch hielt, mit der Qualität seiner Filme immer sehr abhängig gewesen von der Qualität seiner Drehbücher. Wilder nun hat (mit seinem ständigen Co-Autor I.A.L. Diamond) in seinem Drehbuch bereits den Stoff perfektioniert. Er hat die Geschichte vom Gangsterkrieg in Chicago hinzuerfunden. Dies gibt einerseits dem Film ein atemberaubendes Tempo. „Fanfaren der Liebe" dagegen wirkt, so gut auch Hoffmanns Timing ist, geradezu behäbig. Gemächlichkeit und Gelassenheit sind durchaus Stärken Hoffmanns, und man kann sich, wo sie zum Thema passen, genußvoll in dem durch sie erzeugten Klima aalen. Dem Klamottenthema aber stehen sie schlecht an.

Zum zweiten wird durch die Gangstergeschichte in Wilders Film die Motivation wesentlich glaubwürdiger. Wo Hoffmann den steifen Star Dieter Borsche mit seinem vergrämten Pfarrer- und Doktorimage einsetzt, um die Verkleidungsgeschichte vor dem Abrutschen ins allzu Klamottige zu bewahren — ein Kniff, der von der zeitgenössischen Kritik teils bedauert, teils als geglücktes Wagnis bejubelt wurde —, nimmt Wilder dem Verkleidungsmotiv durch die Lebensgefahr, der die beiden Musiker ausgesetzt sind, jegliche Albernheit. Wie sehr man über sie lacht, man ist sich doch immer bewußt, in welcher Zwangslage sie sich befinden. Und nun kann auf die Klamotte auch noch eins draufgesetzt werden.

Stichwort Ökonomie: Wo sich Borsche und Thomalla in „Fanfaren der Liebe" mehrmals umständlich mit Korsetts, Perücken und Schminkutensilien abplagen müssen (der Witz dieser Szenen ist eher fragwürdig), genügt es Wilder, seine Helden einmal kurz wackelig auf ihren Stöckelschuhen daherbalancieren zu lassen und Tony Curtis angesichts der aufreizend heranwogenden Marilyn Monroe die Worte in den Mund zu legen, bei Frauen seien „die Gewichte anders verteilt", um geistreich (und durchaus mit einem Schuß Sexismus) die Schwierigkeiten der Männer mit ihrer Rolle als Frau anzudeuten. Der Rest wird der Phantasie des Zuschauers überlassen.

Stichwort Sex: Wilder hat genüßlich die sexuellen Irritationen ausgespielt, die in der Doppelbödigkeit der Situation liegen. Das fängt an mit Jack Lemmon, der sich im Schlafwagenabteil genußvoll neben der aufreizenden, aber ganz kameradschaftlich gesinnten, halbnackten Marilyn Monroe aalt, später sich sogar zwischen ein Dutzend Mädchen kuschelt, gar nicht weiß, wo er zuerst hinschauen soll und doch nicht so kann wie er eigentlich möchte, schließlich von den Mädchen als vermeintliche Geschlechtsgenossin so bedrängt wird, daß er die Notbremse ziehen muß, und es endet mit dem absurden Schlußgag des unsterblich in Lemmon verknallten Millionärs, der sich auch durch dessen Geständnis, er sei ein Mann, nicht ernüchtern läßt: „Nobody is perfect!" Bei Hoffmann dagegen ein bißchen Händetätscheln, das befremdet aufgenommen wird, — und der Hotelbesitzer ist nur dämlich, weil er auf Dieter Borsche als Frau hereingefallen ist. Solche Bravheit mag zeitbedingt sein, doch Hoffmann hat die Gelegenheit, erotische Doppelbödigkeit auszuloten, auch, wenn sie sich ihm in späteren Filmen bot, kaum genutzt. In diesen Stoff hätte man auch in einer bigotten Restaurationsgesellschaft mehr hineinpacken können. Der Mann für derartiges, im Deutschland der 30er Jahre war es Hoffmanns Lehrmeister Reinhold Schünzel, im Deutschland der 50er Jahre fehlte er. Auch und gerade Hoffmann war es nicht.

Fazit: „Manche mögen's heiß" ist eine perfekte Komödie. „Fanfaren der Liebe" ist trotz des guten Heinz Pauck als Drehbuchautor ein Lustspiel vom üblichen, also eher schwachen deutschen Zuschnitt, mit den üblichen Knallchargenrollen (die allerdings von Oskar Sima und Grethe Weiser gut gespielt werden), eine Vorlage, die durch eine weit überdurchschnittliche Regie nicht zu Unrecht zur erfolgreichsten deutschen Filmkomödie der frühen 50er Jahre wurde. Hoffmann war damit als Lustspielregisseur arriviert. Er hatte allerdings — den Vergleich mit dem überragenden Wilder will ich nicht überstrapazieren — auch sein eigenes höchstes Qualitätsniveau noch nicht erreicht.

Fanfaren der Liebe

Ingeborg Egger, Dieter Borsche, Ilse Petri, Georg Thomalla

Königin einer Nacht (anderer Titel: Heut' passiert was — Königin einer Nacht)

1951

Produktion: Echo-Film, Berlin (Will Meisel). Drehbuch: Just Scheu, Ernst Nebhut nach der gleichnamigen Operette. Kamera: Bruno Stephan. Musik: Will Meisel. Musik-Bearbeitung: Frank Fox. Choreographie: Hans Gérard. Bauten: Hans Luigi. Kostüme: Sinaida Rudow, Wolf Leder. Schnitt: Johanna Meisel. Ton: Werner Maas. Regie-Assistenz: Alfons von Plessen.

Darsteller: Ilse Werner (Prinzessin Anna Silvana), Hans Holt (Herzog Ferdinand), Jeanette Schultze (Julia), Georg Thomalla (Peter von Hazi), Ethel Reschke (Marina), Paul Westermeier (Erbherzog Alexander), Käthe Haack (Prinzessin Margarete), Paul Heidemann (Hoteldirektor Küküs), Kurt Pratsch-Kaufmann (Hoteldetektiv Barak), Jakob Tiedtke (Moritzki), Erich Fiedler — Willi Rose — Walter Gross — Franz Otto Krüger — Michael Symo (die Ganoven), Vera de Luca (Vera de Luca), Bärbel Spanuth (Barby), die 3 Travellers.

Länge: 2715 m =99 Min. Uraufführung: 29. 10. 1951. Verleih: Allianz. FSK: ab 12.

Das kleine Ländchen Novara-Liechtenstein steht vor dem Ruin, zumal eine Ganoven- und Schmugglerbande die wichtigste Einnahmequelle des Landes, die Zolleinnahmen, zum Versiegen bringt. Da hat Erbherzog Alexander eine großartige Idee: Er wird seinen Neffen und Thronfolger, Herzog Ferdinand, mit der reichen Thronfolgerin von Este-Parma, Prinzessin Anna Silvana, verheiraten und durch die Vereinigung beider Länder Novara-Liechtenstein sanieren. Doch just als er bei der Prinzessin für seinen Neffen um ihre Hand anhält, trifft die Nachricht ein, daß Ferdinand mit seinem Vertrauten Peter von Hazi geflohen ist, weil er sich nicht an eine ihm Unbekannte verschachern lassen will. Anna Silvana hatte zunächst wenig Lust verspürt, den armen, aber — wie sie glaubt — snobistischen Nachbarn zu ehelichen, aber nach seiner Flucht wird sie neugierig, läßt ihm durch Detektive nachforschen und reist ihm mit ihrer Freundin Julia nach.

Ferdinand und Peter reisen nach der Insel Chiossa. Unterwegs flirtet Peter heftig mit der Sängerin Marina, lüftet dabei ihr Inkognito, verliert aber auch in seiner kopflosen Anbändelei die Reisekasse und die Ausweispapiere der beiden. Dennoch nehmen sie Logis im ersten Hotel Chiossas. Der Hoteldetektiv schätzt sie mit dem untrüglichen Blick seines Berufsstandes als Hochstapler ein. Doch bevor er sie hinauswerfen kann, hat schon Marina die Gäste vom Eintreffen eines leibhaftigen Herzogs informiert, und die Direktion muß, um nicht den Ruf des Hotels zu gefährden, die beiden zum Bleiben einladen.

Als Anna Silvana und Julia eintreffen, sagt ihnen der Hoteldetektiv, daß die Gesuchten Schwindler seien. Die beiden sind enttäuscht, bleiben aber dennoch wegen des abends stattfindenden Piratenballs. Zu diesem gehört es traditionell, daß die Männer die Frauen „entführen". Ferdinand und Peter erobern sich Anna Silvana und Julia, die ihnen kurz zuvor aufgefallen sind, während die beiden Frauen die „Schwindler" bisher noch nicht gesehen hatten. Zwischen den Paaren funkt es. Als Anna Silvana auf dem Höhepunkt des Festes zur „Königin einer Nacht" gewählt und dabei ihr Name verkündet wird, ist Ferdinand äußerst verblüfft. Anna Silvana wählt ihn zu ihrem Prinzgemahl, erfährt seinen Namen und ist entsetzt, sich mit dem Schwindler eingelassen zu haben. Dennoch muß sie sich eingestehen, bereits in ihn verliebt zu sein. Um sich die Blamage zu ersparen, will sie sich ebenfalls als Schwindlerin entlarven lassen — die echte Anna Silvana wäre dann auch nie auf der Insel gewesen. Marina hilft ihr, übergibt ihr ihren Schmuck, zeiht sie lauthals des Diebstahls, sorgt aber zugleich dafür, daß die Hoteldirektion aus Angst vor einem Skandal von einer Anzeige absieht. Ferdinand glaubt nun ebenfalls, einer Schwindlerin aufgesessen zu sein, was aber der gegenseitigen Liebe keinen Abbruch tut.

Inzwischen eilt der Erbherzog, von Peter zu Hilfe gerufen, herbei, verpaßt den Dampfer nach Chiossa, gerät an einige freundliche Herren, die mit ihrem Kutter auch dahin wollen — die schon bekannte Ganovenbande — und wird von diesen während der Überfahrt beim Kartenspiel aller Wertsachen und Papiere beraubt. Als er sich im Hotel als Erbherzog von Novara-Liechtenstein vorstellt, ohne sich ausweisen zu können, wird er verdächtigt, das Oberhaupt der Bande zu sein. Inzwischen leisten die Ganoven ganze Arbeit und stehlen unter anderem Anna Silvana den Schmuck Marinas. Von Anna Silvana zu Hilfe gerufen, überwältigt Ferdinand die Ganoven im Alleingang. Mit Hilfe der wiedergefundenen Papiere Alexanders beweist er die Identität der vermeintlichen Schwindler. Marina, deren Reizen inzwischen Erbherzog Alexander erlegen ist, klärt Ferdinand über die Täuschungsaktion Anna Silvanas auf, und es kommt zum erwarteten Happy-End mit Musik.

Die Geschichte von den beiden Fürstenkindern, die sich erst unbekanntermaßen lieben lernen müssen, um zueinander kommen zu können,

Königin einer Nacht

Ilse Werner (Mitte), Ballett

Paul Westermeier, Ethel Reschke

war nicht gerade neu. Aber Originalität der Handlung war im Operettengenre noch nie sehr gefragt. Immerhin gefällt „Königin einer Nacht" mit einer Reihe hübscher Gags und witziger Dialogstellen. Der Erfolg der 1943 im Berliner Metropol-Theater uraufgeführten Revue-Operette dürfte aber vor allem auf der Musik Will Meisels beruhen. Diese Operette wurde 1951 von der Produktionsfirma des Komponisten sehr getreu in den Film übersetzt. Angesichts des großen Einflusses des Komponisten läßt sich schwer sagen, welchen Anteil Hoffmann an dem Film hatte. In der Stabliste findet sich ja keiner der Experten, mit denen Hoffmann sonst besonders gern zusammenarbeitete. Sieht man den Film als Auftragsarbeit an, deren sich ein weitgehend einflußloser Regisseur ohne überschäumendes Interesse mit handwerklicher Routine entledigte, so könnte dies die konventionelle, uninspirierte Regie erklären, die die Kritik seinerzeit bemängelte. Ein Erfolg wurde dieser Film im Gegensatz zur Bühnenversion nicht.

Klettermaxe (anderer Titel: Corry Bell)
1952

Produktion: Standard-Film, Hamburg/Porta-Film, Hamburg. Drehbuch: Johanna Sibelius, Eberhard Keindorff nach dem gleichnamigen Roman von Hans Possendorf. Kamera: Albert Benitz. Musik: Hans-Martin Majewski. Liedtexte: Kurt Schwabach. Choreographie: Sabine Ress. Bauten: Willi A. Herrmann, Heinrich Weidemann. Kostüme: Dascha Rowinskaja. Modenschau-Kostüme: Charles Ritter. Masken: Käthe Koopmann. Schnitt: Martha Dübber. Ton: Werner Pohl. Stunts: Arnim Dahl. Regie-Assistenz: Bruno Knoche.

Darsteller: Albert Lieven (Max Malien), Liselotte Pulver (Corry Bell), Charlott Daudert (Gerti), Madelon Truss (Mannequin), Paul Henckels (Modesalonbesitzer Weingarten), Josef Sieber (Kruschke), Hans Schwarz jr. (Packer), Hans Stiebner (Krümel), Erwin Linder (Kriminalkommissar Plessen), Charlotte Bufford (Lizzy, Corrys Zofe), Erna Sellmer (Kneipenwirtin Ludmilla), Harald Paulsen (Malkow), Hubert von Meyerinck (Dobnika), Robert Meyn (Theaterdirektor Reuping), Heinz Klevenow (Paul), Fritz Wagner (Warnecke), Arnim Dahl (Polizist), Elly Burgmer, Alexander Hunzinger.

Länge: 2358 m = 86 Min. Uraufführung: 15. 5. 1952. Verleih: Europa. FSK: ab 12.

Der erfolgreiche Schriftsteller Max Malien erhält Besuch von seiner Kusine Corry aus Kuba. Corry ist enttäuscht, daß Max, der seine Romane bevorzugt in der Ich-Form schreibt, die dort geschilderten Abenteuer „nur auf die Papier" erlebt hat. Stattdessen schwärmt sie für die romantische Figur des „Klettermaxe", einen tollkühnen Fassadenkletterer, der nachts Gaunern ihre Beute abjagt und sie einem wohltätigen Zweck zuführt. Im Augenblick ist Klettermaxe hinter dem Schieber und Zollbetrüger Malkow her, der ihm schon einmal entwischt ist. Malkow verfolgt Gerti, die Tochter eines seiner Handlanger, der für seinen Chef eingesperrt wurde, weil man diesem nichts nachweisen konnte, mit zudringlichen Komplimenten. Er blitzt mehrfach ab und denunziert Gerti bei ihrem Arbeitgeber als Tochter eines Verbrechers. Gerti verliert ihre Stellung, aber Malien verschafft ihr eine neue in einem Modesalon, ebenso wie er durch seine Beziehungen Corry ein Engagement als Revuetänzerin verschafft.

In der Nacht muß Klettermaxe, der in einem Hotel Malkow eine „Spende" für ein Krankenhaus abgepreßt hat, vor plötzlich auftauchender Polizei flüchten und gerät in Corrys Zimmer. Corry verliebt sich in Klettermaxe, obwohl der seine Maske nicht abnimmt. Am nächsten Tag fordert sie von Malien, sie in die Kreise einzuführen, die Klettermaxes Welt seien, die Verbrecherkreise. Malien spielt ihr mit ein paar harmlosen, längst von ihm bekehrten Gaunern ein wenig Unterwelt vor. Doch

Klettermaxe

Liselotte Pulver

Liselotte Pulver, unbekannter Darsteller

als ein wirklicher schwerer Junge auftaucht, weiß er auch mit diesem fertig zu werden. Corry allerdings, die in dem entstehenden Tumult fast nichts mitbekommen hat, glaubt, Klettermaxe sei gekommen und habe sie gerettet.

Als Gerti an ihrem neuen Arbeitsplatz von Malkow belästigt wird, erscheint Malien und schlägt diesen krankenhausreif. Gerti, die bisher aus Angst geschwiegen hatte, sagt daraufhin bei der Polizei wegen des Delikts, dessentwegen ihr Vater eingesperrt wurde, gegen Malkow aus. Malkow bekommt zufällig mit, wie Klettermaxe zweien seiner Kumpane einen „Besuch" abstattet und alarmiert die Polizei. Klettermaxe kann jedoch entkommen, springt auf den Wagen des davonfahrenden Malkow und bringt so die Polizei auf dessen Spur. Als Klettermaxe sich absetzt, verfolgt ihn einer der Polizisten. Die beiden geraten auf der Verfolgungsjagd in ein Varieté, wo gerade Corry ihren großen Auftritt als — Klettermaxe hat. Sie schließt sich sofort der Verfolgung quer durch die Kulissen an. Der Polizist wird schließlich von einem Kommissar gestoppt. Corry holt Klettermaxe auf dem Dach ein, reißt ihm die Maske vom Kopf und sinkt erst fast in Ohnmacht und dann — ihrem Vetter Max Malien in die Arme.

Die lustspielhaften Elemente des Films sind sehr viel überzeugender als die Kriminalfilmelemente. Hier bewährt sich Hoffmanns Begabung für optische Gags und Akzente. Die Action-Szenen dagegen, besonders die Verfolgungsjagd am Schluß, obwohl sie slapstickhaft angelegt ist, wirken eher flau. Die Spannung hält nicht lange vor, zumal man die wahre Identität Klettermaxes schon bald ahnt. Mag sein, daß dies gewollt ist, daß Amüsement über das Versteckspiel mehr das Ziel war, als Suspense. In der Buchvorlage von Hans Possendorf übrigens, einem in den 20er Jahren sehr erfolgreichen Roman, dessen nicht immer schlüssige Handlung für den Film stark umgestellt wurde, wird die Ahnung von der Identität Klettermaxes künstlich und mit unlauteren erzähltechnischen Mitteln hinausgeschoben.

Der Stoff sollte wohl eine deutsche Variante der Robin Hood- oder Zorro-Themen sein. Aber ganz abgesehen davon, daß das Format der bekämpften Verbrecher hier weit kleinkalibriger ist, was das Heroische des Themas stark reduziert, so sind im Film einige parodistische Elemente eingebaut. „In Amerika wird so etwas mit dem Degen gemacht, in Europa wird gestempelt", sagt Klettermaxe, als er das erstemal einem Ganoven seinen Stempel mit den Initialen KM auf die Stirn drückt. Corry ahmt das dann mit Lippenstift nach, um ihren Vetter noch mehr mit dem Besuch Klettermaxes zu beeindrucken. Das ist recht hübsch, doch auch das Parodistische im Film ist zu unentschieden, als daß er als Genreparodie überzeugen könnte.

Noch ein Unterschied zwischen Roman und Film ist bemerkenswert. Der Film ist bei weitem zahmer als das Buch. Im Roman verkehrt Max Malien in wirklichen, aktiven Verbrecherkreisen, mißbilligt zwar das Tun der kleinen Ganoven in seiner Umgebung, pflegt aber freundschaftlichen Umgang mit ihnen, während er nur die großen Verbrecher bekämpft. Im Film umgibt er sich mit einigen treuherzig-harmlosen, domestizierten, (fast) ehrlich gewordenen Ex-Ganoven. Das macht den Film durchaus sympathischer und gibt fürs Lustspiel einiges her. Daß in den Film die im Roman auftretenden Dirnen oder gar die zentrale Nacktszene Corrys übernommen werden könnten, war in der prüden Adenauer-Ära — zumindest für einen seriösen Film — undenkbar. Dennoch erregte sich seinerzeit der Evangelische Filmbeobachter über „die Szene, die den Gentleman, im Bett einer schwärmerischen jungen Dame vorführt."[23] Gemeint ist wohl die Szene, in der sich Klettermaxe in Corrys Bett vor der Polizei versteckt und nach deren Verschwinden noch für gut zwei Sätze darin liegen bleibt, wobei natürlich beide züchtig bekleidet sind. Bei dem Ruf, den Hoffmann heute hat, nimmt es schon sehr wunder, daß er immer wieder von den kirchlichen Organen wegen seiner Freizügigkeit im Erotischen angegriffen wurde.

Klettermaxe

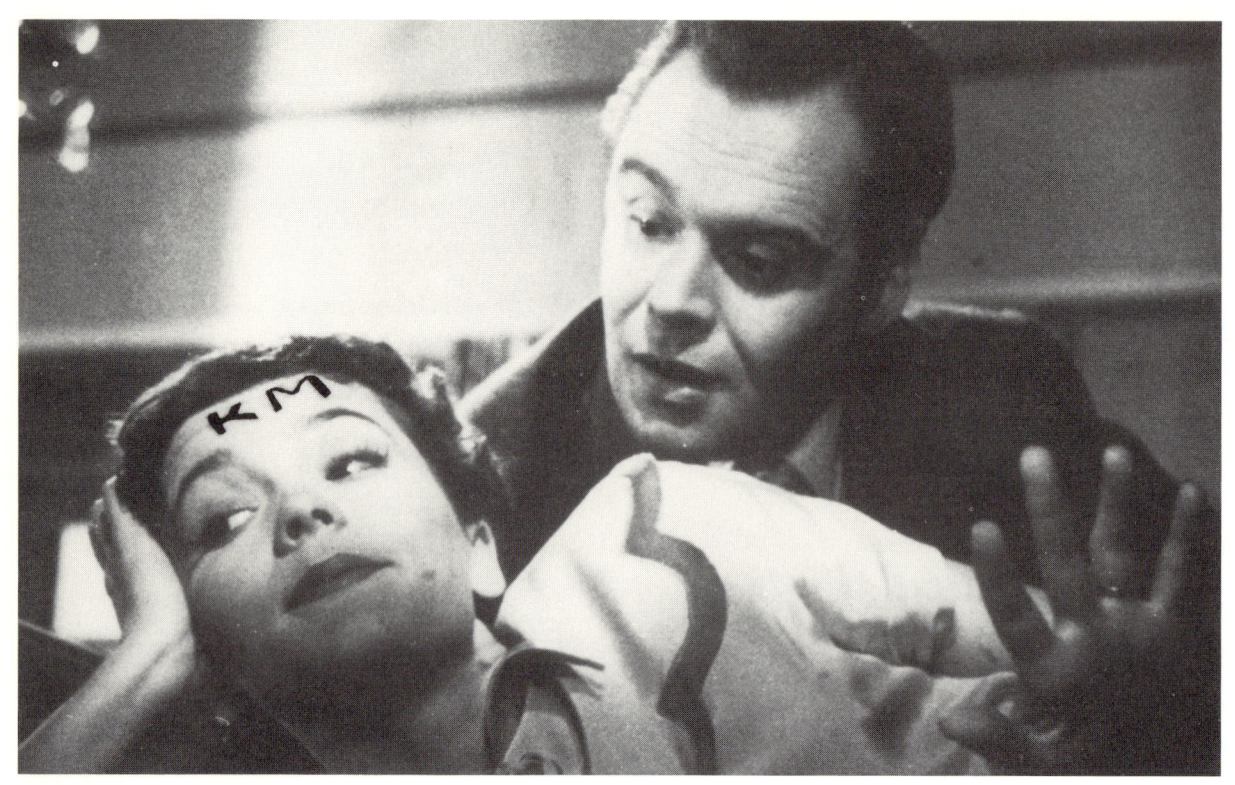

Liselotte Pulver, Alber Lieven

Madelon Truss, Hubert von Meyerinck

Wochenend im Paradies
(anderer Titel: Liebe im Finanzamt)
1952

Produktion: Standard-Film, Hamburg. Drehbuch: Reinhold Schünzel nach dem Schwank „Weekend im Paradies" von Franz Arnold und Ernst Bach. Kamera: Albert Benitz. Musik: Hans-Martin Majewski. Bauten: Willi A. Herrmann, Heinrich Weidemann. Kostüme: Dascha Rowinskaja. Masken: Walter Wegener, Gertrud Weinz (-Werner). Schnitt: Martha Dübber. Ton: Werner Pohl, Robert Fehrmann. Sprecher: Helmut Manuel Backhaus. Regie-Assistenz: Bruno Knoche.

Darsteller: Paul Dahlke (Regierungsrat Dittjen), Margaret Cargill (Vicky Dittjen), Christiane Jansen (Olivia Dittjen), Carola Höhn (Dr. Wilma Linde), Carsta Löck (Adele Schild), Walter Giller (Ewald Bach), Helmut Manuel Backhaus (Conferencier), Stig Roland (Otto Giersdorf), Harald Paulsen (Limonadenschulze), Hubert von Meyerinck (Empfangschef), Karin Jacobsen (die Blonde), Erich Ponto (Giersdorfs Onkel), Hans Stiebner (August Badrian), *Udo Baustian (Hubs)*.

Länge: 2271 m = 83 Min. Uraufführung: 4. 9. 1952. Verleih: Europa. FSK: ab 12.

Der Finanzbeamte Regierungsrat Dittjen ist Witwer und Vater zweier Töchter. Die ältere Olivia, die ihm bisher den Haushalt geführt und sich um die Erziehung ihrer 14jährigen Schwester Vicky gekümmert hat, ist seit kurzem verlobt und wird wohl bald das Haus verlassen. Dittjen fühlt sich allein dem Haushalt und der Erziehung der quirligen Vicky nicht gewachsen. Er hat auch schon eine Dame im Auge, die wohlsituierte Zahnärztin Wilma Linde. Doch Dittjen, der nun schon mehrmals bei Beförderungen übergangen wurde, glaubt, Wilma nichts bieten zu können, und traut sich nicht, ihr einen Antrag zu machen.

Als Dittjen, sehr zur Erbitterung seiner treuen Sekretärin Adele Schild, wieder einmal bei der Beförderung übergangen wird, kommt er von der Oberregierungsratsfeier des bevorzugten jüngeren Kollegen Giersdorf ziemlich angeheitert nach Hause. Eine mondäne Blondine bringt ihm seine vergessene Aktentasche nach, und Vicky ist überzeugt: Das ist die richtige Frau für Paps. Sie beschließt, beim Sommerfest des Motorrollervereins „Die Luftgekühlten" im Hotel „Paradies" ihren Angriff zu starten.

Auf diesem Sommerfest trifft sich alles. Adele Schild ist gekommen, um den „Paradies"-Wirt „steuerlich" unter ihre Fittiche zu nehmen und ihm im Kampf gegen die unseriöse Konkurrenz beizustehen. Giersdorf plant ein galantes Wochenende mit der Blondine und hat ein Zimmer für

„Schulze und Frau" bestellt. Olivia hat ein Theaterstück geschrieben und ist mit ihrem Verlobten Ewald Bach, dem zweiten Dramaturgen des Stadttheaters, gekommen, um den reichen Limonadenfabrikanten Schulze von der Qualität des Stücks zu überzeugen und ihn zur Finanzierung einer Aufführung zu bewegen. Dittjen hat sich von Wilma herausfahren lassen, um Giersdorf mitzuteilen, daß er ihm versehentlich einen falschen dienstlichen Rat erteilt hat, der fürchterliche Folgen haben kann.

Vicky bringt Dittjen und die Blondine zusammen. Olivia gerät mit dem Limonaden-Schulze in eine mißverständliche Situation und löst sie mit einer Ohrfeige. Sie bekommt Krach mit dem egozentrischen Ewald und lernt Giersdorf kennen. Ein Orientierungswechsel in Herzensdingen bereitet sich vor. Vicky, die aus der unverbindlichen Unterredung Dittjens mit der Blondine falsche Schlüsse zieht, gibt auf dem Höhepunkt der Verwicklungen die Verlobung der beiden bekannt. Nur mit Mühe gelingt es Dittjen in dem allgemeinen Tumult, Wilma zu erreichen, zu überzeugen und ihr den längst fälligen Heiratsantrag zu machen. Und als schließlich auch Dittjen seine wohlverdiente Beförderung zuteil wird, steht der allgemeinen Zufriedenheit nichts mehr im Wege.

Ob Feydeau oder Arnold und Bach, ein Schwank der vorliegenden Art funktioniert immer nach dem gleichen Muster: Eine Vielzahl von Personen wird an einem Ort, oft einem Hotel, zusammengebracht, wo man die Anwesenheit der meisten von ihnen nicht vermuten würde. Dort werden ihre Beziehungsfäden so heillos durcheinander gebracht, daß meist nur ein kräftiger dramaturgischer Hieb durch den entstandenen gordischen Knoten das notwendige Happy-End herbeiführen kann. Mehr oder weniger virtuos wird dabei mit der Einheit des Ortes gespielt, jenem einen Raum, in dem sich die handelnden Personen begegnen sollen, aber doch verfehlen, nicht begegnen dürfen, aber mit absoluter Sicherheit im ungeeignetsten Moment aufeinander treffen usw.

Dieses Spiel mit der Einheit des Ortes gibt der Film meist zugunsten szenischer Auflösung, der Erzielung optischer Vielfalt durch eine Vielzahl von Orten, auf und verwässert damit die Wirkung solcher Stücke.

Wochenend im Paradies

Paul Dahlke, Carola Höhn

Dieser Gefahr ist auch „Wochenend im Paradies" erlegen. Es dürfte daran liegen, daß dem Film, der ansonsten durchaus zu den gelungeneren Schwankverfilmungen zählt, die Rasanz vieler Bühneninszenierungen fehlt. Das Drehbuch von Hoffmanns Lehrmeister Reinhold Schünzel, der offenbar zunächst auch für die Regie vorgesehen war, ist jedenfalls ansonsten tadellos, die Fotografie ist reizvoll und originell, und das Schauspielerensemble, allen voran der immer überzeugende, wandlungsfähige Paul Dahlke, ist ausgezeichnet, gut ausgewählt und geführt.

Musik bei Nacht
1953

Produktion: Helios Film-Produktion, München. Drehbuch: Johanna Sibelius, Eberhard Keindorff nach dem Theaterstück „Die große Kurve" von Curt Johannes Braun. Kamera: Franz Koch. Musik: Franz Grothe. Liedtexte: Willy Dehmel. Bauten: Robert Herlth. Ausstattung: Gottfried Will, Peter Scharff. Kostüme: Werner Schmidt, Anni Graf. Masken: Max Rauffer, Klara (Walzel-)Krafft. Requisiten: Theo Gomolka, Hans Pewny. Schnitt: Gertrud Hinz-Nischwitz. Ton: Hans Wunschel. Regie-Assistenz: Hans J. Thiery.

Darsteller: Paul Hubschmid (Robert Ellin), Gertrud Kückelmann (Maria Bruck), Curd Jürgens (Hans Kersten), Judith Holzmeister (Gloria Ellin), Günther Lüders (George Webb), Hans Reiser (Teddy Taylor), Rudolf Vogel (Oberkellner Joseph), Rudolf Reif (Verleger Dr. Reissner), Harry Hertzsch (Diener John), Peter Elsholtz (Pilot), Alexander Ponto (Anwalt), Heinz Leo Fischer (Manager Miller), Helmut Manuel Backhaus, *Hans Clarin.*

Länge: 2444 m = 89 Min. Uraufführung: 17. 7. 1953. Verleih: Schorcht/Schorcht. FSK: ab 16.

Der erfolgsverwöhnte amerikanische Schlagerkomponist und -dirigent Robert Ellin hat den Rummel um seine Person satt. Als er, von einer Tournee heimkehrend, auch noch feststellen muß, daß seine Frau sich einen Liebhaber zugelegt und seine Wohnung bei einer Party in ein Trümmerfeld verwandelt hat, reicht er die Scheidung ein und geht auf Europareise. Auf dem Flug über den Ozean trifft er den ehemaligen Saxophonisten George Webb als Bordmixer wieder; George hatte wegen einer Handverletzung umsatteln müssen. Da die beiden zur Begrüßung reichlich dem Alkohol zusprechen, wird George nach der Landung entlassen. In der Flughafenhalle hält ein Rudel Reporter George für Robert Ellin. Robert macht sich das zunutze und überredet George mit Hilfe eines größeren Schecks, seine Rolle zu spielen und sich vor allem im Neinsagen zu üben, gegenüber den Agenten, der Presse und besonders gegenüber hübschen Mädchen, da seine Frau ihn bestimmt überwachen lasse, um bei der Scheidung günstiger davonzukommen. Robert kann nun unbelästigt Urlaub machen.

Er trifft die junge Lokalbesitzerin Maria Bruck, die meint, „vielleicht ein bißchen bankrott, auf keinen Fall aber pleite" zu sein, und verliebt sich in sie. Maria stellt den vermeintlichen stellungslosen Mixer ein, der sich, nicht zuletzt wegen seiner musikalischen Begabung, schon bald als große Bereicherung des Lokals erweist und dem Bankier Kersten ein Dorn im Auge ist. Kersten bemüht sich seit langem vergebens um Maria und hält Robert für einen Schwindler. Robert gibt einigen mittellosen Musikern

Musik bei Nacht

Günther Lüders (links), Paul Hubschmid

Paul Hubschmid, Rudolf Vogel, Gertrud Kückelmann

heimlich Geld, damit sie Maria die längst geschuldete Zeche, die diese immer wieder gestundet hat, bezahlen können, bewahrt Maria vor einer Polizeirazzia in einem Spielklub, in dem diese das nötige Geld zur Rettung ihres Lokals gewinnen wollte, und verhindert schließlich, daß sie wegen der zweimaligen Verpfändung ihres Mobiliars belangt wird.

Da taucht Roberts Frau in Georges Hotel auf und George flüchtet. Robert muß zugeben, daß er nicht George Webb ist, doch daß er Robert Ellin ist, will ihm auch niemand glauben. Als seine Frau sich aus Rache weigert, ihn als ihren Mann zu identifizieren, soll er sogar verhaftet werden. Er flieht, stellt seine Frau im Auto und erfährt, daß die Scheidung inzwischen ausgesprochen ist. Sein aus New York angereister Agent identifiziert ihn schließlich bei der Polizei. Doch Maria ist inzwischen enttäuscht mit Kersten in den Urlaub abgereist. Robert jagt den beiden nach, holt sie, wenn auch auf Kosten eines von Maria provozierten Unfalls, ein, und Kersten hat nicht nur ein verbeultes Auto, sondern auch das Nachsehen.

Drehbuch wie Vorlage, die Boulevardkomödie „Die große Kurve" von Curt Johannes Braun, wirken unoriginell und konstruiert. Sie strotzen von dramaturgischen Ungereimtheiten und Ungeschicklichkeiten. Der Dialog ist nicht sonderlich witzig, die Besetzung der Amerikaner Robert Ellin und George Webb mit Paul Hubschmid und Günther Lüders dagegen ein (unbeabsichtigter) Witz. (Was sich Anfang der 50er Jahre so alles im deutschen Film als Amerikaner tummelte, wäre eine eigene, höchst aufschlußreiche Betrachtung wert!)

Die Musik, die Franz Grothe für den Erfolgskomponisten Robert Ellin geschrieben hat, läßt merkwürdig kalt, ist beträchtlich unter dem von Grothe gewohnten Niveau. Allerdings spielt die Musik trotz des Berufes der Hauptfigur und trotz des Filmtitels in diesem Film bei weitem keine so große Rolle wie in den Erfolgsfilmen des Teams Grothe/Hoffmann von „Ich denke oft an Piroschka" bis zum „Wirtshaus im Spessart" und den „Wunderkindern". Welchen herausragenden Stellenwert Hoffmann im deutschen Film der Nachkriegszeit schon damals, vor seinen größten Erfolgen, hatte, zeigt sich daran, daß der Evangelische Filmbeobachter diesem matten Routineprodukt — gemessen an der Masse der deutschen Produktion sicher nicht zu Unrecht — trotz negativen Gesamturteils bescheinigt, die Inszenierung sei „sicher, einfallsreich, optisch anspruchsvoll und lebendig."[24]

Hokuspokus
1953

Produktion: Hans Domnick Filmproduktion, Göttingen. Drehbuch: Curt Goetz nach seinem gleichnamigen Theaterstück. Kamera: Richard Angst. Musik: Franz Grothe. Bauten: Hermann Warm, Kurt Herlth. Masken: Ludwig Ziegler, Joachim Döring, Zilly Biedzoneit. Schnitt: Fritz Stapenhorst. Ton: Heinz Martin. Regie-Assistenz: Fritz Stapenhorst.

Darsteller: Curt Goetz (Peer Bille), Valerie von Martens (Agda Kjerulf), Hans Nielsen (Gerichtspräsident), Ernst Waldow (Staatsanwalt), Erich Ponto (Mister Graham), Elisabeth Flickenschildt (Zeugin Kiebutz), Joachim Teege (Zeuge Munio Eunano), Fritz Rasp (Diener), Margrit Ensinger, Mila Kopp, Tilo von Berlepsch, Fritz Brandt.

Länge: 2440 m = 89 Min. Uraufführung: 1. 9. 1953. Verleih: Herzog. FSK: ab 12.

Der Gerichtspräsident Arden empfängt seinen besten Freund, den englischen Rechtsanwalt Graham, und eröffnet ihm, daß ihn seit zwei Wochen allnächtlich ein geheimnisvoller Fremder besucht und ihn davor warnt, daß er in dieser Nacht ermordet werden solle, der Nacht vor dem Sensationsprozeß gegen die schöne Agda Kjerulf, die in dem Verdacht steht, ihren Mann, den Maler Hilmar Kjerulf, ermordet zu haben. Der Fremde erscheint erneut, stellt sich als Peer Bille, Sohn des Zirkusdirektors Noldus Bille, vor und liefert Arden den lückenlosen Indizienbeweis, daß sein Freund Graham gekommen sei, um ihn zu ermorden. Als Graham davonstürzt, gesteht Bille Arden, daß er den Beweis mit Taschenspielerkunststücken fingiert habe, weil er Arden von der Unschuld Agda Kjerulfs überzeugen und daher seinen Glauben an die Beweiskraft von Indizien erschüttern wolle. Schließlich behauptet er, Kjerulf selbst ermordet zu haben. Graham erscheint mit einem Polizisten, der Bille festnehmen soll, von diesem aber selbst gefesselt wird. Im Weggehen verspricht Bille, beim Prozeß am nächsten Tag zu erscheinen.

Agda Kjerulfs Verteidiger hat spektakulär sein Mandat niedergelegt und damit Agdas Chancen wesentlich verschlechtert. Als Agdas neuer Verteidiger stellt sich bei der Hauptverhandlung Peer Bille vor. (Seine Behauptung, Kjerulf selbst ermordet zu haben, glaubt ihm der Gerichtspräsident nicht mehr, da er als „Mordwaffe" ein Rasiermesser hinterlegt hat, Kjerulf aber ertrunken ist.) Mit viel Witz und Eloquenz und, indem er die Sophistik des Staatsanwalts noch überbietet, erschüttert Bille das aus Indizien zusammengesetzte Beweisgebäude des Staatsanwalts. Nach einem brillanten Plädoyer scheint er die Geschworenen auf seiner Seite

Hokuspokus

Von links: Erich Ponto, Hans Nielsen, Curt Goetz

Joachim Teege (links), Curt Goetz

zu haben. Da erscheint Graham mit einem Bild, das der Gerichtspräsident aus dem Nachlaß Kjerulfs gekauft hat und das Agda in Trauerkleidung zeigt. Er weist nach, daß das Kleid erst nach Kjerulfs Tod gekauft wurde, Kjerulf das Bild also nicht gemalt haben kann. Daraus folgert er, daß Agda einen Geliebten gehabt habe, der die nach Kjerulfs Tod einsetzende Konjunktur von dessen Bildern ausgenutzt und in dessen Stil weitere hergestellt habe. Er verdächtigt Peer Bille, der sich im Zirkus auch als Schnellmaler betätigt hat. Nun „gesteht" Bille, Kjerulf ermordet zu haben, Agda gibt an, ihn angestiftet zu haben, und beide erzählen den Hergang:

Vor zwölf Jahren haben sie sich im Zirkus — sie als Zuschauerin, er als Hauptakteur — ineinander verliebt. Agdas Vater aber wollte keinen „Hokuspokus" als Schwiegersohn, und so hat Peer Jura studiert. Der Anwaltsberuf aber hat ihm nicht zugesagt, und Agda hat ihn überredet, ernsthafter Maler zu werden. Als solcher nannte er sich — Hilmar Kjerulf. Durch Erfolglosigkeit ist er ruiniert worden, und Agda hat ihm eines Tages bei einer Bootsfahrt vorgeschlagen, zum Zirkus zurückzukehren. Sie selbst werde ihm in der Manege assistieren. Bei einer stürmischen Umarmung ist das Boot gekentert. Tropfnaß am Ufer angelangt hat er Agda heimgeschickt und selbst versucht, das Boot zu bergen. Danach ist er Agda mit der nächsten Bahn gefolgt, im Zug eingeschlafen und fünf Stationen zu spät ausgestiegen. Dort hat er seinen alten Zirkus gefunden und sich drei Wochen bei ihm aufgehalten. Als er zurückgekehrt ist, hat er erstaunt festgestellt, daß man ihn für ertrunken gehalten hat und daß Agda in ihrer Verwirrung die Wasserleiche eines anderen Mannes als seine identifiziert hat, eine Tatsache, die sie erst kurz vor Peers Rückkehr von der Frau dieses Mannes erfahren hat, die bisher geschwiegen hatte, weil sie ihrem Mann das vornehme Grab gönnt. Nun aber hatte bereits die erwähnte Konjunktur für Hilmar Kjerulfs Bilder eingesetzt, und Agda hat ihren Mann überredet, weil nur die Bilder eines toten Kjerulf gefragte Bilder sind, den Irrtum nicht aufzuklären, sondern fleißig Bilder für den „Nachlaß" zu produzieren, um seinen Zirkus wiederaufbauen zu können. Und als sie verhaftet worden ist, hat sie ihn beschworen, fleißig weiter zu malen, bis der Zirkus gerettet ist. Die Unbilden von Untersuchungshaft und Verhandlung werde sie für ihn gerne erdulden.

Curt Goetz' amüsante, aber reichlich konstruierte Justizkomödie entstand 1929 (und wurde 1930 erstmals von Gustav Ucicki mit Willy Fritsch und Lilian Harvey verfilmt). 1952 nahm Goetz eine Bearbeitung vor, indem er das selbstironische Vor- und Nachspiel auf dem Theater strich und die Rolle des Peer Bille, die er jetzt selbst auf vielen Bühnen spielte, gewaltig aufwertete, indem er sie mit der des Verteidigers zusammenlegte. Auch das recht jugendliche Alter dieser Rolle und der Agda Kjerulf näherte er dem inzwischen fortgeschrittenen Alter von sich und seiner Frau Valerie von Martens, die die Agda spielte, an. Goetz war damals immerhin schon 65, Valerie von Martens 57. Demgemäß strich Goetz auch das Motiv, daß Agda ein Kind erwartet.

Der Film hält sich im wesentlichen an diese zweite Fassung bis auf einige kleine Dialog-Details, die der ersten entnommen oder neu erfunden sind. Außerdem ist der alberne Gespensterauftritt im vierten Akt durch Grahams vermeintliche Aufdeckung der Bilderfälschung ersetzt, ein Eingriff, der nun allerdings so gravierend ist, daß man bei dem Film auch wenn man filmspezifische Dinge wie bühnenraumsprengende Rückblenden und dergleichen außer Acht läßt, von einer dritten Version sprechen kann.

Kurz zuvor hatte Goetz, mit seiner Frau als Partnerin, schon in der Verfilmung von zwei anderen seiner Stücke die Hauptrolle gespielt, das Drehbuch geschrieben und Regie geführt („Frauenarzt Dr. Prätorius" 1949 und „Das Haus in Montevideo" 1951). Für diesen dritten Film überließen Produzent Domnick und Goetz die Regie Kurt Hoffmann, der seit dem Erfolg von „Fanfaren der Liebe" einen guten Ruf als Komödienregisseur hatte. Hoffmann hatte es schwer, seine Vorstellungen gegen die Intentionen des filmerfahrenen Autors und Hauptdarstellers durchzusetzen, und es gelang ihm auch nicht immer. So wirkt „Hokuspokus" manchmal ein wenig zu sehr wie abgefilmtes Theater (was bei Hoffmanns zweiter „Hokuspokus"-Version nicht der Fall ist). Dennoch ist dies die am besten fotografierte, in Schnitt und Kameraeinstellungen filmischste Version unter diesen Curt-Goetz-Verfilmungen der frühen 50er Jahre. Ein Kabinettstück ist der erste Akt mit sehr schönen Beleuchtungseffekten und einer köstlichen Parodie auf Gruselfilme.

Hokuspokus

Von links: Erich Ponto, Fritz Rasp, Curt Goetz, Valerie von Martens

Valerie von Martens, Curt Goetz

Moselfahrt aus Liebeskummer
1953

Produktion: Ariston-Film, München. Drehbuch: Ilse Lotz-Dupont nach Motiven der gleichnamigen Novelle von Rudolf G. Binding. Kamera: Heinz Schnackertz. Musik: Johannes Weissenbach. Bauten: Arne Plekstad. Ausstattung: Rudolf Remp. Kostüme: Josef Dorrer, Josefine Kronawitter. Masken: Georg Jauss, Irmgard Förster. Requisiten: Otto Garden, Hans Pewny. Schnitt: Elisabeth Kleinert-Neumann. Ton: Hermann Storr. Regie-Assistenz: Hanns Mohaupt.

Darsteller: Will Quadflieg (Dr. Thomas Arend), Lisabet Müller (Angela Schäfer), Oliver Grimm (Kaspar Schäfer), Renate Mannhardt (Dorette Sorel), John van Dreelen (Bernd Zagler), Franziska Kinz (Maria Klaus), Albert Florath (Zyprian), Erica Beer (Sylvie), Rudolf Reif (Küfermeister Kuby), Bum Krüger (Weinkenner).

Länge: 2210 m = 81 Min. Uraufführung: 12. 11. 1953. Verleih: Columbia. FSK: ab 6.

Der Kunsthistoriker Dr. Thomas Arend macht eine Reise an die Mosel, um seine Enttäuschung über die Sängerin Dorette zu vergessen. Vorgestern hat er ihr gesagt, daß sie heiraten wollten. Gestern früh fand er, als er sie abholen wollte, ihr Bett unberührt. Ihre Karriere als Sängerin war ihr offensichtlich wichtiger als er. Angela Schäfer ist mit ihrem kleinen Sohn Kaspar nach dem plötzlichen Unfalltod ihres Mannes an die Mosel gefahren, um all jene Orte aufzusuchen, die vor einigen Jahren bei ihrer Hochzeitsreise Stationen ihrer schönsten Erlebnisse waren.

In Trier stößt Thomas auf den jämmerlich weinenden Kaspar, der gelangweilt aus dem Kreuzgang einer Kirche auf die Straße gelaufen ist und sich nun im Verkehrsgewirr nicht mehr zurechtfindet. Thomas bringt ihn ins Hotel zurück. Als die von schwerer Sorge befreite Mutter nach der ersten Wiedersehensfreude ihm danken will, ist der Fremde schon verschwunden, sehr zum Kummer von Kaspar, dem Thomas sehr gefallen hat, nicht nur, weil er ihm ein Eis spendiert hat und mit ihm Karussell gefahren ist.

Inzwischen hat sich Dorette auf die Suche nach Thomas gemacht, denn der hat sich geirrt: Ihr Wunsch, Karriere zu machen, ist nicht größer als ihre Liebe zu ihm. In Cochem lernt Dorette Bernd Zagler kennen, der sie in seinem Wagen mitnimmt und ihr bei der Suche hilft, auch wenn er es lieber sähe, wenn sie ihr Vorhaben aufgäbe.

In Bernkastel schließt Thomas Freundschaft mit dem Moselwein und dem alten Weinkenner und verhinderten Dichter Zyprian. Angela hat

Kaspar im Hotel in Bernkastel zu Bett gebracht und geht noch etwas aus. Doch das Feuerwerk vom Weinfest hat den Buben ans Fenster gelockt. Plötzlich entdeckt er seinen neuen Freund Thomas. Im Nachthemd rast er hinunter und holt ihn zu sich herauf. Angela ist kurz darauf erstaunt, aber durchaus nicht unangenehm berührt, unerwarteten Besuch in ihrem Zimmer vorzufinden. Gemeinsam wird am nächsten Tag die Fahrt fortgesetzt. Angela und Thomas kommen sich näher, aber ihre Erinnerungen stehen zwischen ihnen. Da entlockt Kaspar seiner Mutter das Geständnis, daß auch sie Thomas gern habe, und er hat nichts Eiligeres zu tun, als Thomas dieses Geheimnis mitzuteilen, das Angela Thomas, wenn auch zögernd, bestätigt.

Am nächsten Morgen ist Angela mit Kaspar abgereist. Ihre Kusine Maria Klaus, auf deren Weingut sie gefahren ist, bemerkt scharfsichtig, daß sie vor ihren eigenen Gefühlen geflohen ist. Thomas aber kann sich ihre Abreise nicht erklären. Wenige Tage später findet der alte Zyprian Kaspar in einem Wagen des Weinguts Klaus. Angelas Spur ist gefunden. Inzwischen hat Bernd Zagler zufällig auch Dorette auf das Weingut Klaus gebracht. Und als Thomas dort eintrifft, fällt dem Überraschten nicht Angela, sondern Dorette um den Hals. Angela aber wendet sich enttäuscht ab. Nur schwer begreift Dorette bei der Aussprache mit Thomas dessen Gefühlswandel, und nur schwer kann Thomas Angela klarmachen, daß er für Dorette nur noch freundschaftliche Gefühle empfindet. Erst als am nächsten Tag Kaspar jubelnd verkündet, daß die Fremde abgereist ist, finden Angela und Thomas endgültig zueinander.

Rudolf G. Bindings gleichnamige „Novelle in einer Landschaft", so der Untertitel, ist eine einzige Reflexion über den Charakter der Landschaft an der Mosel und ihren Einfluß auf die Menschen. Ein Minimum an Handlung erzählt von einer flüchtigen Begegnung des Ich-Erzählers mit einer seltsam anziehenden Frau, die zur Bewältigung ihres Liebeskummers an die Mosel gereist ist. Nach einigen ereignislosen gemeinsamen Reisestationen verläßt die Frau den Erzähler ohne Abschied, da sie fürchtet, sich zu rasch wieder zu verlieben. Für Motivanleihen, die der Filmvorspann behauptet, ist dieses Nichts an Handlung nicht geeignet.

Moselfahrt aus Liebeskummer

Oliver Grimm, Will Quadflieg, Lisabet Müller

Von links: Will Quadflieg, Albert Florath, Bum Krüger

Die zentrale Aussage der Novelle vom wohltuenden Einfluß der Mosellandschaft auf den dafür empfänglichen Menschen hat Hoffmann allerdings sehr schön visualisiert. Schon in den zeitgenössischen Kritiken wurden die Landschaftsaufnahmen als das Beste an dem Film gerühmt, ohne daß ihre tiefere Bedeutung erkannt worden wäre. In der für den Film völlig frei erfundenen Handlung dagegen sind die Unglaubwürdigkeit der Motivation (zum Beispiel bei der Enttäuschung Thomas Arends über Dorette) und einige Sentimentalitäten zu bemängeln. Hoffmann macht mit Hilfe vorzüglicher Darsteller allerdings auch daraus das Beste. Unter dem Gattungsgesichtspunkt hat man es hier mit dem ersten Beispiel einer romantischen Idylle im Schaffen Hoffmanns zu tun, jener Gattung, die mit Filmen wie „Ich denke oft an Piroschka", „Der Engel, der seine Harfe versetzte" oder „Schloß Gripsholm" zu Hoffmanns Stärken zählte. Auch bei diesem Film ist das schon zu spüren.

Der Raub der Sabinerinnen

1953/54

Produktion: CCC-Filmproduktion, Berlin. Drehbuch: Emil Burri, Johannes Mario Simmel nach dem gleichnamigen Schwank von Franz und Paul von Schönthan. Kamera: Albert Benitz. Musik: Ernst Steffan. Bauten: Hermann Warm. Ausstattung: Paul Markwitz. Kostüme: Manon Hahn. Masken: Günter Frank, Ilse Schulz. Schnitt: Johanna Meisel. Ton: Werner Maas, Willi Szdzuy. Regie-Assistenz: Hans J. Wilhelm.

Darsteller: Gustav Knuth (Emanuel Striese), Fita Benkhoff (Frau Striese), Paul Hörbiger (Professor Gollwitz), Loni Heuser (Frau Gollwitz), Anneliese Kaplan (Renate Gollwitz), Bully Buhlan (Charly), Ernst Waldow (Gross), Ruth Stephan (Dienstmädchen Rosa), Hans Stiebner (Perchtramer), Willi Rose (Bürgermeister), Jakob Tiedtke (Bäckermeister), Wolfgang Müller (Friedrich), Edith Hancke (Frl. Müller-Muthesius), Herbert Weissbach (Biologielehrer), Margitta Sonka (Iphigenie Striese), Norbert Steinkrauss (Othello Striese), Wolfgang Condrus (Hamlet Striese), Ekkehard Lau (Torquato Striese), *Friedrich Domin (Dichter).*

Länge: 2432 m = 89 Min. Uraufführung: 2. 4. 1954. Verleih: Allianz/Transit. FSK: ab 6.

Der ganze Kummer der Bewohner der Kleinstadt Gundelbach ist es, daß ihre Stadt trotz eines wunderschönen Bahnhofs keine D-Zug-Station ist. Der Bürgermeister hat eine Idee: Gundelbach muß Festspielstadt werden, dann wird die Bundesbahndirektion ein Einsehen haben müssen. Die Tatsache, daß es just dieses Jahr 1500 Jahre her ist, daß Gundelbach das Marktrecht verliehen wurde, ist Anlaß genug zur Veranstaltung von Festwochen. Der weltberühmte Dichter, der — wenn auch sehr zurückgezogen — in seinem Geburtsort Gundelbach lebt, soll bewogen werden, einen Beitrag für die Festspiele zu leisten. Der Gymnasialprofessor Gollwitz wird beauftragt, dem Dichter dieses Anliegen vorzutragen. Doch Gollwitz gelangt nicht über die grimmig das Wohl und die Ruhe ihres Herrn bewachende Haushälterin des Dichters hinaus. Die ehrgeizige Frau des Professors ist empört über die mangelnde Durchsetzungsfähigkeit ihres Mannes und erlegt ihm strengstens auf, während einer Reise, die sie am nächsten Tag antritt, die Zustimmung des Dichters einzuholen und damit den Grundstein zu legen für seine Wahl ins Festkomitee und vielleicht sogar in den Gemeinderat. Doch Gollwitz hat erneut keinen Erfolg.

Währenddessen ist im Ort eine Wandertheatertruppe eingetroffen. Man liest, daß im Ort Festwochen stattfinden und beschließt, im Festsaal eines Gasthauses das einzige Stück des Repertoires, „Der Königsleutnant", aufzuführen. Doch die Eröffnungsvorstellung muß wegen Mangels an Zuschauerzuspruch abgesagt werden. Die Truppe will heimlich

Der Raub der Sabinerinnen

Paul Hörbiger, Ruth Stephan

Fita Benkhoff, Gustav Knuth

abreisen, weil sie die Saalmiete nicht bezahlen kann. Da erscheint Rosa, das theaterbegeisterte Dienstmädchen im Haus Gollwitz. Sie will einmal Theaterluft schnuppern und läßt nebenbei die Bemerkung fallen, daß ihr Arbeitgeber eine Römertragödie geschrieben habe, die bisher noch nie gespielt worden sei. Die Frau des Theaterdirektors Striese erfaßt schnell, wieviele ehemalige Schüler des Professors auf ein Werk ihres Lehrers neugierig sein müßten, so daß ein erfolgreiches Gastspiel garantiert wäre. Sie schickt ihren Mann zu Gollwitz, und es gelingt Striese tatsächlich, dem verschämten Professor das Stück abzuschwatzen. Er muß allerdings versprechen, daß niemand erfährt, wer der Autor des Stückes ist. So stehen denn auf den Theaterplakaten an der Stelle des Verfassers drei Sternchen, nicht ohne daß verbreitet wird, es handle sich um „eine hervorragende, nicht genannt sein wollende Persönlichkeit der Stadt". Und schon bald entsteht das Gerücht, es handle sich bei dem „Raub der Sabinerinnen" um ein Jugendwerk des berühmten Dichters.

Karl Gross, genannt Charly, Sohn eines Weingroßhändlers, den sein Vater als Studenten in Heidelberg wähnt, der sich aber aus Theaterleidenschaft der Truppe des Direktors Striese angeschlossen hat, hat sich in Renate, die Tochter des Professors, verliebt. Als er in Gundelbach unerwartet seinem Vater begegnet, der auf Geschäftsreise hier ist, schwindelt er ihm vor, daß er nur hier sei, um sich mit Renate zu verloben. Doch bei einem Antrittsbesuch bei Gollwitzens erntet Vater Gross nur verständnislose Mienen. Renate klärt ihn auf, daß sein Sohn Mitglied der Theatertruppe ist, daß er der Theaterspielerei längst überdrüssig ist, aber aus Mitleid bei den Strieses bleibt, die er mit dem Geld unterstützt, das ihm sein Vater fürs Studium schickt. Der erleichterte Vater bezahlt die rückständige Saalmiete, um die Strieses für den bevorstehenden Verlust ihres jugendlichen Helden zu entschädigen, und rettet damit die Vorstellung.

Am Abend der Premiere ist der Saal ausverkauft. Auch der Dichter, vom Gemeinderat eingeladen, ist zugegen. Die Aufführung steckt voller waghalsiger Improvisationen und Situationen unfreiwilliger Komik, die das holprige Pathos des Stücks ad absurdum führen. Der erste Akt geht im Gelächter des Publikums unter. Striese und Gollwitz fliehen entsetzt, um sich zu betrinken. Doch Frau Striese, in Angst um die

Abendeinnahme, spielt das Stück eisern entschlossen zu Ende und hat einen überwältigenden Heiterkeitserfolg. Der Dichter, der sich köstlich amüsiert hat, wird von Renate über die Hintergründe informiert. Er legt beim Stadtrat ein gutes Wort für Gollwitz ein und sagt einen Beitrag für die nächstjährigen Festwochen zu, falls dem Professor die Leitung des Festkomitees übertragen werde. Charly verlobt sich mit Renate und nimmt sein Studium wieder auf. Statt seiner zieht Rosa mit der Truppe von Direktor Striese weiter.

Hoffmann hat den klassischen Bühnenschwank der Brüder Franz und Paul von Schönthan, unterstützt durch ein gutes Drehbuchkonzept, gekonnt umgesetzt. Die Handlung des seinerzeit schon 70 Jahre alten Schwanks wurde durch den leicht parodistischen Rahmen mit den Festspielen in Gundelbach aktualisiert, eine alberne Nebenhandlung um eifersüchtige Ehefrauen weggelassen. Vieles, was auf der Bühne nur berichtet werden kann, ist visualisiert. Besonders bei der Aufführung des „Raub der Sabinerinnen" wird jede Möglichkeit zu optischen Effekten genutzt, ohne daß der Klamauk übertrieben würde.

Die Darstellerleistungen sind vorzüglich. Gustav Knuth ist ein fast idealer Striese, die Rolle wurde sogar zu den besten seiner Filmkarriere gerechnet[25]. Im Film ist dieser Part von den Drehbuchautoren etwas weltfremder und verstiegener angelegt als der schlitzohrige Theaterdirektor des Stücks. Die Raffinesse Strieses ist im Film seiner Frau zugeschrieben, die als handelnde Person im Stück nicht vorkommt, in den Bemerkungen Strieses aber ständig gegenwärtig ist. Diese durch das szenische Konzept des Films notwendig gewordene Figur spielt Fita Benkhoff in einer Mischung aus Mütterlichkeit, Tatkraft, Realitätssinn und verzweifelter Finanzartistik. Loni Heuser ist die von ihr gewohnte, ebenso energische wie ehrgeizige, stark dominante Ehefrau (hier des Professors). Paul Hörbiger spielt von Anfang an so, als fühle er sich nicht wohl in seinem komischen, etwas zu kleinen Jackett wie auch in seiner Haut, ein Eindruck, der mit zunehmender Dauer des Films immer verständlicher wird. Auch die übrigen Rollen sind bis zur kleinsten Charge gut besetzt.

Der Raub der Sabinerinnen

Von links: Gustav Knuth, Fita Benkhoff, Ernst Waldow

Gustav Knuth

So ist „Der Raub der Sabinerinnen" in seinem Genre, dem filmischen Schwank, dank handwerklicher Sorgfalt, Zurückhaltung im Klamauk, überzeugender Bearbeitung der Vorlage und ausgezeichneter Darstellerleistungen eines der besten Beispiele im deutschen Film nicht nur der 50er Jahre.

Das fliegende Klassenzimmer
1954

Produktion: Carlton Film, München. Drehbuch: Erich Kästner nach seinem gleichnamigen Kinderbuch. Kamera: Friedel Behn-Grund. Musik: Hans-Martin Majewski. Bauten: Robert Herlth. Ausstattung: Kurt Herlth. Kostüme: Werner Schmidt. Masken: Arthur Schramm, Joachim Döring. Requisiten: Hubert Koffou, Rolf Taute. Schnitt: Fritz Stapenhorst. Ton: Hans Endrulat. Regie-Assistenz: Fritz Stapenhorst.

Darsteller: Paul Dahlke (Dr. Böck, gen. Justus), Heliane Bei (Schwester Beate), Paul Klinger (Dr. Uthoff, gen. Nichtraucher), Erich Ponto (Sanitätsrat Dr. Hartwig), Bruno Hübner (Professor Kreuzkamm), Herbert Kroll (Direktor Grünkern), Rudolf Vogel (Friseur Krüger), Willy Reichert (Herr Thaler), Ruth Hausmeister (Frau Thaler), Peter Vogel (der „schöne Theodor"), Peter Tost (Martin Thaler), Peter Kraus (Johnny Trotz), Bert Brandt (Matz), Knut Mahlke (Uli), Axel Arens (Sebastian), Michael Verhoeven (Ferdinand), Bernhard von der Planitz (Egerland), Michael von Welser (Kreuzkamm), Hartmut Högel (Fridolin), Horst Dieter Bauer (Wawerka), Klaus Peter Pretzl (Bruno), Max Barth (Kurt), Karl Schaidler (Fäßchen), Erich Kästner (Autor).

Länge: 2521 m = 92 Min. Uraufführung: 3. 9. 1954. Verleih: NF/Filmwelt. Video: Taurus. FSK: ab 6.

In dem kleinen Ort Kirchberg gibt es zwei höhere Schulen, ein Gymnasium, dem ein Internat angeschlossen ist, und eine Realschule. Die Schüler dieser beiden Institutionen liegen in einer traditionellen, schon Generationen alten Fehde. Hauslehrer der Tertia am Gymnasium ist Dr. Johannes Böck, der von seinen Schülern wegen seiner Gerechtigkeit „Justus" genannt und wegen seiner verständnisvollen Art geliebt wird. Böck hat im Fach Geographie den imaginären „Unterricht vom Flugzeug aus" eingeführt. Der dichterisch begabe Johnny Trotz hat davon angeregt das Theaterstück „Das fliegende Klassenzimmer" geschrieben, das am Abend vor Weihnachten bei der Schulabschlußfeier aufgeführt werden soll. Die miteinander befreundeten Darsteller dieses Stücks sind die jugendlichen Helden der Geschichte: neben Johnny der energische und verantwortungsbewußte Martin, der starke und verfressene Matz, der kleine, immer ängstliche Uli und der intelligente Sebastian. Rat holen sich die Jungen gerne beim „Nichtraucher", einem Aussteiger namens Dr. Robert Uthoff, der in einem ausrangierten Eisenbahnwaggon haust.

Die Fünf übernehmen die Führung, als es zu einem Kampf gegen die Realschüler kommt, weil diese aus Rache für einen Streich der Gymnasiasten den Sohn des Deutschlehrers Kreuzkamm und die Diktathefte der Tertia entführt haben. Kreuzkamm jr. kann befreit werden, von den Diktatheften ist nur noch Asche übrig geblieben. Der kleine Uli ist beim

Kampf, wie schon so oft, davongelaufen. Die Fünf stellen sich Dr. Böck wegen ihrer unerlaubten Entfernung aus dem Internat. Bei ihrer „Strafe", einem Arrest, den sie bei Kaffee und Kuchen in Böcks Zimmer absitzen müssen, erzählt dieser ihnen seine Geschichte als ehemaliger Schüler der Anstalt, von seiner Freundschaft mit einem anderen Jungen, der später Arzt wurde und nach dem Tod seiner Frau und seines neugeborenen Kindes spurlos verschwand. Die Jungen ahnen, daß es sich um Dr. Uthoff handelt, und bringen die beiden am nächsten Tag zusammen.

Inzwischen ist Uli wieder einmal gedemütigt worden — er wurde in einem Papierkorb unter die Decke gehängt. Daraufhin bestellt er die Schüler des Internats für nachmittags auf die Eisbahn zu einer Mutprobe. Er springt mit einem Regenschirm als Fallschirm von einer mehrere Meter hohen Leiter, bricht sich ein Bein und zieht sich eine schwere Gehirnerschütterung zu. Dr. Uthoff übernimmt die erste ärztliche Versorgung und kommt dabei Schwester Beate, der Krankenschwester des Internats, näher. Das Theaterstück wird ein großer Erfolg, und die Schüler fahren in die Ferien. Martin muß zurückbleiben, weil seine Eltern wegen der Arbeitslosigkeit des Vaters das Fahrgeld nicht aufbringen können. Doch Böck schenkt Martin das Geld. Bei einer kleinen Weihnachtsfeier in Böcks Zimmer überredet der alte Hausarzt des Gymnasiums Uthoff, den Posten von ihm zu übernehmen.

Kästner wollte mit seinem Kinderbuch, das als Vorlage diente, zeigen, daß die Kindheit, entgegen der Schönfärberei der meisten Kinderbuchautoren zur Entstehungszeit des Romans (1932/33), nicht „aus prima Kuchenteig gebacken" sei. Zugleich enthält das Buch Kästners pädagogische Idealvorstellungen, ideal-typisch verkörpert in der Figur des Lehrers Dr. Böck, der durch seinen Erziehungsstil Respekt und Liebe seiner Schüler gleichermaßen erwirbt, die Jungen zur Bereinigung eines Dumme-Jungen-Streiches bringt durch die Drohung, sie dürften ihn sonst vierzehn Tage lang nicht mehr grüßen. Der Film führt die Überhöhung dieser Figur auch optisch fort, vor allem in der dreimal wiederholten Szene, in der sich Böck nachts telefonisch beim Hausmeister vergewissert, ob alles in Ordnung ist, dann ans Fenster tritt und — Schnitt/

Das fliegende Klassenzimmer

Von links: Peter Tost, Peter Kraus, Axel Arens, Paul Klinger, Hartmut Högel

Bruno Hübner (links), Knut Mahlke

Außensicht — als einsamer Schatten hinter dem als einziges noch erleuchteten Fenster seines Turmzimmers erscheint. Er wacht als letzter, er steht über allem, er muß — besonders deutlich am Schluß — allein bleiben, um seiner verantwortungsvollen pädagogischen Aufgabe gerecht werden zu können. Nur Paul Dahlkes großartiges Spiel verhindert, daß diese Figur völlig blutleer und fade wirkt. Ganz anders die Figur des Professors Kreuzkamm, den sich, von seinen Schülern geachtet aber nicht geliebt, belächelt aber manchmal auch gefürchtet, wohl jeder im Lehrerkollegium seiner eigenen Schulzeit vorstellen könnte.

Kästners pädagogische Utopie ist, wenn auch aus anderen Gründen angesichts eines bürokratisierten, auf Leistungsdruck angelegten Schulsystems, Utopie geblieben. In ihren realistischen Szenen aber sind Buch und Film Vergangenheit, so ferne Vergangenheit, daß ein Remake von 1973 trotz sorgfältiger Rekonstruktionsbemühungen merkwürdig unangemessen wirkte. Hoffmanns Film dagegen hat den dokumentarischen Wert und den Charme von alten, leicht vergilbten Fotos. Hoffmanns ruhiger Bilderzählstil mit langen Einstellungen, weiten Kameraschwenks und vielen Überblendungen ist dem Erzählduktus Kästners angemessen, zumal der Autor selbst immer wieder mit behäbiger Erzählerstimme in Erscheinung tritt, ähnlich übrigens wie in der vier Jahre zuvor entstandenen Verfilmung seines „Doppelten Lottchen" durch Josef von Baky, im Gegensatz zu diesem Film hier aber in einer Rahmenhandlung als Darsteller ganz wie im Buch ironische Distanz zur Geschichte schafft. Lediglich einige auf Rührung angelegte Szenen wirken im Film durch direkte Emotionalisierung sentimental, wo im Buch Kästners lakonischer Stil dies zumindest weitgehend verhindert. Doch auch hier überschreitet Hoffmann nie die Grenzen des ästhetischen Geschmacks.

Feuerwerk
1954

Produktion: Neue deutsche Filmgesellschaft, München. Drehbuch: Herbert Witt, Felix Lützkendorf, Günter Neumann nach dem gleichnamigen musikalischen Lustspiel von Eric Charell und Jürg Amstein. Kamera: Günther Anders. Musik: Paul Burkhard. Choreographie: Sabine Ress. Bauten: Werner Schlichting. Kostüme: Alfred Bücken. Masken: Raimund Stangl. Schnitt: Claus von Boro. Ton: Hans Endrulat. Regie-Assistenz: Claus von Boro.

Darsteller: Lilli Palmer (Iduna Obolski), Karl Schönböck (Alexander Obolski), Romy Schneider (Anna Oberholzer), Claus Biederstaedt (Robert Busch), Werner Hinz (Albert Oberholzer), Rudolf Vogel (Onkel Gustav), Margarete Haagen (Köchin Kathie), Ernst Waldow (Onkel Wilhelm), Liesl Karlstadt (Tante Bertha), Käthe Haack (Karoline Oberholzer), Lina Carstens (Tante Paula), Charlotte Witthauer (Tante Alwine), Michl Lang (Onkel Fritz), Klaus Pohl (Piepereit), Tatjana Sais (Madame Sperling), Anni Häusler (Pony), Hansi Dichtl (Pony), Hans Clarin (Artist), Michael Cramer (Artist), Christiane Maybach (Seiltänzerin Jasmine), Heini Göbel (Mielke), Willy Reichert (Bahnhofsvorsteher), Erika Nein, Isolde Bräuner, Oliver Hassencamp, Karl Schaidler.

Länge: 2680 m = 98 Min. Uraufführung: 16. 9. 1954. Verleih: Schorcht. FSK: ab 6.

Der wohlsituierte Gartenzwergfabrikant Albert Oberholzer feiert in einer Kleinstadt des Jahres 1909 seinen 50. Geburtstag. Zu diesem Anlaß sind auch seine Brüder, der Regierungsrat Gustav, der Studienrat Wilhelm und der Ökonom Fritz mit ihren Frauen angereist. Der Gärtnergeselle Robert, in den Alberts Tochter Anna verliebt ist, wird wieder ausgeladen, weil er sich in der Gärtnerzeitung despektierlich über Gartenzwerge geäußert hat. Als die Feier im schönsten Gange ist, erscheint plötzlich Alexander, Alberts jüngster Bruder, der vor 20 Jahren dem Muff des Elternhauses entflohen ist und inzwischen als Direktor Obolski ein florierendes Zirkusunternehmen aufgebaut hat. In seiner Begleitung: seine Frau Iduna, eine Polin von exotischer Schönheit, die sofort die Brüder Wilhelm, Fritz und besonders Gustav in ihren Bann zieht. Sie wären, dieser Frau zuliebe, bereit, Obolski mit offenen Armen wieder in den Schoß der Familie aufzunehmen, doch für den Rest der Familie gilt Alexander weiterhin als schwarzes Schaf und sein Gewerbe als liederlich.

Lediglich Anna ist von ihrem Onkel und vom Zirkus fasziniert, besonders als sie eine Vorstellung gesehen hat. Alexander, der wiederum Anna tanzen gesehen hat, sagt ihr, daß sie sehr viel Talent habe und beim Zirkus sicher groß herauskommen könne. Da Annas Vater ihr gedroht hat, sie wegen ihrer ungebärdigen Art der dragonerhaften Tante Paula, der Frau Gustavs, zur Erziehung zu geben, flieht sie zu Alexander. Iduna ist zwar gewöhnt, daß Alexander hin und wieder einer Tänzerin

Feuerwerk

Margarete Haagen, Käthe Haack

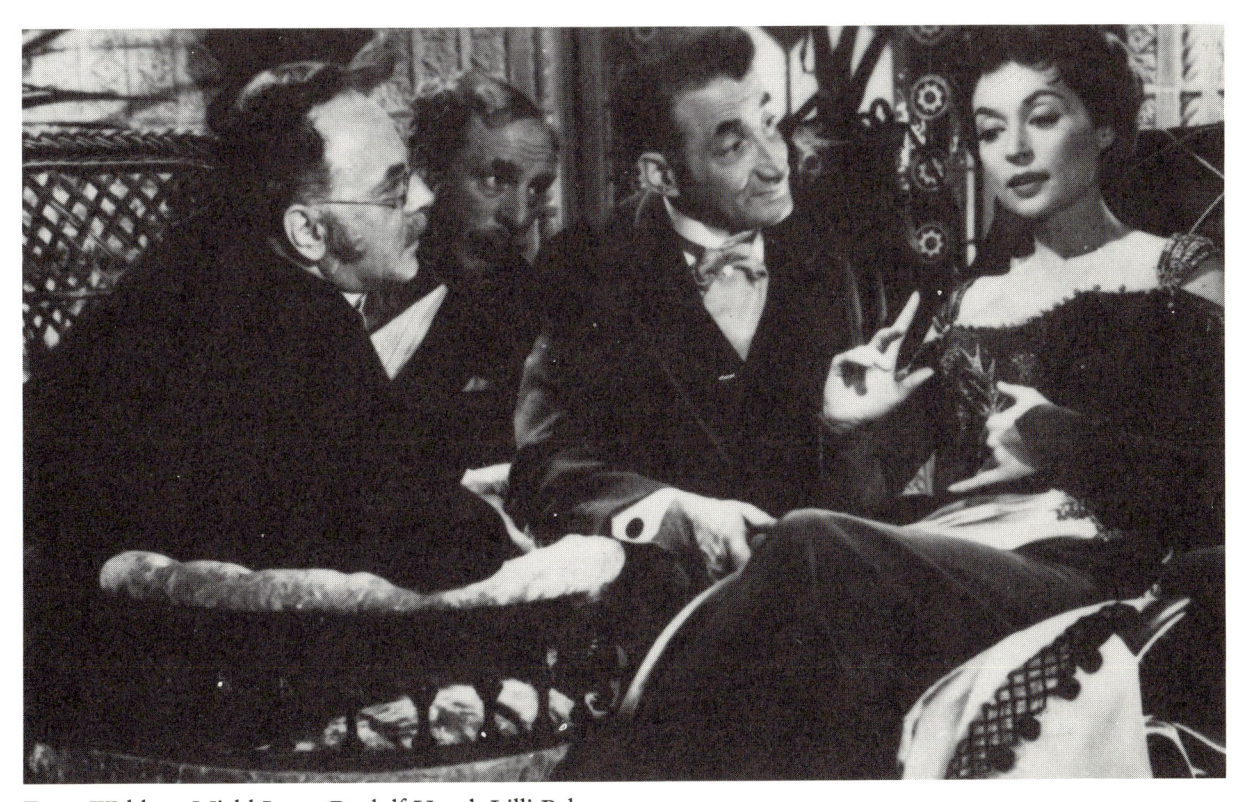

Ernst Waldow, Michl Lang, Rudolf Vogel, Lilli Palmer

oder Reiterin schöne Augen macht, doch in seinem Interesse für Anna sieht sie mehr. Als sie, von dem eifersüchtigen Robert aufmerksam gemacht, Alexander und Anna, wenn auch in unverfänglicher Situation, in Alexanders Wohnwagen erblickt, folgt sie einem plötzlichen Impuls und verläßt den Zirkus, um nach Paris zu fahren. Am Umsteige-Bahnhof aber trifft sie die Agenten Spontini, die gekommen sind, um mit dem Zirkus eine große Auslandstournee abzuschließen, und die sie mit sanfter Gewalt wieder mit zum Zirkus nehmen.

Inzwischen ist Anna unter den Worten Alexanders und nach einem bedeutungsvollen Traum wieder schwankend geworden in ihrem Wunsch, zum Zirkus zu gehen. Idunas Erzählungen von ihrer Sehnsucht nach der Geborgenheit eines festen Zuhauses tun ein übriges. Anna kehrt zu Robert zurück. Iduna sieht ein, daß sie Alexander — diesmal — Unrecht getan hat. Als der Zirkus die Stadt verläßt, zieht statt Anna ein anderer mit: Gustav hat seine herrschsüchtige Frau verlassen und wird in Zukunft beim Zirkus als Clown arbeiten.

Paul Burkhards Operette nach einem erfolgreichen Schweizer Volksstück („Der schwarze Hecht" von Emil Sautter) war Anfang der 50er Jahre mit Riesenerfolg über die deutschsprachigen Bühnen gegangen, das Lied „Oh mein Papa" gar hatte sich zum Weltschlager entwickelt. Der Mitautor Eric Charell, in dessen „Der Kongreß tanzt" Hoffmann 1931 als Volontär sein Filmdebüt gegeben hatte, war auch der Hauptinitiator der Filmfassung. Auf ihn geht die Verpflichtung Lilli Palmers zurück, der deutschen Jüdin, die nach England emigriert und nun in Hollywood und am Broadway erfolgreich war. Sie feierte mit der Rolle der Iduna, ihrer ersten im deutschen Film, wahre Triumphe bei Kritik und Publikum. Für einige Rollen griff die Produktion auf Darsteller der Inszenierung von „Feuerwerk" an den Münchner Kammerspielen zurück, Karl Schönböck als vor Charme geradezu berstender Zirkusdirektor zumal, auch er, wie Lilli Palmer, eine Idealbesetzung. Die junge Romy Schneider spielte, in ihrer erst zweiten Filmrolle, die verträumte Anna so glaubwürdig und bei aller backfischhaften Niedlichkeit ohne Kitsch, daß man sich auch hier kaum eine andere Besetzung vorstellen kann. Der Film ist bis in die kleinsten Nebenrollen hinein mit solch treffsicherer Auswahl und so prominent besetzt, daß Hans Hellmut Kirst im Münchner Merkur sogar anmerkte, er sei „zu großzügig beim Personalaufgebot"[26].

Die Inszenierung ist ebenso schwungvoll wie gemütvoll. Nicht alle möglichen satirischen Spitzen gegen das Kleinbürgertum, die die Vorlage zuließe, werden ausgespielt. Daß auch ein Großteil der Musiknummern gestrichen oder stark verknappt wurde, liegt an der Verkürzung des zweieinhalbstündigen Bühnenwerks auf einen rund anderthalbstündigen Film. Im Gegensatz zu den meisten anderen Operetten hat „Feuerwerk" nämlich genug Handlung, um einen Film auszufüllen. Den Erfolg des Stücks machte nicht zuletzt seine, im Vergleich zu anderen Operetten, größere Realitätsnähe und größere Substanz aus. Eine Operette in Musicalnähe.

Umstritten war in der zeitgenössischen Kritik die Qualität der Farbfotografie in diesem ersten Farbfilm Hoffmanns. Manche fanden die Farbigkeit des Films dem Thema, vor allem dem Zirkusmilieu, angemessen, sprachen gar von Anklängen an impressionistische Gemälde.[27] Andere fanden diese Farbigkeit übertrieben, fast kitschig[28]. Eine Beurteilung aus heutiger Sicht fällt schwer, da eine unausgereifte Technik verwendet wurde (Eastmancolor kopiert auf Gevacolor) und man davon ausgehen muß, daß sich die Farben verändert haben. Heute wirken sie wie in ein milchiges Licht getaucht (die Unschärfe, von der Variety[29] spricht?) und sind eher blaß als grell. Die breite Palette, die verwendet wurde, ist allerdings immer noch zu ahnen.

Insgesamt wurde Feuerwerk von der Kritik sehr positiv aufgenommen, gehört zu Hoffmanns meistgeschätzten Filmen. Keine Spur von Hochnäsigkeit gegenüber dem windigen Genre Operette. Gunter Groll resümierte: „Wir sind an guter, an einfallsreicher Unterhaltung ja nicht reich. Dies ist, vergleichsweise, brillante Unterhaltung."[30] Mehr noch: „Feuerwerk" ist die beste deutsche Operettenverfilmung zumindest nach dem Zweiten Weltkrieg und eines der ganz wenigen Beispiele dafür, daß mit diesem Genre überhaupt niveauvolle, geistreiche Unterhaltung möglich ist. Doch Hoffmann ging schon bald den Weg weg vom verfilmten Musiktheater hin zur eigenständigen filmischen Musikkomödie.

Feuerwerk

Lilli Palmer

Drei Männer im Schnee
1955

Produktion: Ring Film-Produktion, Wien. Drehbuch: Erich Kästner nach seinem gleichnamigen Roman. Kamera: Richard Angst. Musik: Alexander von Szlatinay. Liedtexte: Willy Dehmel. Bauten: Werner Schlichting. Ausstattung: Isabella Ploberger. Kostüme: Ilse Dubois. Masken: Leopold Kuhnert, Rudolf Ohlschmid. Requisiten: Robert Farian Korich, Julius Hubl. Schnitt: Paula Dvořak. Ton: Kurt Schwarz, Herbert Janeczka. Regie-Assistenz: Alfred Solm.

Darsteller: Paul Dahlke (Geheimrat Schlüter), Günther Lüders (Johann Kesselhut), Claus Biederstaedt (Dr. Fritz Hagedorn), Margarete Haagen (Hausdame Kunkel), Nicole Heesters (Hilde Schlüter), Hans Olden (Direktor Kühne), Fritz Imhoff (Portier Polter), Alma Seidler (Mutter Hagedorn), Franz Muxeneder (Graswander Toni), Elfie Pertramer (Frau von Mallebre), Eva-Maria Meinecke (Thea Casparius), Stefan Kayser (Olaf von Mallebre), Richard Eybner (Herr Heltai), Ulrich Bettac (Generaldirektor Tiedemann), Elly Naschold (Isolde), Ralph Boddenhuser (Sepp), Walter Simmerl (Fahrer), Elfie Beer (Stubenmädchen), Hilde Wagener, Peter W. Staub, Gustav Dennert, Hans Brand, Erich Kästner (Kommentator).

Länge: 2543 m = 93 Min. Uraufführung: 30. 6. 1955. Verleih: Deutsche London. FSK: ab 12.

Geheimrat Schlüter, Multimillionär und Konzerneigner, hat unter falschem Namen an einem Preisausschreiben einer seiner Firmen teilgenommen und den zweiten Preis, zehn Tage Aufenthalt in einem Luxushotel im Gebirge, gewonnen. Nun will er, als armer Mann verkleidet, den Preis einlösen und dabei die Reaktion der Luxusumgebung auf den vermeintlichen armen Teufel studieren. Sein Diener Johann soll als reicher Mann im selben Hotel logieren, um im schlimmsten Fall zur Stelle zu sein. Schlüters Tochter Hilde warnt die Hotelleitung telefonisch vor, wird aber unterbrochen, so daß sie Schlüters falschen Namen nicht mehr verraten kann. Noch vor dem verkleideten Millionär kommt der Träger des ersten Preises im Preisausschreiben, der stellungslose Werbefachmann Dr. Fritz Hagedorn, im Hotel an, wird prompt für den Millionär gehalten, entsprechend zuvorkommend behandelt und von zwei Damen umschnurrt, die sich hauptsächlich im Hotel aufhalten, um auf Männerfang zu gehen. Als Schlüter eintrifft, wird er als vermeintlicher armer Schlucker in einem ungeheizten Dachkämmerchen einquartiert, und in der Folgezeit versucht der Portier, ihn durch allerlei Schikanen hinauszuekeln.

Der vermeintliche Millionär und der falsche arme Teufel freunden sich an und spielen auf Betreiben Schlüters das Spiel der Hotelleitung mit. Schlüter bringt regelmäßig die Annäherungsversuche der beiden Damen an Fritz zum Scheitern. Als Hilde durch Johann von der Behandlung ihres Vaters erfährt, reist sie, ebenfalls unter falschem Namen und in Begleitung der Schlüterschen Hausdame, an. Fritz und Hilde verlieben sich ineinander. Als einige Gäste Schlüter durch den Portier Geld anbieten, falls er verschwinde, reisen er, Hilde, die Hausdame, Johann und zuletzt der vermeintliche Millionär Hagedorn empört ab. Wenige Tage später wird der verdutzte Hagedorn von Schlüter, der sich jetzt als Konzernchef zu erkennen gibt, als zukünftiger Schwiegersohn und Direktor eines seiner Werke begrüßt. Eigentlich wollte Schlüter ja nun noch das Hotel kaufen, um Direktor und Portier hinauszuwerfen. Aber das geht nicht; es gehört ihm nämlich schon.

„Drei Männer im Schnee" ist eine der bezauberndsten deutschen Filmkomödien der 50er Jahre. Sie basiert auf dem ersten der drei Unterhaltungsromane, die Erich Kästner während des Dritten Reiches für das Ausland schrieb, weil ihm das Publizieren in Deutschland verboten war. Natürlich wurde auch seine Auslandspublikation überwacht, so daß er, der Satiriker und Moralist, sich auf diese harmlosen Nichtigkeiten beschränken mußte, sie aber mit so viel Könnerschaft verfaßte, daß sie zu Klassikern des Unterhaltungsromans in Deutschland wurden.

Diese Seite Kästners, dieser Stoff, witzig und elegant, nicht zu temporeich und ein wenig gemütvoll, fanden in der Begabung des Regisseurs Hoffmann ihre ideale Entsprechung. Hoffmann hat denn auch mehr Werke von Kästner verfilmt, als von irgendeinem anderen Verfasser und mehr, als irgendein anderer Regisseur gedreht hat.

Der Roman ist mit viel Handlung und Dialog und wenig Beschreibung und Reflexionen ausgezeichnet für die Verfilmung geeignet. (Hoffmanns Version war übrigens schon die dritte, nachdem der Roman kurz nach Erscheinen schon in den 30er Jahren in Schweden und den USA verfilmt worden war.[31]) Kästner selbst tat ein übriges, indem er ein sehr filmgerechtes Drehbuch schrieb. Die Inszenierung wirkt konventionell und solide, liebevoll und handwerklich perfekt, ohne die Schlampigkeiten oder Lustlosigkeiten, wie sie bei Hoffmanns Serienfilmen in der ersten Hälfte der 50er Jahre vorkamen. Richard Angst ist auf der Höhe

Drei Männer im Schnee

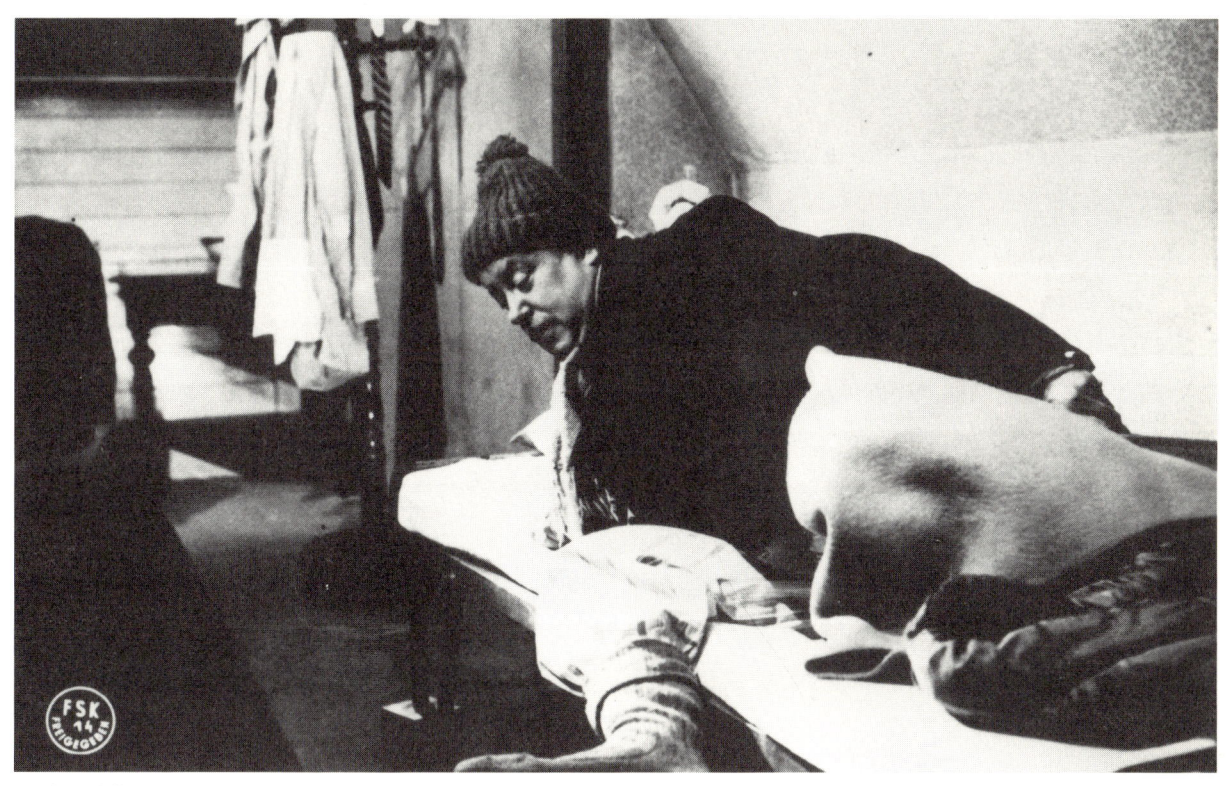

Paul Dahlke

Von links: Fritz Imhoff, Margarete Haagen, Paul Dahlke, Nicole Heesters, Hans Olden

seines Könnens, so daß „Drei Männer im Schnee" nicht zuletzt ein besonders schön und stimmungsvoll fotografierter Film ist.

Eine wahre Freude sind die Darsteller. Besonders hervorzuheben ist der umwerfend komische, aber auch rührende, würdig-steife Diener Johann von Günther Lüders. Mehr noch macht der großartige Paul Dahlke mit knurriger Gutmütigkeit und dem richtigen Ton für den Kästnerschen Sarkasmus den Part des Geheimrat Schlüter zum beherrschenden des Films. Übrigens hatte sich Heinz Rühmann sehr um die Rolle bemüht. Doch wenn man seine Filme kennt, muß man vermuten, daß er entweder zuviel Sentimentalität oder unangemessenen Kleine-Leute-Schalk in die Figur gelegt hätte. Hoffmann konnte durchaus Schauspieler, denen er verbunden war, die er schätzte und immer wieder einsetzte, übergehen, wenn er sie in einer Rolle für ungeeignet hielt. So mag er auch bei der Entscheidung gegen den alten Weggefährten mitgewirkt haben.

Ich denke oft an Piroschka
1955

Produktion: Georg Witt-Film, München. Drehbuch: Per Schwenzen, Joachim Wedekind nach dem gleichnamigen Hörspiel und Roman von Hugo Hartung. Kamera: Richard Angst. Musik: Franz Grothe. Bauten: Ludwig Reiber. Ausstattung: Hans Strobl. Kostüme: Ilse Dubois. Garderobe: Josef Dorrer, Hilde Feichtinger. Masken: Georg Jauss, Charlotte Müller. Requisiten: Max Linde, Walter Schmidt. Schnitt: Claus von Boro. Ton: Hans Endrulat. Regie-Assistenz: Peter Podehl.

Darsteller: Liselotte Pulver (Piroschka), Gunnar Möller (Andreas), Wera Frydtberg (Greta), Gustav Knuth (Istvan Rasc), Margit Symo (Etelka Rasc), Rudolf Vogel (Sandor), Richard Hintz-Fabricius (Johann von Csiky), Adrienne Gessner (Ilonka von Csiky), Annie Rosar (Pensionsinhaberin), Otto Storr (Pfarrer), Eva Karsay (Judith).

Länge: 2636 m = 96 Min. Uraufführung: 29. 12. 1955. Verleih: Schorcht/Mercator? Video: Taurus. FSK: ab 6.

Ein alternder Schriftsteller erinnert sich während einer Bahnfahrt an eine Jugendliebe. Als 21jähriger Austauschstudent ist Andreas mit einem Donaudampfer nach Budapest gefahren, von wo aus er zu seinem Ferienort in der Puszta weiterreisen sollte. An Bord hat er sich in die blonde Sekretärin Greta verliebt, die unterwegs zum Plattensee war, um dort Urlaub zu machen und dann eine Stelle in der Türkei anzutreten. Die beiden verbringen einen Abend zusammen, können aber nicht allein bleiben, weil ein Zigeunerprimas, angefeuert durch ein viel zu hoch ausgefallenes Trinkgeld, mit dem Andreas ihn abfertigen wollte, sie geigespielend durch ganz Budapest verfolgt und erst von ihnen abläßt, als Greta in ihrer Unterkunft, dem christlichen Hospiz, verschwindet.

Von seinem Ferienort ist Andreas, noch ganz in Gedanken bei Greta, zunächst nicht sehr beeindruckt. Doch dann lernt er Piroschka, die 17jährige Tochter des Stationsvorstehers, kennen und ist bezaubert von ihr. Sie verbringen viel Zeit miteinander mit Ausflügen in die Puszta, gegenseitigem Sprachunterricht und dem Stellen der Zugsignale, das Piroschka gelegentlich erlaubt ist und in das sie Andreas einführt.

Andreas denkt bereits immer weniger an Greta. Da trifft eines Tages eine Karte vom Plattensee ein: Greta erwartet ihn. Er verschweigt Piroschka den Grund, warum er für einige Tage zum Plattensee fahren möchte, doch Piroschkas Mutter hat die Karte gelesen. Als Andreas zu einer Zeit, wo Piroschka eigentlich in der Schule sein sollte, aufbricht, folgt sie ihm heimlich, und in Siofok am Plattensee steht sie plötzlich vor Greta und Andreas. Greta ist irritiert, kümmert sich aber wie eine große Schwester um Piroschka. Den Beteuerungen von Andreas begegnet sie mit Ironie. Piroschka soll mit dem Abendzug heimfahren. Die Drei verbringen einen harmonischen Tag, doch abends versäumt Piroschka, nicht ganz unbeabsichtigt, ihren Zug, und Greta bringt sie in ihrem Hotelzimmer unter. Nachts erscheint Piroschka plötzlich in Andreas' Zimmer, entschuldigt sich und kündigt an, daß sie im Morgengrauen zurückfahren werde, um ihn und Greta allein zu lassen. Am nächsten Morgen ist sie tatsächlich verschwunden. Andreas ist sehr bedrückt, und erst als Greta ihm auf den Kopf zu sagt, daß er in Piroschka verliebt sei und ihr schleunigst nachreisen solle, lebt er auf.

Doch als er zurück am Ferienort ist, weicht Piroschka ihm aus, läßt sich nicht mehr blicken. So vergehen seine letzten Ferientage ziemlich bedrückt. Erst beim großen Maisrebelfest sieht er Piroschka wieder und kann ihr seine Liebe gestehen. Doch zu spät. Am nächsten Tag muß er abreisen. Er nimmt den Abendzug nach Oroshaza, um mit dem Schnellzug, der in seinem Ferienort nicht hält, fahren und dadurch einen halben Tag länger bleiben zu können. Als er nachts am Ferienort vorbeikommt, hält der Zug überraschend. Piroschka hat heimlich die Signale auf Rot gestellt. Sie ruft Andreas aus dem Zug und die beiden sinken jenseits des Bahndamms ins Gras. Als Andreas ihr erneut seine Liebe gesteht, sagt Piroschka: „Sollst nicht sagen, Andi, tun mußt du."

Obwohl er fest entschlossen war, im nächsten Jahr wiederzukommen, hat Andreas Piroschka nicht wiedergesehen. Immer kam etwas dazwischen. Aber das ist vielleicht gut so, denn so ist sie für ihn immer „jung und süß und siebzehn Jahre."

„Ich denke oft an Piroschka" ist ein erstaunlicher Film. Der Stoff weist alle Fallstricke von Kitsch und Albernheit auf, die man sich nur denken kann (und in nur allzuvielen deutschen Produktionen der Zeit ist man im Übermaß in solche Fallen mit Wonne hineingetappt): Bilderbuchlandschaften — mehrere Sonnenuntergänge inklusive, kauzige Menschen, komische Wirkung durch akzentbeladenes Deutsch, Liebesfreud und Liebesleid. Nichts davon läßt Hoffmann aus, und sogar den ironi-

Ich denke oft an Piroschka

Von links: Gunnar Möller, Gustav Knuth, Statisten

Liselotte Pulver

schen Grundton des Romans, der als Vorlage diente, hat er stark zurückgenommen und sich damit einer Möglichkeit zur Distanzierung begeben. Und dennoch hat man nie ein schales Gefühl. Timing und Dosierung sind so genau, der Einsatz der Mittel ist so überlegt, daß man an keiner Stelle das Empfinden von Kitsch oder Klamotte hat. Die inspirierte, stimmungsvolle Musik Franz Grothes, die gute Farbkamera Richard Angsts (es ist wirklich schwer, einen Sonnenuntergang so zu fotografieren, daß er nicht kitschig wirkt!) und ein vorzügliches Schauspielerensemble unterstützen ihn dabei aufs Wirkungsvollste.

Wie gut Hoffmanns Gefühl für das Richtige und Angemessene bei einem solchen Stoff ist, zeigt sich an seinem Widerstand gegen das Ansinnen der Produktion, den Film mit einem Happy-End zu drehen. Einen falschen Ton in der Idylle vermeidet Hoffmann nicht durch ironische Distanz zur Gattung selbst, wie sie der Roman betreibt, und die gegenüber der Gattung denn doch etwas unaufrichtig wirkt, sondern durch das Aufzeigen der Begrenztheit solcher Idylle in dem melancholischen Schluß. Hoffmann drehte zwar auch einen alternativen Schluß, in dem sich Andreas und Piroschka „kriegen", bestand aber darauf, daß der Film mit dem oben beschriebenen Schluß gestartet wurde. Nur bei einem Mißerfolg sollte das Happy-End zum Einsatz kommen. Doch nach etwas zähem Beginn wirkte die Mundpropaganda, und „Ich denke oft an Piroschka" wurde ein großer Erfolg (und machte Liselotte Pulver endgültig zum Star).

Mit diesem Film ist Kurt Hoffmann innerhalb seines Oeuvres der schönste und perfekteste Beweis gelungen, daß die Idylle eine Kunstform sein kann.

Heute heiratet mein Mann
1956

Produktion: Georg Witt-Film, München. Drehbuch: Johanna Sibelius, Eberhard Keindorff nach dem gleichnamigen Roman von Annemarie Selinko. Kamera: Günther Anders. Musik: Hans-Martin Majewski. Bauten: Robert Herlth. Ausstattung: Kurt Herlth. Kostüme: Ilse Dubois. Garderobe: Josef Dorrer, Hilde Feichtinger. Masken: Georg Jauss, Charlotte Müller. Requisiten: Franz Dorn. Schnitt: Gertrud Hinz-Nischwitz. Ton: Hans Endrulat.

Darsteller: Liselotte Pulver (Thesi Petersen), Johannes Heesters (Robert Petersen), Paul Hubschmid (Georg Lindberg), Gustav Knuth (Karl Nielsen), Charles Regnier (Niki Springer), Werner Finck (Zahnarzt Dr. Agartz), Ernst Waldow (Direktor Wilhelm Anders), Gundula Korte (Karin Nielsen), Ingrid van Bergen (Mannequin Ulla Radtke), Eva-Maria Meinecke (Betsy), Herta Saal (Frau Nielsen), Lina Carstens (Tante Erna), Richard Hintz-Fabricius (Chefarzt), Margarete Haagen (Schwester Theophania), Carla Rost.

Länge: 2589 m = 95 Min. Uraufführung: 30. 8. 1956. Verleih: Constantin. FSK: ab 16.

Die junge Modezeichnerin Thesi Petersen, die vor kurzem von dem Architekten Robert Petersen geschieden wurde, erfährt von ihrem redseligen, aber etwas zerstreuten Zahnarzt, daß ihr Ex-Mann („Kennen Sie ihn? Ein reizender Mensch!") sich in Kürze mit der blutjungen Reederstochter Karin Nielsen verloben wird. Vielleicht ist Thesi deshalb so schnell bereit, sich mit Direktor Anders, dem Inhaber eines Modesalons, dem sie unter Aufbietung all ihres weiblichen Charmes ein paar Modezeichnungen verkauft hat, zum Abendessen zu verabreden. Es wäre ein langweiliger Abend geworden, wenn nicht plötzlich Robert mit Karin nebst Schwiegermutter in spe und einem wahren Drachen von Tante aufgetaucht wäre. Thesi und Robert begrüßen sich freundschaftlich, und Robert lädt Thesi ein, die neue Villa zu besichtigen, die er sich gebaut hat.

Thesi, die den hochnäsigen und mißbilligenden Blicken der drei Damen ausgesetzt ist, faßt einen Plan: Sie wird sich von ihrer Freundin Ulla, die Mannequin ist, ein aufreizend unanständiges Kleid borgen und damit am Verlobungsabend diese spießige Gesellschaft schockieren. Bei Ulla trifft Thesi Karl Nielsen, Karins Vater, der zu der leidenschaftlichen Köchin Ulla ein Bratkartoffelverhältnis unterhält. Sie und Nielsen kennen sich allerdings nicht, da er am Abend vorher erst gekommen ist, als sie schon weg war.

In einem Straßencafé trifft Thesi ihre Bekannte Betsy, die in Begleitung zweier sehr interessanter Männer ist, des Schriftstellers Niki Springer

Heute heiratet mein Mann

Liselotte Pulver, Johannes Heesters

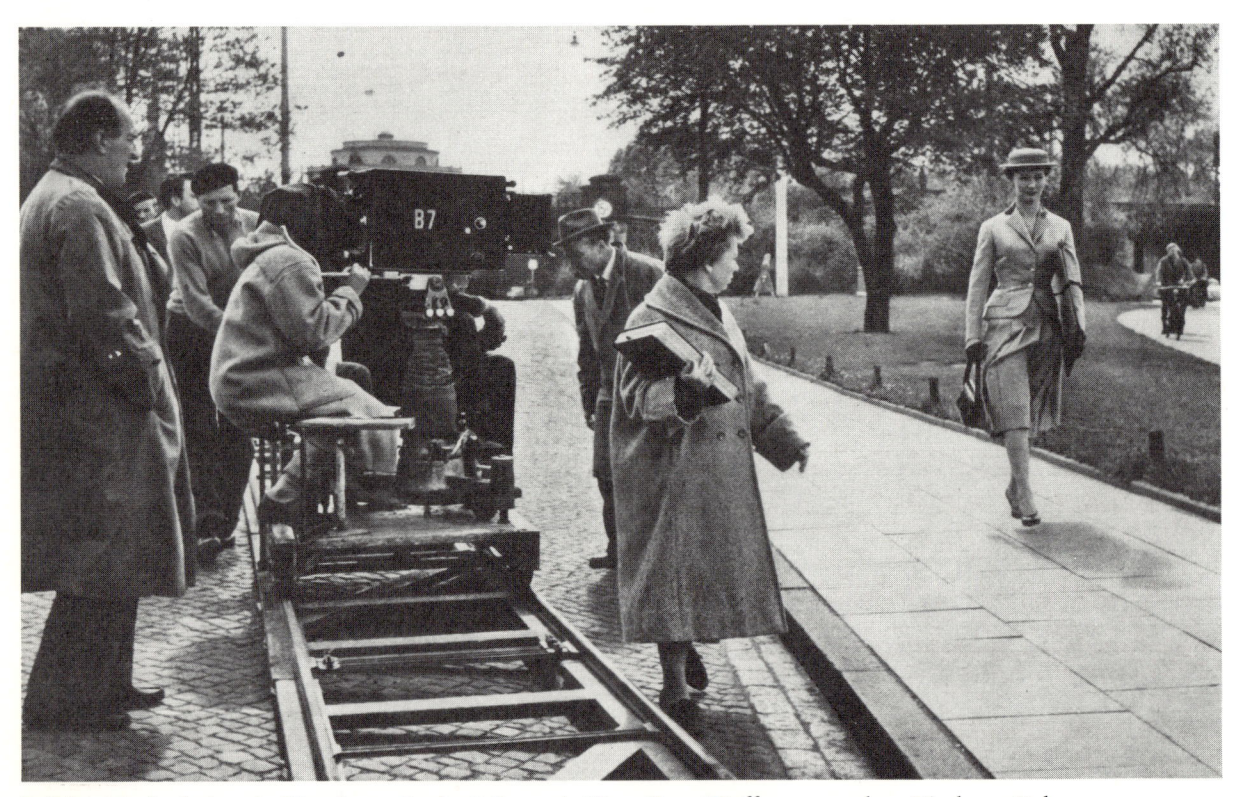

Bei den Dreharbeiten in Hamburg. In der Mitte mit Hut: Kurt Hoffmann; rechts: Liselotte Pulver

und des Diplomaten Georg Lindberg. Thesi ist von Georg sehr angetan und der mehr noch von ihr. Am Verlobungsabend schleift Thesi die beiden Männer mit zu Robert und erzielt mit ihrem Auftritt die gewünschte schockierende Wirkung. Nun kennt sie auch Papa Nielsen, und der (er-)kennt ihr wirklich sehr gewagtes Kleid, denn er hat es bezahlt. Ein Augenzwinkern besiegelt das Einverständnis der beiden.

Georg sieht sich durch den Auftritt zu der Frage veranlaßt, ob Thesi Robert noch immer liebe. Als sie das energisch verneint, macht er ihr seinen ersten Heiratsantrag. Den vierten nimmt Thesi schließlich an. Sie wollen in Mexiko heiraten, wo Georg Attaché an der deutschen Gesandtschaft ist. Thesi gibt ein Abschiedsfest. Auf dem erscheint zu vorgerückter Stunde auch Robert und setzt sich zu Thesi, die Halsweh und ein wenig Fieber hat, in die Küche. Die beiden sprechen plötzlich sehr bedauernd von der vertanen Chance ihrer Ehe. Aber nun haben sie ja andere Partner.

Doch am nächsten Tag ist Thesi nicht auf dem Schiff nach Mexiko sondern mit Scharlach im Krankenhaus. Robert steht mindestens ebenso oft wie Georg vor dem Fenster ihres abgeschirmten Krankenzimmers. Thesi hat jetzt viel Zeit zum Nachdenken, und als sie auf dem Weg der Besserung ist, sagt sie Georg eines Tages, daß sie ihn zwar gern habe, aber nicht für ein ganzes Leben. Inzwischen hat Karin Robert, aufgebracht über seine vielen Krankenbesuche, freigegeben. Das erfährt Thesi aber erst am Tag der Entlassung.

Als sie heimkommt, sind ihre Möbel verschwunden. Robert hat sie in seine Villa schaffen lassen, ist aber zu spät zum Krankenhaus gekommen, um Thesi gleich mit heim nehmen zu können. Nun trägt er die nur schwach Protestierende zum zweitenmal über die Schwelle. Alles soll anders werden. Beide haben gelernt, „daß zwei Menschen nie ein Herz und eine Seele haben können — es bleiben immer zwei Menschen und zwei Herzen", und man muß den anderen deshalb mit all seinen Fehlern akzeptieren.

Mit „Heute heiratet mein Mann" knüpfte Hoffmann an den Komödienstil an, den er, im Gegensatz zu den Slapstick-Lustspielen seiner frühen Jahre, nach 1945 mit Filmen wie „Heimliches Rendezvous", „Musik bei Nacht" und vor allem „Drei Männer im Schnee" entwickelt hatte: freundliche, unaggressive Stücke ohne allzuviel Tempo, eher zum Schmunzeln als zum lauten Lachen anregend, von den Idyllen nur dadurch unterschieden, daß mehr ironische Distanz herrscht und weniger Gemütvolles ausgespielt wird.

„Heute heiratet mein Mann" schwankt ein wenig zwischen Romanze und Lustspiel, so daß, was eine spritzige und geistreiche Komödie hätte werden können (die literarische Vorlage von Annemarie Selinko reichte dafür wohl auch nicht ganz aus), gelegentlich etwas betulich wirkt. Vor allem die Krankenzimmerszenen am Schluß des Films sind ein Beispiel dafür, zeigen aber andererseits, wie Hoffmann denn doch die Larmoyanz der Vorlage ironisiert und abgemildert hat. Liselotte Pulver in der Hauptrolle war dafür der ideale Partner. So ist „Heute heiratet mein Mann" dennoch eines der wenigen Meisterwerke der leichtgewichtigen, boulevardhaften Komödie im deutschen Film nicht nur der 50er Jahre, fast so duftig und bezaubernd wie der vorausgegangene „Ich denke oft an Piroschka".

Für bezeichnend mag man es halten, daß Hoffmann, der als harmlos und unpolitisch Verschrieene, gegenüber dem um die Zeit der deutschen Besetzung Dänemarks im Zweiten Weltkrieg spielenden Roman die zeitgeschichtlichen Anspielungen und Handlungsteile weggelassen hat. (Der Film ist in Hamburg gedreht und in die Gegenwart verlegt.) Daß Hoffmann sich jedoch vor derlei Themen nicht drückte, beweisen Filme wie „Wir Wunderkinder" und „Das Haus in der Karpfengasse". Im Falle von „Heute heiratet mein Mann" dürfte sein Gespür richtig gewesen sein, daß sich beide Elemente des Romans nicht adäquat und ohne Bruch hätten darstellen lassen, daß der Film entweder zu leichtgewichtig für das Zeitgeschichtliche oder zu schwerblütig für die Ehekomödie geworden wäre.

Salzburger Geschichten
1956

Produktion: Georg Witt-Film, München. Drehbuch: Erich Kästner nach seinem Roman „Der kleine Grenzverkehr". Kamera: Werner Krien. Musik: Franz Grothe unter Verwendung Mozartscher Themen. Bauten: Ludwig Reiber. Ausstattung: Hans Strobl. Kostüme: Ilse Dubois. Masken: Georg Jauss, Charlotte Müller. Schnitt: Eva Kroll. Ton: Hans Endrulat.

Darsteller: Marianne Koch (Konstanze), Paul Hubschmid (Georg), Peter Mosbacher (Karl), Richard Romanowsky (Leopold), Adrienne Gessner (Karoline), Helmuth Lohner (Franz), Anneliese Egerer (Mizzi), Eva-Maria Meinecke (Emily), Frank Holms (Bob), Theodor Danegger (Kellner), Vera Comployer (Marktfrau), Franz Lang (Jodler), Michl Lang (Bootsführer auf dem Königsee), Liesl Karlstadt (Vroni), Otto Storr (Mr. Namarra), Franz Otto Krüger (Hotelmanager), Claire Reigbert, Petra Unkel, Karl Hanft, José Held.

Länge: 2471 m = 90 Min. Uraufführung: 25. 1. 1957. Verleih: Constantin. FSK: ab 12.

Der wohlhabende Privatgelehrte Georg Rentmeister will die Salzburger Festspiele besuchen. Da aber wegen Devisenrestriktionen Deutsche nur zehn Mark monatlich nach Österreich mitnehmen dürfen, logiert er in Bad Reichenhall und fährt täglich im Kleinen Grenzverkehr nach Salzburg, wo ihm sein Freund, der Bühnenmaler Karl, seine Auslagen ersetzt. Bereits am ersten Tag gibt Georg in trotziger Reaktion auf die absurde Situation seine gesamten Devisen beim Essen aus. Er will der ärmste Reiche in Salzburg sein.

Schon am nächsten Tag aber sitzt Georg im Café „Glockenspiel" und kann seine Zeche nicht bezahlen, weil sein Freund Karl, mit dem er sich hier verabredet glaubt, nicht kommt. Karl sitzt derweil im Café „Tomaselli" und wartet vergebens auf Georg. Georg bemerkt, wie am Nebentisch eine bezaubernde junge Frau belustigt seine wachsende Unruhe registriert. Er wagt es, sie um Bezahlung seiner Tasse Kaffee zu bitten. Sie zahlt, er bietet ihr seine Begleitung an, und als sie sich nach einem ausgedehnten Einkaufsbummel trennen, ist er Hals über Kopf verliebt — und sie nicht minder. Am nächsten Tag treffen sie sich wieder. Sie gesteht ihm, daß sie Konstanze heißt und Stubenmädchen ist. Georg ist ganz hingerissen von diesem romantischen Umstand. Der Zuschauer aber hat inzwischen mitgekriegt, daß Konstanze eine Komtesse ist und mit ihrer Familie auf dem Schloß ihres Vaters, das an Feriengäste vermietet ist, „Dienstpersonal" spielt, weil ihr Vater, ein dilettierender Lustspielautor, Situationsstudien für eine neue Komödie treiben möchte.

Salzburger Geschichten

Richard Romanowsky, Marianne Koch

Von links: Frank Holms, Marianne Koch, Paul Hubschmid

Konstanze und Georg verbringen Konstanzes gesamte „Freizeit" gemeinsam. Als sie bei einem Ausflug in die Umgebung von einem Gewitter überrascht werden und zu spät nach Salzburg zurückkommen, ist der letzte Bus nach Bad Reichenhall bereits abgefahren. Freund Karl ist nicht zuhause. Kurz entschlossen nimmt Konstanze Georg mit auf ihr Dienstbotenkämmerchen, wo er auf dem Sofa nächtigen soll. Als Konstanze sich eben in der Dunkelheit ausgekleidet und ins Bett gelegt hat, klopft der vermeintliche Zimmerkellner Franz, Konstanzes Bruder, an die Tür. Konstanze wagt kein Licht mehr zu machen. Sie dirigiert Georg im Dunkeln zu seiner Schlafstätte. Als der Mond hinter einer Wolke hervorkommt und das Zimmer erleuchtet, ist das Sofa leer.

Am nächsten Abend erfährt Georg Konstanzes wahre Identität. Nach einem Opernbesuch geht er mit Karl ins Spielcasino und bemerkt dort sie, die angeblich Nachtdienst hat, in Begleitung von Franz, und alle Welt redet sie mit Komtesse an. Tags darauf stellt er sie eifersüchtig zur Rede. Nachdem sie ihm gesagt hat, daß Franz ihr Bruder ist, und ihn auch sonst über die Hintergründe aufgeklärt hat, beschließt er, das Spiel mitzuspielen. Er quartiert sich auf Schloß Raitenau ein, und der gräfliche Haushofmeister ist entzückt, als er hört, daß Georg ein „Theoretiker des Lachens" sei, der gerne einmal den Grafen als „Praktiker des Lachens" kennenlernen wolle. Einer der Gäste, die Tochter des amerikanischen Millionärs Namarra, die sich gerne Franz als dritten Ehemann angeln möchte, ertappt Georg und Konstanze in einem verschwiegenen Winkel bei einem Kuß. Als sie den Grafen darauf anspricht, nennt der Konstanze ehrvergessen. Konstanze und Georg spielen die Entrüsteten und reisen gemeinsam ab. In Bad Reichenhall warten sie, bis der Graf, inzwischen von Franz informiert, sie zurückrufen läßt. Er gibt ihnen seinen Segen.

Am nächsten Tag reist die Millionärsfamilie Namarra ab. Die „Dienerschaft" steht mit dezent angewinkelter Hand da. Doch statt eines Trinkgeldes steckt Mister Namarra dem Grafen eine Zeitschrift in die Hand, in der die gräfliche Familie abgebildet ist. Die Gäste haben die ganze Zeit über von der wahren Identität der „Dienerschaft" gewußt und bestätigen der Familie jovial, daß sie ihre Rolle gut gespielt habe.

Der Graf beschließt, das Lustspielschreiben aufzugeben und sich, Georgs Rat folgend, auf den Beruf eines — Großvaters vorzubereiten.

1937 verabredete sich Erich Kästner mit Walter Trier, dem Illustrator seiner Bücher, der 1936 nach London emigriert war, in Salzburg. Sie wollten ein Salzburg-Buch konzipieren, das zu den Festspielen 1938 erscheinen sollte. Während Trier in Salzburg logierte, wohnte Kästner, der gerade seine zweite Verhaftung durch die Gestapo hinter sich hatte und sich unnötigen Behördenkontakt bei einem Antrag auf Genehmigung zum Devisentransfer ersparen wollte, in Bad Reichenhall. Täglich reiste er im Kleinen Grenzverkehr nach Salzburg, wo Trier seine Auslagen ersetzte. Soviel zum biographischen Hintergrund von Kästners Buch „Georg und die Zwischenfälle", das 1938 in der Schweiz erschien, weil mittlerweile die Deutschen in Österreich einmarschiert waren und Kästner, der in Deutschland verbotene Autor, nun auch dort verboten war. Das Buch wurde 1942 auf Vermittlung von Kästners Freunden beim Film nach einem sehr gelungenen Drehbuch Kästners (der allerdings nicht genannt werden durfte) von Hans Deppe verfilmt. 1949 benannte Kästner das Buch nach dem Titel des Films in „Der kleine Grenzverkehr" um, 1956 bearbeitete er sein Drehbuch für ein farbiges Remake durch Hoffmann. Das was am ehesten einer Modifikation bedurft hätte, die Ausgangssituation, ließ er allerdings unangetastet. Der Film tut zwar, vor allem zu Beginn, gelegentlich so, als spiele er in der Zeit, die der Ausgangssituation den Anlaß gab, doch er atmet insgesamt den Geist der weniger restriktiven 50er Jahre, was gerade zu Beginn doch sehr irritiert.

„Salzburger Geschichten", das ist nicht nur Titel, sondern auch Programm. Salzburg mit seinen Festspielen ist ebenso ausgiebig inszeniert, wie es in Kästners Buch, das ja als ein Stück werbender Reiseliteratur konzipiert war, liebevoll beschrieben ist. Das bewirkt bei dem Film allerdings, daß er mit den ausgiebigen Zitaten von Inszenierungen des „Jedermann" und des „Don Giovanni" und eines Auftritts des New York City Balletts etwas zerdehnt wird. Teilweise peinliche (der jodelnde Franzl Lang am Mondsee), teilweise köstliche, aber marginale (der trompetende Michl Lang auf dem Königsee) Heimatfilmszenen tragen auch nicht gerade dazu bei, daß der Film geschlossen wirkt.

Gegenüber der Erstverfilmung ist „Salzburger Geschichten" weniger lustspielhaft, eher idyllisch geraten. Das entspricht sicher der Neigung des Regisseurs, steht aber auch den Hauptdarstellern gut an. Der hölzerne Paul Hubschmid und die trockene Marianne Koch sind, ganz anders als zumindest Willy Fritsch in der Erstverfilmung, keine überzeugenden Lustspieldarsteller. In der Idylle können sie eher bestehen.

Von den genannten Einschränkungen abgesehen entfaltet Hoffmann in „Salzburger Geschichten" all seine Tugenden. Der Film ist in seiner Duftigkeit den unmittelbar vorher entstandenen durchaus zu vergleichen.

Bekenntnisse des Hochstaplers Felix Krull

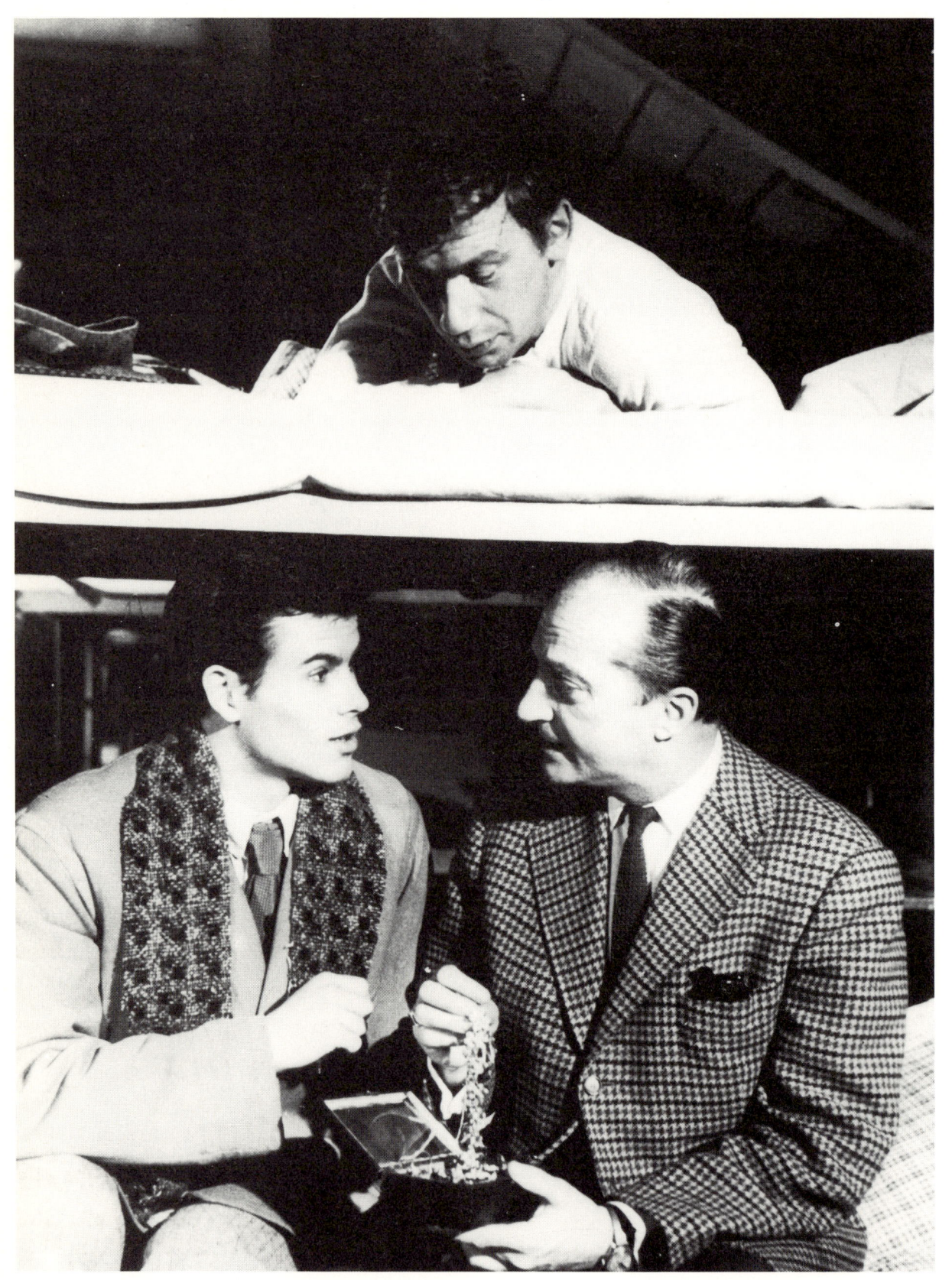

Kurt Hoffmann (rechts) gibt Horst Buchholz (links) und Heinz Reincke Regieanweisungen

Bekenntnisse des Hochstaplers Felix Krull
1957

Produktion: Filmaufbau, Göttingen. Drehbuch: Robert Thoeren, Erika Mann nach dem gleichnamigen Roman von Thomas Mann. Kamera: Friedel Behn-Grund. Musik: Hans-Martin Majewski. Bauten: Robert Herlth. Ausstattung: Gottfried Will. Kostüme: Elisabeth Urbancic. Garderobe: Herbert Lindenberg, Anni Loretto-Bollenhagen. Masken: Georg Jauss, Gertrud Weinz (-Werner). Requisiten: Waldemar Hinrichs, Rudolf Dahlke. Schnitt: Caspar W. van den Berg. Ton: Hans Ebel. Regie-Assistenz: Michael Braun, Wolfgang Kühnlenz.

Darsteller: Horst Buchholz (Felix Krull), Liselotte Pulver (Zaza), Ingrid Andree (Zouzou), Susi Nicoletti (Madame Houpflé), Paul Dahlke (Professor Kuckuck), Ilse Steppat (Maria Pia), Walter Rilla (Lord Kilmarnock), Peer Schmidt (Marquis de Venosta), Alice Treff (Venostas Mutter), Karl Ludwig Lindt (Venostas Vater), Werner Hinz (Stabsarzt), Paul Henckels (Schimmelpreester), Heinz Reincke (Stanko), Heidi Brühl (Eleanor), Ralf Wolter (Gestellungspflichtiger), Heinz Klevenow (Machatschek), Walter Klam (Hauswart in Paris), Jo Herbst (Bob), Martin Rosenstiel (Jean-Pierre), Herbert Weicker (Hurtado), Ehmi Bessel (Krulls Mutter), Gert Niemitz (Krulls Vater), Dinah Hinz (Olympia), Erika Mann (Gouvernante), Robert Meyn (Polizeibeamter), Günther Jerschke (Polizeibeamter), Benno Gellenbeck (Zöllner), Eberhard Fechner (Zöllner), Walter Weymann (Radicule), Heinrich Ockel (Pensionsgast), Florent Antony (Kriminalbeamter), Erica Schramm.

Länge: 2933 m = 107 Min. Uraufführung: 25. 4. 1957. Verleih: Europa/Schorcht. (Video: Taurus). FSK: ab 16.

Felix Krull, aus gutem, aber leicht liederlichem Hause, Sohn eines Konkurs gegangenen rheinischen Schaumweinfabrikanten, entgeht kurz vor der Jahrhundertwende der Einberufung, indem er der Musterungskommission überzeugend einen Epileptiker vorspielt. Auf Vermittlung seines Paten, des Kunstmalers Professor Schimmelpreester, wird er in einem Pariser Hotel angestellt und macht rasche Karriere vom Liftboy bis zum Oberkellner. Eine wichtige Station auf diesem Wege ist die Straßburger Fabrikantengattin und Schriftstellerin Madame Houpflé, die sich von dem Liftboy lieben, bestehlen und „erniedrigen" läßt. Mit dem Diebesgut schafft er sich einen ersten finanziellen Rückhalt und die Möglichkeit zu einer eleganten Existenz außerhalb des Dienstes. Nur mühsam kann er sich der Nachstellungen der minderjährigen amerikanischen Millionärstochter Eleanor erwehren, die sich von ihm ein Kind wünscht. Der reiche schottische Lord Kilmarnock bietet ihm eine Stelle als Kammerdiener und — möglicherweise — Erben an. Doch Krull will unabhängig bleiben. Er liebt die Tänzerin Zaza, die von der Eifersucht des Marquis de Venosta verfolgt wird. Venostas Eltern wollen ihren Sohn zu einer Weltreise zwingen, auf der er Zaza vergessen soll. Venosta aber, von Krull auf eine Idee gebracht, schickt diesen unter seinem Namen und mit seinen Kreditbriefen auf die Reise, während er mit Zaza in Paris untertaucht.

In Lissabon, der ersten Station seiner Reise, lernt Felix die Familie des Professors Kuckuck kennen, des Leiters des Naturhistorischen Museums, mit dem er auf der Reise nähere Bekanntschaft geschlossen hat. In der Folgezeit verführt er Kuckucks Tochter Zouzou und wird seinerseits von deren Mutter Maria Pia verführt. Als Krull mehrere Nächte heimlich im Haus des Professors verbringt, gerät gleichzeitig in Paris der echte Venosta in den Verdacht, Zaza, die ihm davongelaufen ist, ermordet zu haben. Venostas Eltern identifizieren, um ihren Sohn zu schützen, Krull als ihren Sohn, der unter Mordverdacht verhaftet wird, weil er sein Alibi nicht preisgeben will. Kuckuck, dem Krull die Wahrheit erzählt, hilft ihm mit einer Droge, die einen todesähnlichen Schlaf erzeugt, aus dem Gefängnis, um einen Skandal zu vermeiden, wenn Krull sein Alibi doch preisgibt. Mit Geld von den Venostas und Professor Kuckuck ausgestattet — und in Begleitung Zazas — setzt Felix Krull unter seinem richtigen Namen die Reise fort.

Der Film wurde von der Kritik mit allgemeiner respektvoller Enttäuschung aufgenommen. Man attestierte ihm alle möglichen Qualitäten, Geschmack, Charme, Witz, großartige Schauspielerleistungen, inszenatorische Sorgfalt, aber den wahren Charakter von Thomas Manns Roman treffe er nicht. Das war sozusagen eine Enttäuschung mit Ansage, denn meist wurde gleichzeitig betont, daß man Thomas Mann grundsätzlich für fast unverfilmbar halte. Und bei einem Autor, in dessen Werk Sprachartistik und Reflexion derart im Vordergrund stehen, wie bei Thomas Mann, ist das auch sicher richtig.

Ein kleines Beispiel mag dies illustrieren. Während der Musterung blickt Krull den untersuchenden Stabsarzt an. „Warum quälst du mich? fragte ich mit diesem Blick. Warum zwingst du mich zu reden? Siehest du, hörst und fühlst du denn nicht, daß ich ein feiner und besonderer Jüngling bin, der unter freundlich gesittetem Außenwesen tiefe Wunden verbirgt, welche das feindliche Leben ihm schlug? Ist es wohl zartfühlend von dir, daß du mich nötigst, vor so vielen und ansehnlichen Herren meine Scham zu entblößen? — So mein Blick; und urteilender Leser, ich log keineswegs damit, wenn auch seine schmerzliche Klage in dieser Sekunde ein Werk der Absicht und bewußten Zielstrebigkeit war. Denn auf Lüge und Heuchelei muß freilich erkannt werden, wo eine Empfindung zu Unrecht nachgeahmt wird, weil ihren Anzeichen keinerlei Wahrheit und wirkliches Wissen entspricht, was denn Fratzenhaftigkeit und Stümperei notwendig zur kläglichen Folge haben wird. Sollten wir aber über den Ausdruck unserer teuren Erfahrung nicht zu beliebigem Zeitpunkt zweckmäßig verfügen dürfen? Rasch, traurig und vorwurfsvoll sprach mein Blick von früher Vertrautheit mit des Lebens Unbilden und Mißlichkeiten." Diese lange Passage läßt sich im Film nicht anders zeigen, denn als flüchtiger Augen-Blick im wahrsten Sinne des Wortes, der, bei einem guten Schauspieler, noch so vieldeutig sein und dem Zuschauer Gelegenheit zu eigener Interpretation geben mag (sonst wird vom Verhältnis Literatur/Film und beider Anregung der Fantasie meist das Gegenteil behauptet). Aber eine „adäquate" Umsetzung der literarischen Vorlage ist hier nicht möglich.

Und das ist kein Einzelfall. Thomas Mann beschreibt selten, sein Held reflektiert und beschreibt die Wirkung, die die Dinge auf ihn haben. Nicht von ungefähr wurden schon in der zeitgenössischen Kritik die Szenen des Films am meisten gelobt, in denen auch im Buch Beschreibung, Handlung und, in Maßen, Dialog überwiegen: die Musterungsszene, die Szenen mit Madame Houpflé und die Auftritte Lord Kilmarnocks (die zudem in der Dezenz, mit der die homoerotischen Neigungen des Lords angedeutet werden, der Vorlage durchaus kongenial sind). Nicht daß diese Szenen um so viel besser wären als andere des Films, die Vorlage erlaubt hier nur eine genauere Umsetzung.

Wie stark die Reflexion in dem Roman überwiegt, zeigt sich allein schon an der Tatsache, daß das Handlungsgerüst des sehr umfangreichen Romans bis auf die naheliegenden Verkürzungen in der Kindheit des Helden fast vollständig auf den Film übertragen werden konnte (während die meisten Kritiken fälschlich hervorheben, es seien nur Episoden herausgegriffen worden). In jüngerer Zeit ist es üblich geworden, umfängliche, episch breite Romane durch Streckung auf Fernsehserien intensiver zu verfilmen. Meist kommen dabei blutleere, bestenfalls akademische Erzeugnisse heraus. Als positive Ausnahme mag man Faßbinders Verfilmung von „Berlin Alexanderplatz" sehen. Auch mit Thomas Manns „Felix Krull" (und nicht nur diesem) wurde das versucht. Doch

Bekenntnisse des Hochstaplers Felix Krull

Peer Schmidt (von hinten), Liselotte Pulver, Horst Buchholz

Herbert Weicker, Horst Buchholz, Ingrid Andree

die, wie oben gesehen kaum notwendige, Verbreiterung des Handlungsgerüsts und die Auswalzung der Dialoge führten in Bernhard Sinkels Fernsehserie lediglich zu unfilmischer Geschwätzigkeit und gepflegter Langeweile.

Soll man also Hoffmann aus der puren Stoffwahl einen Vorwurf machen, aus der Wahl eines Werkes, das dem Regisseur mit seinen komödiantischen Elementen entgegenzukommen scheint, innerhalb von Manns Oeuvre aber zu den am wenigsten verfilmbaren gehört? Das würde wohl zu weit gehen. Es tut dem herausragenden Rang von Manns Romanfragment keinen Abbruch, daß daraus „nur" eine der besten deutschen Filmkomödien der 50er Jahre wurde. (Abbruch tut ihm allenfalls der etwas knallige und platte Schluß, den der Drehbuchautor Robert Thoeren dazuerfunden hat; bei Mann endet das Fragment mit der Verführung Krulls durch Maria Pia. Es wird allerdings auch angedeutet, daß Krull seine Ich-Erzählung im Gefängnis geschrieben hat.) Und betrachtet man die lange Reihe deutscher Thomas-Mann-Adaptionen, von Brauns „Königliche Hoheit" und Weidenmanns „Buddenbrooks" über Thieles „Tonio Kröger" und „Wälsungenblut" und Günthers „Lotte in Weimar" bis zu Geissendörfers „Zauberberg" und Seitz' „Doktor Faustus" (wobei des gleichen Regisseurs „Unordnung und frühes Leid" schamhaft verschwiegen sei), so ist Hoffmanns „Felix Krull" zwar vielleicht nicht die beste Thomas Mann-Verfilmung im Sinne einer genauen Umsetzung der Vorlage, aber sicher der beste deutsche Film, der (frei) nach einem Werk Manns entstanden ist.

Das Wirtshaus im Spessart
1957/58

Produktion: Georg Witt-Film, München. Drehbuch: Heinz Pauck, Luiselotte Enderle, Günter Neumann nach dem gleichnamigen Märchenzyklus von Wilhelm Hauff. Drehbuch-Bearbeitung: Curth Hanno Gutbrod. Kamera: Richard Angst. Farbberater: Alvord Eisemann. Musik: Franz Grothe. Liedtexte: Willy Dehmel, Günter Neumann. Bauten: Robert Herlth. Ausstattung: Kurt Herlth. Kostüme: Elisabeth Urbancic. Garderobe: Josef Dorrer, Josefine Franz. Masken: Georg Jauss, Alfred Rasche, Charlotte Müller. Requisiten: Werner Wrappler, Rolf Taute. Titel: Bele Bachem. Schnitt: Claus von Boro. Ton: Werner Rühland. Regie-Assistenz: Wolfgang Kühnlenz.

Darsteller: Liselotte Pulver (Komtesse Franziska von Sandau), Carlos Thompson (Räuberhauptmann Parrucchio), Günther Lüders (Baron Eberhard von Sperling), Rudolf Vogel (Gaukler Parrucchio), Ina Peters (Zofe Barbara), Kai Fischer (Räuberbraut Bettina), Veronika Fitz (Magd Luise), Herbert Hübner (Graf Sandau), Hubert von Meyerinck (Oberst), Helmuth Lohner (Felix), Hans Clarin (Peter), Wolfgang Neuss (Räuber Knoll), Wolfgang Müller (Räuber Funzel), Paul Esser (Räuber-Korporal), Otto Storr (Pfarrer), Karl Hanft (Knecht Jacob), Heini Göbel (Kutscher Gottlieb), Ernst Braasch (Diener Anton), Vera Comployer (Wirtin), Annette Karmann (Küchenmagd Adele), Ralf Wolter (Räuber), *Georg Lehn (Stadtbote)*.

Länge: 2712 m = 99 Min. Uraufführung: 15. 1. 1958. Verleih: Constantin/A.B.-Film. Video: VPS. FSK: ab 12.

Die Komtesse Franziska von und zu Sandau, mit ihrem Verlobten Baron Sperling, ihrer Zofe Barbara und einem geistlichen Herrn unterwegs nach Würzburg, hat nachts im Spessart einen Unfall. Zwei zwielichtige Gestalten raten der Reisegesellschaft, in einem nahegelegenen Wirtshaus abzusteigen. Dort sind auch bereits die Handwerksburschen Felix und Peter eingekehrt. Da trifft eine Räuberbande im Wirtshaus ein, um die Komtesse als Geisel zu nehmen und von ihrem Vater ein Lösegeld zu erpressen. Felix gelingt es, sich in Franziskas Kleidern an ihrer Stelle gefangennehmen zu lassen. Franziska entkommt in seinen Kleidern. Der geistliche Herr begleitet Felix und Barbara, damit nichts Ungehöriges geschehe.

Als sich Franziskas Vater weigert, das Lösegeld zu zahlen, und stattdessen das Militär alarmiert, kehrt Franziska in Felix' Kleidern zu den Räubern zurück und dient sich dem Hauptmann als Burschen an. Jetzt schickt zwar Graf Sandau das Lösegeld doch. Aber das vereinnahmen die Räuber Knoll und Funzel, die am Übergabepunkt, dem Wirtshaus, zurückgeblieben sind. Die Räuber kommen dank der eifersüchtigen Räuberbraut Bettina schon bald darauf, daß Franziska eine Frau ist. Sie wollen die Gefangenen aufknüpfen. Doch ihr Hauptmann, dem Franziska gefällt und der überhaupt in seiner feinen, eleganten Art nicht so recht zu der Bande paßt, hat etwas dagegen und macht seine ganze Bande

Das Wirtshaus im Spessart

Carlos Thompson, Otto Storr, Ina Peters, Helmuth Lohner

Carlos Thompson, Liselotte Pulver

kampfunfähig. Als das Militär eintrifft, braucht es nur noch die Früchte und den Ruhm zu ernten. Der Räuberhauptmann bleibt verschwunden; Franziska hat ihn in einem Turmzimmer ihres Schlosses versteckt. Am Tag ihrer geplanten Hochzeit mit Sperling läßt sie sich von dem Hauptmann entführen. Nun erfährt man auch, warum der es so sehr auf den Grafen Sandau abgesehen hatte: Der Graf hatte vor Jahren seinen Vater, den Conte Pivione ruiniert. Sein Sohn war von einem Diener großgezogen worden. Nun holt er sich einen größeren Schatz — aber diesmal nicht wegen des Lösegeldes.

Dieser Film nach Wilhelm Hauffs Rahmenerzählung zu einem Märchenzyklus ist die beste musikalische Komödie im deutschen Film seit Thieles „Die Drei von der Tankstelle" und Schünzels „Amphitryon", witzig, von treffsicherer Ironie, überbordend von köstlichen optischen Einfällen. Wenn Hembus/Bandmann bemängeln, Hoffmann verwechsle „die nicht nur romantische, sondern auch abgründige und vielgesichtige Romantik mit dem harmlosen Biedermeier"[32], so charakterisieren sie vielleicht Romantik, Biedermeier und selbst Hoffmann, den Harmlosen, den gar nicht Abgründigen, ganz richtig, hängen aber ihre Kritik am falschen Objekt auf, sitzen selbst einer Verwechslung auf. Hauff *ist* ein Dichter des Biedermeier. Seine treuherzige Geschichte vom Glück eines Handwerksburschen spielt „vor vielen Jahren, als im Spessart die Wege noch schlecht und nicht so häufig als jetzt befahren waren". Hoffmann und seine Drehbuchautoren dagegen haben die Handlung ins Biedermeier der Entstehungszeit verlegt und konsequent ironisiert, wobei der Held, der Handwerksbursche, ganz an den Rand gedrängt wird zugunsten der hinzuerfundenen, augenzwinkernd romantischen Liebesgeschichte zwischen Komtesse und Räuberhauptmann. Vor allem aber wird etliches an Werten verschoben: So die Einschätzung des Grafen, der nicht mehr aristokratische Leitfigur und Belohner der Guten ist, sondern ein gewissenloser Geizkragen und Gauner, ein großbürgerlicher Pfeffersack des frühen 19. Jahrhunderts. Das Bürgertum wird in der Erzählung hauptsächlich durch die Handwerksburschen verkörpert und ist ehrlich, solide, bodenständig und tapfer, im Film als kleinbürgerliche Variante neben dem Grafen spießig und ängstlich, durch das Verlangen der beiden Räuber Knoll und Funzel nach Bürgerlichkeit zusätzlich köstlich karikiert. Das Militär ist nicht, wie in der Erzählung, verläßliche Ordnungsmacht, sondern sture und dämliche Befehlsbefolgungsmaschinerie. In einem der hübschesten Einfälle des Films tönt aus dem Mund des Obersten Hubert von Meyerinck, als er ihn zu schnarrender Befehlserteilung aufreißt, markige Marschmusik. Diese Umwertung und die Verlegung der Geschichte ins Biedermeier liefern die passende Zielscheibe für viele aktuelle Anspielungen auf die satte, selbstzufriedene Wirtschaftswundergesellschaft.

Nicht die Auslotung der Romantik, nicht „Ruchlosigkeit im Erotischen, ... Groteske im Heiteren, ... Grausen im Gruseligen"[33] waren also beabsichtigt (und zuallererst an seiner Absicht sollte man einen Künstler messen, nicht an den Absichten des Kritikers), sondern ein geistreicher Ulk im historischen Gewande, das mit seinen aktuellen Spitzen umso besser paßt, als viele Historiker große Ähnlichkeiten zwischen der Biedermeierzeit und den 50er Jahren festgestellt haben. Und die Absicht ist so gut gelungen wie in keinem anderen deutschen Film nach dem Zweiten Weltkrieg.

Wir Wunderkinder
1958

Produktion: Filmaufbau, Göttingen. Drehbuch: Heinz Pauck, Günter Neumann nach dem gleichnamigen Roman von Hugo Hartung. Kamera: Richard Angst. Musik: Franz Grothe. Bauten: Franz Bi, Max Seefelder. Kostüme: Elisabeth Urbancic. Garderobe: Josef Dorrer, Josefine Kronawitter. Masken: Georg Jauss, Gertrud Weinz(-Werner), Klara (Walzel-)Krafft. Requisiten: Waldemar Hinrichs, Rolf Taute. Schnitt: Hilwa von Boro. Ton: Walter Rühland. Regie-Assistenz: Wolfgang Kühnlenz, Manfred Kercher.

Darsteller: Hansjörg Felmy (Hans Boeckel), Robert Graf (Bruno Tiches), Johanna von Koczian (Kirsten Hansen), Wera Frydtberg (Vera von Lieven), Elisabeth Flickenschildt (Frau Meisegeier), Ingrid Pan (Doddy Meisegeier), Ingrid van Bergen (Evelyne Meisegeier, spätere Tiches), Jürgen Goslar (Schally Meisegeier), Tatjana Sais (Frau Häflingen), Liesl Karlstadt (Frau Roselieb), Michl Lang (Herr Roselieb), Wolfgang Neuss (Erklärer), Wolfgang Müller (Hugo), Peter Lühr (Chefredakteur Vogel), Hans Leibelt (Herr Lüttjensee), Lina Carstens (Bäuerin Vette), Pinkas Braun (Siegfried Stein), Ernst Schlott (Dr. Sinsberg), Ralf Wolter („Letzter Mann"), Horst Tappert (Lehrer Schindler), Franz Fröhlich (Obsthändler), Ludwig Schmid-Wildy (alter Herr), Karl Lieffen (Obmann Wehackel), Otto Brüggemann (Dr. Engler), Helmuth Rudolph (Baron von Lieven), Helmut Brasch (Herr Untermüller), Karen Marie Löwert (Frau Hansen), Emil Hass-Christensen (Herr Hansen), Michael Burk — Rainer Penkert — Fritz Korn (Studentenkabarett).

Länge: 2934 m = 107 Min. Uraufführung: 28. 10. 1958. Verleih: Constantin. FSK: ab 12.

1913. Zur Hundertjahrfeier der Völkerschlacht bei Leipzig soll in dem kleinen Städtchen Neustadt a.d. Nitze ein Ballon aufsteigen. Zwei Jungen versuchen, sich im Ballonkorb zu verstecken. Der eine, Hans Boeckel, wird erwischt und bestraft. Der andere, Bruno Tiches, wird erst in der Luft entdeckt und wegen seines vaterländischen Eifers belobigt.

Nach dem Krieg ist Bruno Tiches Lehrling im Bankhaus Stein & Co. und tätigt unter der Hand zwielichtige Geschäfte mit Frau Meisegeier, die fünf uneheliche Kinder von fünf verschiedenen Vätern hat und ein anrüchiges Vergnügungsetablissement betreibt. Hans Boeckel studiert in München Literaturwissenschaft und verliebt sich in seine Kommilitonin Vera von Lieven. 1923 hat Bruno das jüdische Bankhaus Stein & Co. wieder verlassen und gibt sich jetzt sehr deutschnational. Den 9. November, den Tag des Hitlerputsches, erleben Hans und Vera als den Tag, an dem Vera ihren Blinddarm verliert.

Hans will Vera heiraten, wenn er seinen Doktor gemacht hat. Als es einige Jahre später so weit ist, kommt am Tag, an dem er seine bestandene Prüfung mit ihr feiern will, Veras Vater und teilt ihm mit, daß Vera wegen ihrer angegriffenen Lunge in ein Sanatorium in der Schweiz

Wir Wunderkinder

Robert Graf, Elisabeth Flickenschildt

Wera Frydtberg, Hansjörg Felmy

gereist ist. Hans wird Redakteur, Bruno und der älteste Meisegeiersohn sind inzwischen in der Nazihierarchie aufgestiegen. Hans hört Widersprüchliches über Veras Gesundheitszustand und ist ziemlich bedrückt. Auf einem Faschingsball, auf dem er lustlos herumhockt, setzt sich ihm die hübsche „Dänemärkerin" Kirsten auf die Knie und muß von ihm, nachdem die Nazis gegen ein Studentenkabarett eine Saalschlacht veranstaltet haben, auf seiner Bude verarztet werden. Als sie wenig später bei der Familie, bei der er in Untermiete wohnt, ein Zimmer mietet, glaubt er, sie stelle ihm nach, und ist verstimmt. Doch in der Silvesternacht 1932/33 kommen sie sich näher.

Hans Boeckels erster Eindruck von den neuen Verhältnissen im Jahre 1933 ist die Angst des Bankierssohns Siegfried Stein, eines ehemaligen Klassenkameraden, der panikartig die Flucht ergreift und dem auch Hans mit seinen Beziehungen zu Bruno Tiches nicht helfen kann. Bruno hat inzwischen mit der Meisegeier-Sippschaft eine feudale, von Juden beschlagnahmte Villa bezogen und alle Meisegeiers auf Naziposten untergebracht. Vera schreibt; sie will sich mit Hans in Verona treffen. Als Hans dort eintrifft, hat sie soeben erfahren, daß ihr Vater vor der drohenden Verhaftung durch die Nazis nach Paris geflohen ist. Auch Vera kann jetzt nicht mehr nach Deutschland zurückkehren. Als Hans abreist, ist ihre Trennung endgültig; als er nach München zurückkommt, ist Kirsten nach Dänemark abgereist.

Hans verliert seinen Redakteursposten. Brunos Angebot, ihm zu helfen, indem er ihn in die Partei bringt, lehnt er ab. 1939 findet ihn Kirsten als Lagergehilfen in einer Buchhandlung. Sie nimmt ihn mit nach Dänemark und heiratet ihn kurzerhand. Durch die Ehe zur deutschen Staatsbürgerin geworden, muß sie angesichts der drohenden Kriegsgefahr mit Hans nach Deutschland zurückkehren. Hans wird zur Wehrmacht eingezogen, Bruno schwingt vor den zum Arbeitseinsatz kommandierten Frauen, darunter Kirsten, große Reden.

1945. Hans sammelt im Wald Holz und einige kümmerliche Pilze und verkauft einen wertvollen Teppich, Hochzeitsgeschenk von Kirstens Schwestern, einer Bauersfrau für ein paar Lebensmittel. Bruno ist schon wieder obenauf und betreibt einen florierenden Handel mit Töpfen und

Amizigaretten. Er heißt jetzt allerdings nicht mehr Tiches, sondern Anders. Siegfried Stein, der als amerikanischer Offizier zurückgekehrt ist, verschafft Hans wieder einen Redakteursposten.

1957. Generaldirektor Tiches (den Namen kann er nun wieder ohne weiteres tragen) gilt als einer der Väter des Wirtschaftswunders. Hans Boeckel schreibt in seiner Zeitung, was er von Bruno hält. Der erscheint wutschnaubend beim Verlagsleiter, fordert eine Ehrenerklärung und droht mit Anzeigenboykott. Doch Hans bleibt hart, obwohl ihm die Entlassung droht. Als Bruno erregt das Haus verlassen will, stürzt er in einen Aufzugschacht. An seinem Grab sagt ein Ministerialrat: „In seinem Sinne wollen wir weiterleben!"

„Wir Wunderkinder" ist Hoffmanns renommiertester Film. Er war allerdings trotz eines Filmbandes in Silber des Deutschen Filmpreises vor allem im Ausland ein großer Erfolg. Er erhielt die großen Preise der Filmfestspiele von Moskau und Acapulco und den (amerikanischen Kritikerpreis) Golden Globe als bester ausländischer Film. Außerdem war er der erste bundesdeutsche Film, der in Israel lief. Man registrierte im Ausland erfreut und ein wenig erstaunt, daß der deutsche Film fähig schien, „Vergangenheitsbewältigung" selbstironisch und selbstkritisch und zugleich in lockerer, ansprechender Form zu leisten.

Die deutschen Kritiker dagegen warfen dem Film vor, er verharmlose die deutsche Geschichte, die des Dritten Reiches zumal. Der gute Deutsche, Hans Boeckel, sei zu gut behandelt, die Nazis seien nicht als gefährlich genug dargestellt (obwohl dem Film, von anderen Kritikern, zugleich vorgeworfen wurde, er stelle alles so dar, als müßten „die Nazis wie zwangsläufig obsiegen"[34].) Die grausame, unmenschliche Dimension des Nationalsozialismus werde nicht deutlich genug herausgestellt, besonders, „daß die Juden nichts zu lachen hatten", werde nur „sanft angedeutet", weil dem zu dieser Demonstration „benutzten" (!) Juden die Emigration gelinge.[35] Schließlich verschleiere der Film mit seiner Schwarzweißmalerei — Gut = Nichtnazi/Böse = Nazi — „die realen Ursachen des Aufstiegs der Nazis".[36]

Wir Wunderkinder

Hansjörg Felmy, Michl Lang, Liesl Karlstadt

Hansjörg Felmy, Johanna von Koczian, Hans Leibelt

All diese Einwände haben ihre Berechtigung, aber sie tun dem Film in der Ausschließlichkeit, mit der sie ihn auf die Behandlung der deutschen Vergangenheit reduzieren, Unrecht. „Wir Wunderkinder" muß von seinem Schluß her gesehen werden. Hoffmann blendet das Wort „Ende" aus einer Inschrift auf der Friedhofsmauer aus, auf der geschrieben steht: WIR MAHNEN DIE LEB*ENDE*N. Das ist nicht einfach nur ein Schlußgag, das ist die Essenz des Films. Wenige Einstellungen vorher, in der Auseinandersetzung Boeckels mit dem Verlagsleiter der Zeitung und mit Bruno Tiches, hat Boeckel selbstkritisch eingestanden, daß man die Nazis erst ernstgenommen habe, als es zu spät war — nach 1933. Folgerichtig liegt das Schwergewicht der politischen Anspielungen neben der Zeit nach 1945 auf der Zeit *vor* 1933, als Menschen wie Hans Boeckel in ihrer unpolitischen Haltung Typen wie Bruno Tiches das Feld überließen. Enno Patalas sieht in dieser Schilderung eine „Ideologie des Unpolitischen"[37], weil er fälschlich meint, der Hans Boeckel der 20er Jahre werde als Vorbildfigur gezeichnet. Aber all dessen Äußerungen zu Zeitereignissen werden durch den ironisch-satirischen Kommentar oder durch die dargestellte Wirklichkeit konterkariert. Der durchaus sympathisch gezeichnete Boeckel ist in seiner Weise, durch seine unpolitische Haltung, mitverantwortlich für das Dritte Reich. In dieser Erkenntnis und in dem Entschluß, es nach 1945 nicht wieder so weit kommen zu lassen, zu verhindern, daß skrupellose Opportunisten, solche mit brauner Vergangenheit zumal, wieder das Heft in die Hand bekämen, liegt die Botschaft des Films.

Gegen Schluß sagt der Kommentator Wolfgang Neuss: „Bruno Tiches ist verschieden. Aber verschiedene seines Schlages leben weiter. So viele Fahrstühle können ja auch gar nicht repariert werden." Damit wird im kabarettistischen Rahmen mit einer Mahnung vor Sorglosigkeit meisterhaft ironisch das „Happy End" in Frage gestellt. Hier erweist sich „Wir Wunderkinder" auch dem ein Jahr später entstandenen, thematisch ähnlichen Film „Rosen für den Staatsanwalt" von Wolfgang Staudte überlegen. Zwar werden in letzterem Mitläufertum, Mangel an Zivilcourage und Egoismus des Bürgertums wesentlich differenzierter und schärfer kritisiert, doch hebt das verharmlosende Happy End, in dem die anständigen Elemente im Justizapparat dem Ex-Nazi den Garaus machen, diese Wirkung wieder auf.

Was Hoffmann und seine Drehbuchautoren an Zeitkritik leisten, zeigt sich vor allem auch im Vergleich mit dem Schluß der literarischen Vorlage, dem in der Konstruktion ähnlich wie Thomas Manns „Doktor Faustus" angelegten Roman Hugo Hartungs. Der Ich-Erzähler des Romans, dessen Name dort nicht genannt wird und der im Film Hans Boeckel heißt, schreibt resignierend, lamentierend und ohne Selbsterkenntnis den „dennoch heiteren Roman unseres Lebens", weil er den geplanten Illustriertenbericht über Tiches nicht mehr veröffentlichen kann, als Frau Meisegeier nach Brunos Tod ihre „Memoiren" herausbringt. Erneutes Versagen vor der Chuzpe der ewigen Opportunisten. In Hoffmanns Film dagegen stehen am Schluß bei Hans Boeckel Selbstkritik und kämpferische Einstellung.

In keinem deutschen Film nach 1945 sind die Mittel des Kabaretts so brillant, sinnvoll und wohldosiert eingesetzt worden, ohne daß man „Wir Wunderkinder" einen kabarettistischen Film nennen dürfte. Wäre das Ziel in erster Linie eine Schilderung des Dritten Reichs, wie viele Kritiker unterstellen, so wären diese Darstellungsmittel unangemessen. Diese Unangemessenheit mag, neben der oben erläuterten Absicht, auch eine Rolle dabei gespielt haben, daß das „Dritte Reich" so kurz behandelt wird; der Zweite Weltkrieg gar wird nur mit einer kleinen Szene gestreift, war das Bewußtsein von dieser Zeit als einer schrecklichen Zeit doch sozusagen eine selbstverständliche Voraussetzung des Films, ihre intensivere Schilderung hätte für die Aussage des Films nicht viel Zusätzliches hergegeben aber die Einheitlichkeit der Form empfindlich gestört. Als Reaktion auf die Wirklichkeit der Adenauerzeit wie als Satire auf Kaiserreich und Weimarer Republik war das Kabarett eine höchst passende Ausdrucksform, so auch für „Wir Wunderkinder", der damit die alte Branchen„weisheit" widerlegt, daß Film und Kabarett nicht zusammenpassen.

Der Engel, der seine Harfe versetzte
1958/59

Produktion: Georg Witt-Film, München. Drehbuch: Heinz Pauck, Günter Neumann nach dem gleichnamigen Roman von Charles Terrot. Kamera: Sven Nykvist. Musik: Franz Grothe. Liedtexte: Günter Neumann. Bauten: Johannes Waltz. Kostüme: Ingrid Winter. Masken: Georg Jauss, Gertrud Coesfeld. Schnitt: Hilwa von Boro. Ton: Walter Rühland. Spezialeffekte: Theodor Nischwitz.

Darsteller: Nana Osten (Engel), Henry Vahl (Josua Webmann), Ullrich Haupt (Hinrich Prigge), Matthias Fuchs (Klaas Henning), Tatjana Sais (Frau Henning), Dunja Movar (Lissy Haverkamp), Eva Vaitl (Frau Haverkamp), Hans Cossy (Herr Haverkamp), Gisela Peltzer (Frau Petersen), Lina Carstens (Frau Feuerhake), Horst Tappert (Herr Parker), Monika John (Elise Feuerhake), Alexander Hunzinger (Schätzer), Peter Tost, Michael Paryla, Marie Ferron, Carl Simon, Wolfgang Dohnberg, Gabriele Adam, Henry Lorenzen, Lina Helwig, *Fritz Wepper*.

Länge: 2680 m = 98 Min. Uraufführung: 12. 2. 1959. Verleih: Constantin. FSK: ab 6.

Den Laden des Pfandleihers Josua Webmann betritt eines Morgens eine junge Frau mit fast überirdischer Ausstrahlung und äußert den Wunsch, ihre Harfe zu versetzen. Sie bezaubert den mißtrauischen Webmann so sehr, daß er ihr entgegen seiner ursprünglichen Absicht Geld gibt. Klaas Henning, Webmanns junger Gehilfe, lädt sie in den Jugendklub ein, in dem er allabendlich verkehrt. Webmann trifft sich im Gasthof „Zum Goldenen Löwen" mit seinem Freund, dem Schiffskoch Hinrich Prigge, und erzählt ihm von seiner Begegnung. Hinrich meint, es müsse sich um einen Engel handeln. Ein Gast namens Parker kündigt Webmann seinen Besuch an, da er mit gebrauchten Instrumenten handle und sich Webmanns Pfandstücke ansehen wolle. Hinrich, der die Besitzerin des Gasthofs, die Witwe Petersen, verehrt, macht schüchterne Annäherungsversuche, wird aber einmal mehr abgewiesen, da Frau Petersen keinen Mann heiraten will, der ständig auf See ist.

Der schüchterne und unscheinbare Klaas leidet sehr unter der Nichtachtung seiner Kameraden und besonders des Mädchens Lissy. Als jedoch der „Engel" abends tatsächlich im Klub auftaucht und mit ihm tanzt, ist Klaas der Gegenstand allgemeinen neidvollen Respekts. Klaas bereinigt elegant eine für den Klub unangenehme Situation, als Polizei auftaucht, weil sich Nachbarn beschwert haben. Nun ist er der Mittelpunkt, und sogar Lissy ist bereit, sich mit ihm zu verabreden.

Am nächsten Tag erscheint Parker im Laden, kauft eine alte Posaune und erklärt, die Harfe sei sehr wertvoll. Er werde sie für eine große

Summe kaufen, wenn es Webmann gelinge, sie dem Engel abzuschwatzen. Webmann bestellt sofort einen amtlichen Schätzer, doch bevor der erscheint, löst der Engel sein Instrument wieder ein. Anschließend stellt er es bei Lissys musikbegeistertem Vater ab. Klaas und Lissy sind sich nähergekommen. Klaas lädt Lissy nach Hause ein, damit sie seine Mutter kennenlernt. Doch diese, die Klaas mit ihrer falsch verstandenen Liebe und Fürsorge geradezu erstickt, ist taktlos zu der Rivalin um die Gunst ihres Sohnes, und Lissy läuft empört über die mangelnde Unterstützung durch Klaas davon.

Webmann trifft Parker wieder, der dem begeisterten Spieldosensammler eine alte, aber wertlose, weil irreparable Spieldose billig verkauft und zugibt, daß die Harfe weit mehr wert sei, als er Webmann eingestanden habe. Klaas lädt Webmann ein, im Jugendklub einen Vortrag über Spieldosen zu halten. Dem Klub droht nämlich der Entzug der städtischen Räumlichkeiten, wenn kein weiterbildender Zweck nachgewiesen wird. Als jedoch der Beamte, der dies überprüfen soll, gegangen ist, wollen die Jugendlichen nichts mehr von Webmanns Spieldosen wissen und beginnen ihre übliche Tanzveranstaltung. Der gekränkte Webmann schafft mit Hilfe von Klaas und Hinrich seine Spieldosen nach Hause. Im Laden überraschen sie einen maskierten Einbrecher, der alle drei niederschlägt. Es ist Parker. Klaas gerät in den Ruf, den Einbrecher in die Flucht geschlagen zu haben, und wird als Held gefeiert.

Im Krankenhaus erscheint der „Engel" Webmann, Klaas und Hinrich im Traum. Hinrich macht daraufhin Frau Petersen einen Antrag und wird von ihr auf den Gedanken gebracht, daß er als Schiffskoch auch zu Lande kochen kann. Klaas tritt seiner Mutter gegenüber energischer auf, die ihm sogar helfen wird, die ersehnte Stelle in Südamerika zu erlangen, und er versöhnt sich mit Lissy, wobei auch der leibhaftige „Engel" mitwirkt, der gekommen ist, um seine Harfe zu holen.

Am nächsten Tag erscheint der „Engel" im Laden, um erneut Geld auf die Harfe zu leihen. Webmann gelingt es, ihn zum Verkauf für 2000 Mark zu bewegen. Doch der herbeigerufene Schätzer taxiert das Instrument auf ganze 800 Mark. Webmann ist einer Schwindlerin mit Komplizen aufgesessen. Doch alle sind von der wohltätigen Macht des

Der Engel, der seine Harfe versetzte

Henry Vahl, Nana Osten

Matthias Fuchs, Dunja Movar

„Engels" überzeugt, und auch Webmann ist's zufrieden, als wie durch ein Wunder die von Parker erworbene Spieldose zu spielen beginnt und damit ihren vollen Sammlerwert von 1000 Mark erhält.

„Der Engel, der seine Harfe versetzte" wurde mit minimalem Budget gedreht. Hoffmann setzte ausschließlich im Film noch weitgehend unbekannte Schauspieler ein, teils junge Nachwuchstalente, teils renommierte Bühnendarsteller. (Auch Henry Vahl und Horst Tappert hatten ihre erst durchs Fernsehen bewirkte enorme Popularität damals noch nicht erlangt.) Trotzdem oder gerade deswegen ist der Film ein besonders gutes Beispiel für Hoffmanns Geschick bei der Schauspielerauswahl.

Ein weiteres zeichnet „Der Engel, der seine Harfe versetzte" aus: Er ist ein Beweis dafür, wie der Film auf gewissen Gebieten der Literatur überlegen sein kann. Die überirdische Aura, die die junge Frau mit der Harfe umgibt, wird in der Romanvorlage von Charles Terrot zwar wortreich beschrieben, aber dadurch eher zerredet. Hoffmanns Film macht sie sinnlich faßbar durch den Einsatz von Kameraeffekten, einer hervorragend ausgewählten Darstellerin (der in Ostberlin entdeckten Nana Osten) und der genau passenden Musik Franz Grothes. Hier, im Film, wirkt die Ambivalenz der Geschichte, das Schweben zwischen der Wirklichkeit und dem Wunderbaren, weitaus überzeugender als im Buch.

Ein weiteres sehr hübsches Stilmittel sind die als Sprechgesang vorgetragenen Monologe der Hauptpersonen. Auch der meisterhaften Kameraführung Sven Nykvists, die Poetisches ebenso genau wiedergibt wie den Alltagsmuff, verdankt der Film viel. So kann man sich — ohne die dort anklingenden negativen Untertöne — dem Urteil von Enno Patalas in der „Filmkritik" anschließen, daß „Der Engel, der seine Harfe versetzte" Hoffmanns „lockerster und duftigster Film" sei und daß er „das Äußerste an Charme und Witz repräsentiert, was im deutschen Film erreichbar zu sein scheint."[38] Und hat das letztere Urteil nicht sogar noch heute, 30 Jahre nach dieser Kritik und nach dem Entstehen des Films, eine gewisse Gültigkeit?

Das schöne Abenteuer
1959

Produktion: Georg Witt-Film, München. Drehbuch: Heinz Pauck, Günter Neumann nach dem Roman „Reise durchs Familienalbum" von Antonia Ridge. Kamera: Günther Anders. Musik: Franz Grothe. Liedtexte: Willy Dehmel. Bauten: Robert Herlth, Otto Jaindl. Kostüme: Elisabeth Urbancic. Garderobe: Josef Dorrer, Brunhilde Strack. Masken: Georg Jauss, Alfred Rasche, Anita Greil. Requisiten: Hubert Koffou, Hans Mayr. Schnitt: Hilwa von Boro. Ton: Walter Rühland. Regie-Assistenz: Eberhard Schröder.

Darsteller: Liselotte Pulver (Dorothee Durand), Robert Graf (Marius Bridot), Oliver Grimm (Pierre Bridot), Bruni Löbel (Françoise), Eva-Maria Meinecke (Cathérine), Horst Tappert (Frécon), Heinrich Schweiger (César), Hans Clarin (Busfahrer Polyte), Edith Teichmann (Angélique), Karl Lieffen (Fotograf Fortuné Tallon), Alexander Hunzinger (Labise), Ernst Braasch (Esperandier), Paul Esser (Olivon), Heinz Leo Fischer (Pinatel), Rudolf Rhomberg (Jules Tardy), Edith Schollwer (Césars Mutter), Klaus Havenstein (Busfahrer Mapeaux), Helmut Oeser (Vincent), Karl Hanft (Gendarm Bombeau), Ralf Wolter (Taschendieb), Henry Lorenzen (Feuerwerker), Klaus Willi Krause (Auskunftsbeamter), Walter Karl Gussmann (Auskunftsbeamter), Otto Storr (Pfarrer).

Länge: 2777 m = 102 Min. Uraufführung: 29. 9. 1959. Verleih: Constantin. FSK: ab 6.

Die englische Lehrerin Dorothee Durand reist nach dem Tod ihrer letzten englischen Verwandten nach Südfrankreich, um die Verwandten ihres aus Frankreich stammenden Vaters zu suchen. Ihr einziger Anhaltspunkt ist eine Fotografie des Hotels „L'Empereur" in Nîmes, das ihren Großeltern gehörte. Im Zug wird sie von den Mitreisenden sehr herzlich aufgenommen. In Nîmes findet sie nach langer Irrfahrt mit dem Taxi tatsächlich das Hotel „L'Empereur". Es gehört jetzt dem verwitweten Marius Bridot, dessen kleiner Sohn Pierre sofort mit Dorothee Freundschaft schließt. Als die Stammgäste des Hotels von ihrer Suche nach den Großeltern hören, bemühen sie sich eifrig, ihr zu helfen, doch keiner kann sich erinnern. Schließlich wird der Fotograf ausfindig gemacht, dessen Großvater einst das Foto von Dorothees Großvater und seinem Hotel gemacht hat. Er findet heraus, daß Dorothees Großeltern vor über 40 Jahren in das kleine Bergdorf St. Fiacre gezogen sind.

Dorothee fährt, auf der letzten Etappe in halsbrecherischer Fahrt in einem klapprigen Bus, nach St. Fiacre, um sich beim dortigen Pfarrer nach dem Verbleib ihrer Großeltern zu erkundigen. Von dessen betagter Haushälterin erfährt sie, daß die Großeltern schon nach kurzer Zeit zu ihrer Tochter, verheirateter Lombard, der Zwillingsschwester von Dorothees Vater, nach St. Etienne gezogen sind. Zufällig trägt die Fußballmannschaft von St. Etienne an diesem Tag ein Meisterschaftsspiel in einem nahegelegenen Ort aus, und der Busfahrer macht sie mit dem Fahrer des Mannschaftsbusses bekannt, der sie wiederum der Mannschaft vorstellt. Die feiert Dorothee als ihr Maskottchen. Einer kann sich sogar an die Lombards erinnern, deren beide Töchter, Cathérine und Françoise, noch in St. Etienne leben. Kurzerhand wird Dorothee im Mannschaftsbus mitgenommen, wo der Mannschaftsführer César ihr schöne Augen macht. Spät nachts trifft der Bus in St. Etienne ein, und obwohl Dorothee ihre Cousinen aus dem Schlaf klingelt, wird sie stürmisch begrüßt und überredet, den Rest ihres Urlaubs bei ihnen zu verbringen. Auch bei den Freunden und Nachbarn der Cousinen wird Dorothee herzlich aufgenommen. César macht ihr unermüdlich den Hof.

Eines Tages bittet Marius Bridot Dorothee per Brief, sich mit ihm in Lyon zu treffen. Er habe dort geschäftlich zu tun und wolle ihr ihren Koffer nachbringen. Er zeigt ihr die Stadt, und nach einem harmonischen Tag, als Dorothee, wieder im Zug nach St. Etienne, erschrocken nach seinem versäumten Geschäft fragt, gibt er zu, daß das Geschäft sie gewesen sei.

Dorothees Urlaub geht zu Ende. Kurz vor ihrer Abreise findet ein Sommerfest des Radfahrvereins statt, zu dem auch Marius erscheint. Er deutet seine Liebe zu Dorothee an, doch die hat Angst, ihre bisherige Existenz einfach aufzugeben. Sie vertröstet Marius auf ihren Urlaub im nächsten Jahr. Das Leben ihrer Cousinen verändert sich entscheidend. Keine der beiden hatte bisher die andere allein lassen wollen. Doch nun bekommt Cathérine eine günstige Stelle in einem Verlag in Paris angeboten, und Françoise kann den Drogisten Frécon heiraten, der ihr seit Jahren jeden Sonntag einen Heiratsantrag macht. Als Dorothee auf der Heimreise in Lyon umsteigt, nimmt sie, einer plötzlichen Eingebung folgend, statt des Zugs nach Paris den nach Nîmes. Bei der Hochzeit mit Marius sind all die hilfsbereiten Stammgäste des Restaurants dabei. Das letzte Bild im Familienalbum ist eines von der Silberhochzeit.

Diese Geschichte ist zwar recht belanglos, wenn aber die zeitgenössischen Rezensionen meinten, dies zum Hauptpunkt ihrer Kritik machen zu müssen, so besteht dazu eigentlich kein Anlaß. Auch Belanglosig-

Das schöne Abenteuer

Von links: Eva-Maria Meinecke, Liselotte Pulver, Bruni Löbel

Liselotte Pulver, Robert Graf

keiten können mit soviel Charme und Grazie dargeboten werden, daß sie zu etwas Besonderem werden. Doch „Das schöne Abenteuer" ist bei weitem nicht so locker und duftig wie „Der Engel, der seine Harfe versetzte". Die feine Ironie der Romanvorlage scheint kaum einmal durch. Stattdessen ist die Geschichte mit — zugegeben manchmal recht witzigen — Gags, der Dialog mit Kalauern durchsetzt. Die Bildinszenierung ist in ihrem Witz origineller als der Dialog, insgesamt aber ist der Film eher betulich inszeniert. Man spürt das schnurrende Behagen, das die Regie angesichts des hier ausgebreiteten sympathischen Kleinbürgerlebens empfindet. Im vorhergehenden Film hatte Hoffmann das Kleinbürgertum noch voller (durchaus nicht boshafter!) Ironie gezeigt. Oder sollte der Witz des Films im Kontrast dieses sinnenfrohen, herzlichen französischen Kleinbürgertums zum eher etwas muffigen deutschen in dem vorhergehenden Film liegen? Das Verfahren, das Klischee von einem Volk mit Lebensart den eigenen Landsleuten als Gegenbild kritisch unter die Nase zu reiben, ist ja auch im Film nicht neu. Die Art, wie die Amerikaner im Kino die Italiener darstellen, läuft oft nach diesem Schema ab. Dazu hätte es im vorliegenden Falle für die Darstellung allerdings typischerer Franzosen bedurft. Die deutschen Schauspieler des Films tun sich arg schwer, die typischen Südfranzosen zu mimen. Wäre die Handlung in ein deutsches Milieu verlegt worden (womit man allerdings dem Stoff allzuviel Gewalt angetan hätte), so wären sie alle prachtvoll gewesen. Liselotte Pulver als scheue, mauerblümchenhafte englische Lehrerin spielt tapfer und überzeugend gegen ihr damaliges Image an und kehrt zum Typenrepertoire aus den Anfängen ihrer Karriere zurück, stellt aber, besonders in den Szenen mit Pierre und denen mit den Fußballern, immer wieder den patenten, burschikosen, schalkhaften, laut und herzhaft lachenden Kumpel heraus, der sie im deutschen Film meist zu sein hatte.

Einige bei Hoffmann eigentlich ungewohnte technische Schwächen weist der Film auf. So wirft César, als er in der Morgensonne vor dem Haus der Schwestern Lombard steht, einen dreifachen (Scheinwerfer-)Schatten. Und auch sonst spürt man allzuoft bei Pseudo-Freiluftszenen die Studioatmosphäre. Wenn der Film dennoch einen insgesamt eher positiven Eindruck hinterläßt, so liegt das an den, wie gesagt dennoch guten, Darstellerleistungen, an den meist atmosphärisch dichten Szenen und daran, daß der Film trotz der Niedlichkeit des Stoffes und trotz der Mitwirkung des zuckersüßen Kinderstars Oliver Grimm nie in Kitsch umschlägt.

Lampenfieber

1959/60

Produktion: Filmaufbau, München. Drehbuch: Heinz Pauck, Hans Schweikart. Kamera: Sven Nykvist. Musik: Franz Grothe. Bauten: Elisabeth Urbancic, Otto Jaindl. Kostüme: Nicola Hoeltz. Garderobe: Josef Pichtner, Anni Graf. Masken: Georg Jauss, Gertrud Coesfeld, Erika König. Requisiten: Franz Dorn, Walter Gaeble. Schnitt: Hilwa von Boro. Ton: Heinz Terworth, Regie-Assistenz: Dietrich Haugk, Eberhard Schröder.

Darsteller: Dunja Movar (Gitta Crusius), Bernhard Wicki (Rohrbach), Antje Weisgerber (Elsa Kaiser), Gustav Knuth (Herr Seipel), Hans Schweikart (Intendant), Änne Kersten (Frau Wehrhahn), Henry Vahl (Herr Körner), Eva Vaitl (Frau Seipel), Erna Sellmer (Kantinenwirtin Hochgesell), Dieter Hildebrandt (Atze Müller), Gitty Daruga (Elisabeth), Elke Sommer (Evelyne), Dieter Klein (Caspar), Claus Wilcke (Bastian), Michael Hinz (Peter), Inken Deter (Grete Seipel), Corinna Genest (Katja), Helmut Förnbacher (Thomas), Peter Striebeck (Schauspielschüler), *Klaus Dahlen (Schauspielschüler), Gustl Weishappel (Inspizient), Ljuba Welitsch — Otto Storr (Schauspieler in Kernstadt)*, Peter Paul, Minna Späth, Werner Schuchow, Peter Kors, Manfred Schmid und als Gäste, die sich selbst spielen: Johanna von Koczian, Hannes Messemer, Robert Graf, Rosel Schäfer, Margarete Haagen, Hans Clarin, Eva-Maria Meinecke, Ina Peters, Annemarie Wernicke, Veronika Fitz, Erwin Faber, Paul Bürks, Harry Hertzsch, *August Everding.*

Länge: 2706 m = 99 Min. Uraufführung: 3. 3. 1960. Verleih: Constantin. FSK: ab 6.

Die junge Lehrerstochter Gitta Crusius hat nur einen sehnlichen Wunsch: Sie will Schauspielerin werden. Sie bewirbt sich an einer renommierten Schauspielschule und besteht tatsächlich die Aufnahmeprüfung. Ihr Studium aber wird sie sich hart verdienen müssen, denn ihr Vater ist gegen ihr Berufsziel und stellt seine Unterstützung für sie ein. Auf der Suche nach einer billigeren Bleibe kommt sie bei der Familie Seipel unter. Vater Seipel ist Lebensmittelhändler, hat sich aber selbst schon erfolglos als Schauspieler versucht und will nun, daß seine Tochter Grete nachholt, was ihm versagt blieb. Grete hat zwar gleichzeitig mit Gitta die Aufnahmeprüfung zur Schauspielschule bestanden, will aber eigentlich lieber bald heiraten.

Gitta befreundet sich auch mit Elisabeth, die heimlich und unglücklich in Rohrbach, den Leiter der Schule verliebt ist. Eine Liebesgeschichte bahnt sich an zwischen Gitta und dem zornigen jungen Mann Caspar, der sich von seiner Freundin Evelyne getrennt hat, weil sie den Schauspielerberuf nicht ernst nimmt und eine Karriere als Bikinischönheit beim Film vorzieht. Der Zyniker Bastian wird der Schule verwiesen, als er seine Arroganz zu weit treibt. Caspar besteht die Abschlußprüfung und erhält ein Engagement an einem Kleinstadttheater. Gitta, hin und hergerissen zwischen Liebe und Schauspielerei, entscheidet sich für letztere. Doch als Caspar wochenlang nichts von sich hören läßt, werden die Leistungen der allseits geschätzten Schülerin immer schlechter. Schließlich reist sie Caspar nach und findet ihn leicht berauscht von seinen Anfangserfolgen. An Gitta denkt Caspar kaum noch. Ernüchtert und enttäuscht fährt sie zurück und konzentriert sich wieder ganz auf ihre Ausbildung. Inzwischen hat Elisabeth, enttäuscht über die Zurückweisung durch Rohrbach, einen Selbstmordversuch begangen, der aber nicht ganz ernst genommen wird, weil sie die Dosis Schlaftabletten, die sie geschluckt hat, so gewählt hat, daß man sie gewiß wird retten können.

Grete Seipel fällt bei der Zwischenprüfung durch und kann ihren geknickten Vater nur damit trösten, daß sie ihm ankündigt, ihm viele Enkel zu schenken, die er alle zu Schauspielern machen könne. Gitta besteht und bekommt eine winzige Rolle in einer Inszenierung des Theaters angeboten, dem die Schule angeschlossen ist. Sie ist fast am Ziel ihrer Wünsche. Am Premierenabend sitzt unter den Zuschauern auch ihr Vater und fiebert dem Auftritt seiner Tochter entgegen.

Das Sujet von „Lampenfieber" gehört gewiß zu den ungewöhnlichsten und reizvollsten in Hoffmanns Oeuvre. Das Phänomen der Theaterleidenschaft, dem Hoffmann schon im „Raub der Sabinerinnen" nachspürte, wäre mit diesem Stoff schön darstellbar. Doch der Film enttäuscht. Daran ist zunächst das schwache Drehbuch schuld. Auf der einen Seite läßt es kein Klischee aus — vom Selbstmordversuch der heimlich ihren Lehrer anhimmelnden Elevin bis zur Karikatur des mit den Geldscheinen winkenden Filmagenten als böser Versucher gegenüber dem Ethos des wahren Schauspielers —, auf der anderen Seite werden die privaten Sorgen und Nöte der Schauspielschüler verharmlost und verniedlicht. Wenn sich die eine ihr Studium erhungern muß, so ist das halb so schlimm, denn die Kollegen springen bei, mal mit einem Apfel, mal mit einem Frühstück, mal mit einem billigen Zimmer. Und wenn man nachts in Lokalen Rosen verkauft, so bringt das schönen Gewinn, und der fehlende Schlaf ist auch kein Problem. Die Schauspielschüler sind keine Menschen, sondern Typen, der Ehrgeizig-Rebellische, der Arrogante, das Sexbienchen, die Besessene, die Widerwillige. Eine

Lampenfieber

Michael Hinz (links), Inken Deter (vorn), Claus Wilcke (hinten rechts)

Gitty Daruga

Garde begabter Nachwuchsschauspieler, allen voran Dunja Movar, die kurz zuvor den Deutschen Jugendfilmpreis für ihre Rolle in „Der Engel, der seine Harfe versetzte" erhalten hatte, spielt vergeblich gegen diese Typenklischees an.

Hoffmann hat all diese Klischees ganz ernsthaft, beinahe naiv inszeniert. Daß er mit schönen Impressionen aus dem Alltag der Schauspielschule entschädigt, fällt zu wenig ins Gewicht, um den Film retten zu können. Schlimmer noch: In dem Film wird zu viel geredet, vor allem zu viel moralisiert, das Ethos des Schauspielers beschworen. Daß die Schauspielerei nicht Glanz und rasche Karriere, sondern harte und oft entbehrungsreiche Arbeit ist, wird nicht demonstriert, sondern doziert. Hoffmann, der einmal gesagt hat, daß er Film als Ausdrucksmittel gewählt habe, weil für ihn „die Kamera so wichtig" sei („Film ist Kamera, aber heute schreibt man nur Dialoge, niemand denkt mehr optisch. Dabei kann man mit einem Requisit 25 Sätze erzählen."[39]), Hoffmann wirkt in dieser Hinsicht hier ziemlich uninspiriert.

Der betuliche, fast gemütvolle Inszenierungsstil, der noch bei „Das schöne Abenteuer" durchaus angebracht war, und den Hoffmann auch in „Lampenfieber" pflegt, ist diesem Thema nicht angemessen, das man entweder witzig-ironisch (die wenigen und allesamt wirklich sehr hübschen komischen Szenen, die zeigen, wo Heinz Paucks eigentliches Talent liegt, reichen dafür nicht aus) oder aber realistisch abhandeln muß. Nicht alles aber, was über Hoffmanns Mangel an Realismus in der zeitgenössischen Kritik gesagt wurde, darf man Hoffmann tatsächlich persönlich ankreiden. Wenn es heißt „Als Gipfel des Elends erscheint es, wenn sich eine Schülerin in einen Lehrer verliebt; undenkbar wäre aber, daß etwa ein Lehrer bei einer Schülerin unfeine Absichten verfolgen würde oder daß zwischen den Schülern jemals andere als unschuldig-freundschaftliche Beziehungen bestehen könnten. Eine Studentin mit unehelichem Kinde wäre in der Hoffmann-Welt unvorstellbar"[40], so gilt das für den größten Teil des deutschen Films der ausgehenden 50er Jahre. Hoffmann hätte vermutlich seine Karriere gefährdet, hätte er etwas von dem Genannten inszeniert. Doch Hoffmann war nie Revolutionär oder Bürgerschreck, und in seiner Zurückhaltung gegenüber gewissen naturalistischen Themen erweist er sich lediglich als Kind seiner Zeit. Immerhin hat er in „Lampenfieber", wenn auch *sehr* dezent, angedeutet, daß eine rasche Filmkarriere sehr leicht über das Bett des Produzenten gehen kann, und immerhin hat er drei Jahre später „Liebe will gelernt sein" gedreht, die Geschichte von einem Studenten, seiner heimlichen Geliebten und — ihrem unehelichen Kind. Aber das konnte der Rezensent damals natürlich noch nicht wissen. (Oder sollte sich gar Hoffmann die Kritik so zu Herzen genommen haben, daß er bei nächster sich bietender Gelegenheit Versäumtes nachholte?)

Das Spukschloß im Spessart
1960

Produktion: Georg Witt-Film, München. Drehbuch: Günter Neumann, Heinz Pauck. Kamera: Günther Anders. Musik: Friedrich Hollaender, Olaf Bienert, Alfred Strassner. Choreographie: Harald Sielaff. Bauten: Hein Heckroth. Ausstattung: Willi Schatz. Kostüme: Elisabeth Urbancic. Garderobe: Edith Münch, Fritz Strack. Masken: Georg Jauss, Franz Göbel, Lore Blasweiler. Requisiten: Franz Dorn, Michael Eder. Gemälde: Hans Strobl. Schnitt: Hilwa von Boro. Ton: Walter Rühland. Spezialeffekte: Theodor Nischwitz. Regie-Assistenz: Rainer Erler, Eberhard Schröder.

Darsteller: Liselotte Pulver (Gräfin Charlotte), Heinz Baumann (Martin Hartog), Hubert von Meyerinck (von Teckel), Elsa Wagner (Tante Yvonne), Ernst Waldow (Onkel Ernst August), Hans Clarin (Prinz Kalaka), Herbert Hübner (Hotelier Hartog), Veronika Fitz (Sophie), Hanne Wieder (Katrin), Curt Bois (Hugo), Georg Thomalla (Onkel Max), Paul Esser (Toni), Hans Richter (Jockel), Ernst Barthels, Paul Boes.

Länge: 2825 m = 103 Min.
Uraufführung: 15. 12. 1960. Verleih: Constantin/A.B.-Film. Video: VPS. FSK: ab 12.

Die Spessart-Räuber sind seinerzeit im Wirtshaus im Spessart lebendig eingemauert worden und sind verdammt, in diesem Gemäuer ein Gespensterdasein zu führen. Als beim Bau einer Autobahn das alte Wirtshaus abgerissen wird, sind sie befreit. Doch um Erlösung von ihrem Gespensterlos zu finden, müssen sie eine gute Tat vollbringen. Sie beschließen, Charlotte, einer Nachkommin der Komtesse Sandau, zu helfen, deren hochverschuldetes Schloß von einem Großhotelier aufgekauft werden soll. Martin, der Sohn des Großhoteliers, hat sich unter falschem Namen Zugang zum Schloß verschafft, um die Räumlichkeiten auf ihre Eignung für einen Umbau zum Hotel abzuschätzen, hat sich dann aber in Charlotte verliebt und versucht nun, seinen Vater von der Übernahme des Schlosses abzubringen.

Eine erste Entlastung bringt für Charlotte der Plan der Bundesregierung, den orientalischen Prinzen Kalaka, der zur Unterzeichnung eines Wirtschaftsabkommens nach Bonn kommt, in Schloß Sandau unterzubringen. Doch die Gespenster können ihr altes Gewerbe nicht lassen. Sie stehlen, um Charlotte zu salvieren, die Juwelen des Prinzen, legen sie ihr ins Zimmer — und bringen sie damit ins Gefängnis. Um dieses Mißgeschick wiedergutzumachen folgt die ehemalige Räuberbraut Katrin, die sich mit einem Hexentrank einen menschlichen Körper verschafft hat, dem sexbesessenen Prinzen an die Côte d'Azur, wohin dieser empört abgereist ist. Die männlichen Mitglieder der Bande bringen inzwischen ganz Bonn durcheinander. Als durch ihre Schuld auch bei der Gerichts-

Das Spukschloß im Spessart

Im Mittelgrund von links: Georg Thomalla, Curt Bois, Hanne Wieder, Hans Richter, Paul Esser

Hanne Wieder, Liselotte Pulver, Georg Thomalla, Curt Bois

verhandlung gegen Charlotte ein Eklat droht, taucht Katrin mit dem Prinzen auf, der erklärt, ihr die Juwelen geschenkt zu haben. Charlotte ist frei. Inzwischen hat auch Martins Vater einen Sinneswandel durchgemacht und schenkt das Schloß Charlotte und Martin zur Hochzeit. Die Gespenster aber werden von der NASA für den ersten „bemannten" Raumflug angeheuert.

Schon diese Inhaltsangabe zeigt deutlich, daß man hier den Stoff des „Wirtshaus im Spessart" aufgriff (Hoffmann drehte sonst nie Fortsetzungen seiner Filme), daß man sich also offenbar an den Erfolg dieses Films anzuhängen versuchte, daß aber Hoffmann nicht einfach eine platte Fortsetzung drehte. Die (Original-)Story greift zwar einige Motive des „Wirtshaus im Spessart" auf, ist aber durchaus eigenständig, tragfähig und originell. Die Autoren hatten auch schon (zusammen mit Luiselotte Enderle) das Buch zum „Wirtshaus im Spessart" verfaßt.

Berlins Kritikerpapst Friedrich Luft jubelte in der „Welt" über diesen Film: „Hier ist, hurra!, der lustigste, übermütigste, intelligenteste deutsche Lustspielfilm seit vielen Jahren." Und: „So dicht gepackt saßen die Pointen in einem deutschen Humorfilm selten. So zart und sicher waren die Übergänge seit dem großen Lubitsch kaum."[41] Doch der Film hinterläßt einen eher ambivalenten Eindruck. Er ist handwerklich sehr sorgfältig gemacht mit beeindruckenden Trickelementen. „Technically, this is perhaps the best film the Germans have turned out in years", schrieb Variety.[42] Einige Passagen gehören zum Besten, was Hoffmann gedreht hat, etwa Hanne Wieders als bestes optisch-musikalisches Kabarett gestaltete „Blitzkarriere der Räuberbraut Katrin ... von der Pappkarton-Anhalterin zur mercedes-bewaffneten Tiller-Nitribitt-Imitation"[43] oder Georg Thomallas und Curt Bois' getanzte Einkleidungsszene, deren sich auch ein überdurchschnittliches Hollywood-Musical nicht zu schämen brauchte. Überhaupt sind es bis auf die etwas gedehnt wirkende Eingangsszene mit der Einmauerung der Spessart-Räuber einmal mehr die musikalischen Szenen, die auch optisch und stilistisch am stärksten überzeugen.

Andererseits wird kein Kalauer ausgelassen, viele Gags sind überzogen, die politischen Spitzen sind bis auf einige Attacken gegen Neonazismus und Militarismus richtungslos und damit unverbindlich, und als kabarettistische Nummern sind sie weniger überzeugend in den Film integriert als in „Wir Wunderkinder". Die Story ist an einigen Stellen, besonders in der Liebesgeschichte, reichlich dünn. Der Handlungsteil um den Aufenthalt des exotischen Prinzen Kalaka in Schloß Sandau gar ist überwiegend übelste Klamotte, die Exotensprache des Prinzen dümmlich-pennälerhaft, wobei man dem Darsteller Hans Clarin sogar bescheinigen muß, daß er das Ganze noch mit Anstand und einigen brillanten Szenen bewältigt. Hier haben Hoffmann und vor allem seine Drehbuchautoren alle guten (Spessart-)Geister verlassen, während der Rest des Films denn doch zu den weit überdurchschnittlichen deutschen Unterhaltungsproduktionen gehört.

Das Spukschloß im Spessart

Curt Bois, Georg Thomalla

Im Vordergrund von links: Georg Thomalla, Curt Bois, Hanne Wieder, Hans Clarin, Hubert von Meyerinck

Die Ehe des Herrn Mississippi
1961

Produktion: CCC-Filmproduktion, Berlin/Praesens-Film, Zürich. Drehbuch: Friedrich Dürrenmatt unter Mitarbeit von Hans Schweikart nach Dürrenmatts gleichnamigem Theaterstück. Kamera: Sven Nykvist. Musik: Hans-Martin Majewski. Bauten: Otto Pischinger, Herta Hareiter. Kostüme: Charlotte Flemming. Garderobe: Walter Schreckling, Margarete Markwordt, Kurt Sobania. Masken: Alois Woppmann, Ursula Mrukwa. Requisiten: Günter Beer, Günter Franke. Schnitt: Hermann Haller. Ton: Clemens Tütsch, Bruno Kohler, Alfred Braun. Regie-Assistenz: Eberhard Schröder.

Darsteller: Otto Eduard Hasse (Florestan Mississippi), Johanna von Koczian (Anastasia), Martin Held (Frédéric René Saint-Claude), Hansjörg Felmy (Graf Bodo von Übelohe-Zabernsee), Charles Regnier (Justizminister Sir Thomas Jones), Karl Lieffen (Santamaria), Max Hauffler (Van Bosch), Ruedi Walter (McGoy), Edith Hancke (Lukretia), Hans Ernst Jäger (Schlender), Otto Graf (Ministerpräsident), Tilo von Berlepsch (Außenminister), Heinz Spitzner (Innenminister), Kunibert Gensichen (Informationsminister), Herbert Weissbach (Finanzminister), Heinrich Gies (Kriegsminister), Siegmar Schneider (Oberst), Jochen Blume (Sekretär Beuss), Otto Braml (Senator King), Kurt Buecheler (Chatterley), Arthur Schröder (Professor Haberkern), Gudrun Genest (Kanzlistin), Annaliese Würtz (Schwester), Walter Morath (Reisebüroangestellter), Joachim Boldt (Polizeileutnant).

Länge: 2589 m = 95 Min. Uraufführung: 24. 6. 1961. Verleih: Ufa Film Hansa. FSK: ab 18.

Zwei Freunde, die noch nicht Florestan Mississippi und Frédéric René Saint-Claude heißen, gehen, nachdem sie sich aus der Gosse zu Betreibern eines gutbesuchten Bordells hochgearbeitet haben, auseinander, um jeder auf seine Weise die Welt zu verbessern, der eine durch das Gesetz Moses, weshalb er in Oxford Jura studiert, der andere durch die Weltrevolution, weshalb sein Weg zwangsläufig nach Moskau führt.

25 Jahre später in Europa-City: An zwei frisch geschaufelten Grabhügeln trauern Generalstaatsanwalt Mississippi und Anastasia um ihre Ehegatten. Man macht sich bekannt. Mississippi nimmt Anastasia mit in sein Büro und beschuldigt sie, ihren Mann vergiftet zu haben, aus Eifersucht, weil er ein Verhältnis mit Mississippis Frau hatte. Sie leugnet, doch er erklärt ihr, daß Graf Bodo von Übelohe-Zabernsee, Gründer und Chefarzt des Armenkrankenhauses Sankt Georg, gestanden habe, ihr das Gift, mit dem sie angeblich ihren — in Wahrheit längst toten — Hund vergiften wollte, verschafft zu haben. Als Anastasia nun gesteht, entläßt Mississippi sie und erklärt dem interessierten Staatsanwalt Chatterley, sie sei unschuldig. Anastasia eilt zu Graf Bodo, doch der ist vor den Drohungen Mississippis nach Borneo geflohen, wo er ein Urwaldhospital errichten will.

Am nächsten Tag erscheint Mississippi bei Anastasia, hält um ihre Hand an und überrascht sie mit dem Geständnis, daß auch er seine Frau vergiftet habe. Die Ehe solle für sie beide die Hölle auf Erden und die gerechte Strafe sein. Anastasia muß sich fügen. Während Mississippi schon bald den stolzen Rekord von 350 durchgesetzten Todesurteilen feiern kann, ist Anastasia in der Gefangenenfürsorge tätig, versucht die von ihrem Mann Verurteilten zu trösten und wird „Engel der Gefängnisse" genannt. Gleichzeitig hat sie, die ihr Mann für die perfekte Tugend hält, ein Verhältnis mit dem Justizminister Sir Thomas Jones.

Mississippis harter Kurs ist politisch inopportun geworden, und der Justizminister legt dem Generalstaatsanwalt den Rücktritt nahe. Der dagegen droht mit Aufdeckung der Bestechungsaffären der Regierungsmitglieder und fordert die Wiedereinführung des Gesetzes Moses. Bis auf Sir Thomas setzen sich alle Regierungsmitglieder über die Grenzen ab. Inzwischen ist Saint-Claude, mittlerweile ein verdienter Held der Revolution, eingetroffen, um in Europa-City die Revolution durchzuführen. Er erpreßt Anastasia mit seinem Wissen um ihr Verhältnis mit Sir Thomas, sie schläft — zur Rückversicherung — auch mit ihm, und er errichtet seine Aktionszentrale in ihrem Boudoir, das Mississippi nie betritt. Saint-Claude sucht einen Kopf für das in Europa-City zu errichtende revolutionäre Regime. Dafür erscheint ihm Mississippi mit 350 durchgesetzten Todesurteilen prädestiniert. Doch Mississippi lehnt ab. Da informiert Saint-Claude die Presse von der Vergangenheit des Generalstaatsanwalts. Der will nun die beiden Morde gestehen und gemeinsam mit Anastasia auf dem Schafott sühnen.

Graf Bodo ist, gesundheitlich und finanziell ruiniert, von Borneo zurückgekehrt, um das Grab Anastasias aufzusuchen. Stattdessen stellt er fest, daß sie lebt, und nicht etwa im Gefängnis, sondern als Frau des Generalstaatsanwalts. Anastasia fleht ihn an, mit ihr zu fliehen. Er aber will Mississippi die Wahrheit sagen, daß nämlich Anastasia ihren Mann nicht aus Eifersucht vergiftete, sondern weil sie ihn, Graf Bodo, liebte. Vom Generalstaatsanwalt befragt leugnet Anastasia Graf Bodos Behauptungen unter Eid. Der stürzt desillusioniert davon und wird schließlich als Patient ins Armenkrankenhaus Sankt Georg eingeliefert.

Die Ehe des Herrn Mississippi

O. E. Hasse, Edith Hancke, Johanna von Koczian

Martin Held, Johanna von Koczian

Eine aufgebrachte Menge will Mississippi lynchen. Polizei zieht auf, um sein Haus zu schützen. Saint-Claudes Aktionszentrale ist damit lahmgelegt. Der Oppositionsführer Schlender wartet auf die Revolution, weil er Ministerpräsident werden will. Sir Thomas wartet auf die Revolution, weil er sie niederschlagen und Ministerpräsident werden will. Sir Thomas schlägt Schlender vor, die Opposition solle eine kleine Scheinrevolution machen, er werde als Retter des Vaterlandes auftreten und mit Schlender als Vizeministerpräsident eine Koalitionsregierung bilden. So geschieht es. Saint-Claude wird nach einem Hinweis von Sir Thomas von seinen eigenen Leuten liquidiert. Mississippi gesteht Sir Thomas und seinem bereits ernannten Nachfolger als Generalstaatsanwalt, Chatterley, die beiden Morde. Aber die Fakten sind bereits bekannt, politisch jedoch nicht opportun. So wird Mississippi auf Veranlassung von Sir Thomas ins Irrenhaus eingeliefert. Anastasia aber wird First Lady.

Dürrenmatt selbst als Drehbuchautor hat seine 1952 uraufgeführte schwarze Komödie von der Fragwürdigkeit des Weltverbesserertums konterkariert durch einen Film über den Zynismus der „Realpolitik", des Machterhalts um seiner selbst willen. Diese Akzentverlagerung ist, auch wenn die Reaktionen auf den Film oft anderer Ansicht waren, gewiß legitim und niemandem eher zuzugestehen als dem Autor selbst. Auch daß Dürrenmatt gegenüber der allegorischen Abstraktion des Stücks eine eher realistische Vorgehensweise wählte, könnte man als sowohl der Akzentverschiebung als auch dem Medium Film angemessen hinnehmen, wieder im Gegensatz zur Mehrzahl der zeitgenössischen Kritiken. Dürrenmatt ist hier vielmehr nicht konsequent genug. Nur wenn er den Weg zu Ende gegangen wäre, wäre die selbstironische Bemerkung aus dem Vorspann berechtigt: „Ähnlichkeiten mit einem gleichnamigen Stück des gleichnamigen Autors wären rein zufällig."

Stattdessen hängt Dürrenmatt noch an zu vielen Details des Stücks. Aufgegeben hat er das ironische Spiel mit Wirklichkeit und Wahrscheinlichkeit — die Auftritte durch die Standuhr, den vor den Fenstern im ersten Stock vorbeitaumelnden Grafen Bodo, die Toten, die das Geschehen kommentieren und auf der Bühne nicht Gezeigtes berichten —, ein Spiel, das der im Stück intendierten Groteske vollkommen gerecht wird. Nicht verzichten aber wollte Dürrenmatt offenbar auf den Kommentar selbst. So gibt es also im Film einen funktionslosen Off-Kommentar, der meist erzählt, was ohnehin zu sehen ist. Was dagegen im Stück als Bericht im Kommentar der Toten vorkommt, ein überzogenes, teils absurdes, teils allegorisch gemeintes, ironisiertes Geschehen, wird wörtlich genommen und als Handlungselemente in den Film eingebaut. So finden im Film tatsächlich Mississippi eine vermoderte Bibel im Schutt und Saint-Claude das „Kapital" von Marx in der Tasche eines ermordeten Zuhälters, wodurch sie beide zu Weltverbesserern werden. An solchen Stellen wirkt der Film platt, streift manchmal das Lächerliche, weist bestenfalls kabarettistische Züge auf (die beiden Freunde, die sich an einem Wegweiser trennen, dessen eine Tafel nach Oxford weist, die andere nach Moskau). Falls hier etwas von der Groteske des Stücks eingebracht werden sollte, so ist es — schon im Drehbuch! — nicht gelungen.

Auch der Sarkasmus der Dürrenmattschen Dialoge ist bei der Transponierung verlorengegangen. Die Dialoge sind stark verkürzt, ihres großenteils monologischen Charakters entkleidet, zu (pseudo-)realistischen Filmdialogen verarbeitet. Aber die Dialoge sind auch weitgehend auf die Bonmots verkürzt. Dürrenmatts böser Witz und sein Sarkasmus sind nur zu oft zu Geistreicheleien degeneriert und drohen ständig in den puren Kalauer umzuschlagen. Einige Kostproben: Die Kamera zeigt Bilder von „Europa-City", den Eiffelturm, das Brandenburger Tor usw. Dann „einige Münchner mit Bierkrügen ... Kommentar: Und hier noch einige Ureinwohner unserer Kapitale. Wie gesagt — entschuldigen Sie." Saint-Claude liegt in Stiefeln und Lederjacke auf Anastasias Bett. Anastasia: „Wer sind Sie? Ein Gangster?" Saint-Claude: „Schlimmer. Ein Politiker." Beim revolutionären Generalstreik hängt der Kanzlist der Friedhofskanzlei eine Tafel auf: „Leichen werden bis auf weiteres nicht mehr entgegengenommen." Sir Thomas empfängt einen Mitarbeiter: „Entschuldigen Sie, daß ich noch im Bett liege, Louis. Aber die vier Beschäftigungen, die man am besten im Bett erledigt, sind schlafen, beischlafen, essen und regieren." Anastasia am Telefon: „Liebling, es hat geklappt." Kommentar: „Da Sie, verehrte Zuschauer, wissen möchten, was denn geklappt habe, machen wir eine Klappblende." Die Liste ließe sich fortsetzen.

Nach bester Theaterverfilmungsmanier hat Dürrenmatt die für das Stück so wichtige Einheit des Raums aufgegeben zugunsten einer Vielzahl von Schauplätzen, die sicher im Sinne eines filmischen Realismus ist, aber teilweise ohne Not(wendigkeit) eingeführt wurde. So wirkt etwa Mississippis Besuch in Anastasias Haus, wo er sie, sozusagen privat, zu einem Geständnis bringt und sein Büro nur als Druckmittel benutzt, weit überzeugender als Anastasias Stippvisite in Mississippis Büro im Film, die nur dazu führt, daß der geniale Jurist sich eine lächerliche Blöße gibt, derentwegen er zwar von dem untergebenen Staatsanwalt durchschaut wird, die aber dennoch folgenlos bleibt. Insgesamt führt auch die szenische Auflösung nur zu einer Verwässerung des Themas.

Hoffmanns handwerklich gewiß untadelige Regie kann dieser Unentschiedenheit zwischen Realsatire, Farce und Kabarett nicht gegensteuern. Zwar hatte Hoffmann seit „Wir Wunderkinder" und „Das Spukschloß im Spessart" zu Recht den Ruf, daß er Elemente des Kabaretts harmonisch in einen Film einbauen konnte. Aber was für ein kulinarisches, geradezu freundliches Kabarett ist das im Vergleich zu Dürrenmatt. Ein Thema wie „Die Ehe des Herrn Mississippi" — und die Filmfassung ist in der Tendenz noch bitterer, noch schwärzer als das Stück — ist ganz einfach gegen Hoffmanns Naturell. Das mag erklären, warum er für diesen Film keinen überzeugenden Stil fand. Im Drehbuch hatte er, wie gezeigt, ohnehin wenig Unterstützung.

Dennoch ist „Die Ehe des Herrn Mississippi" ein sehenswerter Film, der in der zeitgenössischen Kritik über Gebühr verrissen wurde, weil die Erwartungen angesichts des Autors so hoch waren und durch die Kenntnis des Stücks in eine falsche Richtung gelenkt waren. Er gehört auf jeden Fall zu den interessantesten im Oeuvre Hoffmanns mit gelungenen Szenen wie dem Zusammentreffen Mississippis und Anastasias an den Gräbern, mit der großartigen Kameraarbeit Sven Nykvists und mit eindrucksvollen Darstellerleistungen, allen voran Charles Regnier als Sir Thomas. Selbst die kühn gegen den Strich besetzte Johanna von Koczian, die nicht so überzeugen kann wie in „Wir Wunderkinder", sollte man gesehen haben.

Die Ehe des Herrn Mississippi

Otto Graf (Zweiter von links), Hansjörg Felmy (rechts)

Charles Regnier (links), Kurt Buecheler

Schneewittchen und die sieben Gaukler
1962

Produktion: Independent Film, München-Berlin/Praesens-Film, Zürich. Drehbuch: Günter Neumann. Kamera: Sven Nykvist. Musik: Heino Gaze. Choreographie: Don Lurio. Bauten: Otto Pischinger, Herta Hareiter. Kostüme: Charlotte Flemming. Masken: Georg Jauss, Hans Hügi, Lore Blasweiler. Schnitt: Hermann Haller. Ton: Martin Müller. Spezialeffekte: Walter Riml, Theodor Nischwitz, Ady Bollinger. Regie-Assistenz: Eberhard Schröder.

Darsteller: Caterina Valente (Dr. Anita Rossi), Walter Giller (Norbert Lang), Hanne Wieder (Ines del Mar), Ernst Waldow (Subdirektor Säuberlich), Günther Schramm (Schulreiter Marcel), Rudolf Rhomberg (Kraftmensch Simson), Georg Thomalla (Clown Lukas), Gaston Palmer (Clown Roderich), Otto Storr (Clown Wenzel), Aladur Hudi (Messerwerfer Vitali), Helmut Brasch (Dompteur Toni), Peter W. Staub (Friseur Burghalter), Zarli Carigiet (Holzhändler Stauffinger), Henry Vahl (Hotelgast Petersen), Klaus Havenstein (Agent Kämpfli), Horst Tappert (Agent Hugentobler), Albert Pulmann (Flädli), Inigo Gallo (Diener Pedro), Selma Urfer (Miss Peabody), Doris Kieslow (Frau Wuppertal), Paul Birgs (Herr Wuppertal), Ellinor Richter (Madame Tercier), Osman Ragheb (Abdullah), Rezci Alemzadeh (Mingo), Erich Sehnke (Alberto), Henry van Lyck (Koch), Kurt Bülau (Koch), Hannes Ganz (Koch), Edgar Wenzel (Kellner Alfonso), Klaus Delonge (Kellner), Erhardt Meissner (Kellner), Richard Rüdiger (Kellner), Karl Wagner (Warenhausgeschäftsführer), *Sigfrit Steiner (Suter, Besitzer der Heizungsfirma), Ewald Wenck (Herr an der Kinokasse)*.

Länge: 3167 m = 116 Min. Uraufführung: 14. 12. 1962. Verleih: Constantin. FSK: ab 6.

Norbert Lang hat kurz vor Weihnachten ein altmodisches, leicht heruntergekommenes Hotel in bester Wintersportlage im Hochgebirge geerbt. Nun will er als erstes die altersschwache Heizung modernisieren lassen. Die Heizungsfirma, die er in der Stadt aufsucht, verspricht ihm, einen Ingenieur zu schicken. Als Silvesterattraktion für seine Gäste engagiert Norbert bei Gelegenheit seines Stadtaufenthalts die singende Stripteaseuse Ines del Mar. Auf der Straße wechselt er nach einer harmlosen Karambolage ein paar unfreundliche Worte mit Dr. Anita Rossi, ohne zu ahnen, daß sie es ist, die ihm bald als Heizungsingenieur ins Haus schneien wird. Auf dem Weg ins Hochgebirge setzt Anita ihren Wagen in den Straßengraben. Auf der Suche nach Hilfe stößt sie auf einen Wohnwagen, in dem sieben Eßplätze gedeckt sind. Sie macht ein wenig Ordnung, und während sie auf die Besitzer wartet, schläft sie ein. Die Besitzer, sieben stellungslose Zirkusartisten auf der Flucht vor dem Finanzamt, kommen und wundern sich, wer denn ihr Bett gemacht, ihre Gabel geradegebogen hat usw. Als sie Anita entdecken, ernennen sie sie zu ihrem „Schneewittchen" und machen ihren Wagen wieder flott.

Im Hotel ist unterdessen der Notstand ausgebrochen. Das gesamte Personal, das von Norbert nicht diplomatisch genug behandelt wurde, hat gekündigt. Anita schlägt Subdirektor Säuberlich die sieben Gaukler als Ersatz vor. Während Norbert den Verführungskünsten von Ines del Mar ausgesetzt ist, verwechseln die Gaukler das Hotel mit einem Zirkus. Das amüsiert zwar Anita und in Maßen auch die Gäste, doch Norbert wirft die Sieben hinaus. Da wäscht ihm Anita gründlich den Kopf und will ebenfalls abreisen. Reumütig holt Norbert die Gaukler zurück. Er findet Anita jetzt ganz bezaubernd. Zu allem Überfluß fällt auch noch die Heizung aus, und nur dem tatkräftigen Eingreifen Anitas ist es zu verdanken, daß die Gäste nach zwölf Stunden Eiskeller — die Speisen werden auf Schlittschuhen serviert — wieder im Warmen sitzen und halbwegs bei Laune bleiben.

Nach soviel Arbeit, findet Norbert, hat sich Anita etwas Erholung verdient, und er macht eine ausgiebige Schlittenfahrt mit ihr. Für den Abend verabredet man sich zum Essen bei der Konkurrenz. Doch Ines del Mar, der der Friseur im Ort eingeflüstert hat, Anita habe „viel tausendmal" schönere Haare und Haut als sie, macht Anita glauben, Norbert sei bei ihr und mache ihr Liebesgeständnisse. Die stammen allerdings von einem Tonbandgerät, das Ines heimlich eingeschaltet hatte, als Norbert ihr Liedrepertoire laut durchlas. Anita reist enttäuscht ab. Norbert, von den Gauklern unterstützt, durchschaut den Schwindel, fährt Anita nach, versucht vergeblich, ihr das Tonband vorzuführen, versöhnt sie aber schließlich, als er ihr sagt, daß er Ines gefeuert und als Silvesterattraktion die sieben Gaukler engagiert habe. Doch Ines erzwingt ihren Auftritt. Da greift auch Anita zu einer List. Sie läßt die Gaukler ihr Zelt unmittelbar vor dem Hotel aufschlagen und lockt als befrackter, singender Direktor nicht nur die gelangweilten Gäste aus der tristen Hotelhalle, sondern auch den erleichterten Norbert.

Das Beste an dem Film ist der hübsche, selbstironische Vorspann. Ein Herr steht in einer langen Schlange und fragt, ob man wohl noch Kinokarten bekommen werde. Er wird aufgeklärt, daß man hier nicht am Kino ansteht, sondern an einem Geschäft, das ein Sonderangebot von japanischen Fernseh-Pantoffeln hat. Das Kino heißt „Papas Kino". Die Dame an der Kasse strickt und ist erstaunt, daß doch noch ein Be-

Schneewittchen und die sieben Gaukler

Otto Storr, Georg Thomalla, Helmut Brasch, Günther Schramm, Gaston Palmer, Aladar Hudi, Rudolf Rhomberg, Caterina Valente

Von links: Caterina Valente, Walter Giller, Hanne Wieder

sucher kommt. Der will wissen, was gespielt wird. „Schneewittchen und die sieben Gaukler". „Aha, wohl etwas für Kinder." „Nein, für die ist der Film nicht gepfeffert genug." (Am Ende des Jahrzehnts drehte übrigens Rolf Thiele den Versuch eines tiefenpsychologisch ausgedeuteten, allerdings lediglich vulgärpsychologischen Films über „Grimms Märchen von lüsternen Pärchen". Auch der kein sonderlicher Erfolg. Auch der nicht gepfeffert genug für die Kids? Ach nein, die FSK hatte ja aufgepaßt und ihn erst ab 18 freigegeben. Und den großen Bruder um die Videokassette schicken, das ging ja damals noch nicht. Überflüssig zu sagen, daß den kirchlichen Filmkritikorganen auch der harmlose, schon im Ansatz abgebrochene Striptease Hanne Wieders im vorliegenden Film zu weit ging. Doch zurück zum Dialog des Vorspanns:) Von wem denn der Film sei. „Von Kurt Hoffmann", gibt die Kassiererin Auskunft. „Aha, dann spielt er also im Spessart." „Nein, diesmal sind die Berge höher." (Wie feinsinnig doch viele Kritiker Ironie zu erfassen vermögen. Der Film wurde weithin als verkappter Spessart-Aufguß abgetan.) Als schließlich die Dame an der Kasse darauf hinweist, daß gleich der Hauptfilm beginne, meint der Besucher, er müsse sich schon genau informieren, bevor er eine Karte kaufe. Denn für das Geld, für das er sich hier zwei Stunden lang unterhalten lassen müsse, könne er immerhin vierzehn Tage lang fernsehen.

Dann beginnt also der Hauptfilm, und der hält leider bei weitem nicht, was der Vorspann versprach. Ein dünner Lustspielfaden üblichen deutschen Zuschnitts, an dem die Musiknummern aufgehängt sind. Nur zu Beginn versucht Hoffmann noch, die von ihm in den vorhergehenden Filmen entwickelte Form des Filmmusicals („Schneewittchen und die sieben Gaukler" ist als „Frostical" betitelt) weiterzuführen, aber nur zu bald wird der Film zum klapprigen Schlagerfilmvehikel für Caterina Valente, deren Hitparadenposition hier ein weiteres Mal vermarktet werden soll. Doch auch der Komponist Heino Gaze war offenbar nicht in Form.

Der Witz des Dialogs („Grazie tante!" „Bitte, Onkel!") ist alt und abgeschmackt. Optisch können vor allem die Szenen mit den Gauklern, die beim Dienst im Hotel ihre artistischen Künste zur Anwendung bringen, überzeugen. Ansonsten wirkt Hoffmann eher uninspiriert, zitiert sich selbst, ohne diesen Varianten neue Qualitäten hinzufügen zu können. Eine unfreiwillige Schußfahrt auf Skiern ist eine allzu zerdehnte Übernahme aus „Drei Männer im Schnee", der Garderobewechsel beim Passieren einer Säule erinnert an „Das Spukschloß im Spessart", der gesungene innere Monolog Walter Gillers an „Der Engel, der seine Harfe versetzte", und das gesungene Finale im Zirkus ist ein müder Abklatsch von „Feuerwerk".

Wenn „Schneewittchen und die sieben Gaukler" durch seine handwerkliche Sorgfalt, einige hübsche Einfälle und gute bis passable Schauspielerleistungen dennoch weit aus der Masse deutscher Schlagerfilmproduktionen herausragt, so spricht das allenfalls gegen den deutschen Film. Hoffmannsches Durchschnittsniveau erreicht diese Produktion nicht. Das Urteil der „Filmkritik" allerdings: „Dieser Regisseur wird dem darniederliegenden deutschen Film noch die letzten Zuschauer aus den Kinos treiben"[44], ist zumindest als Prognose verfehlt. Hoffmanns Filme gehörten auch weiterhin bis zu seinem letzten zu den publikumswirksamsten des deutschen Marktes.

Liebe will gelernt sein
1962/63

Produktion: Independent Film, München-Berlin. Drehbuch: Erich Kästner nach seinem Theaterstück „Zu treuen Händen". Kamera: Sven Nykvist. Musik: Hans-Martin Majewski. Bauten: Hans-Jürgen Kiebach, Ernst Schomer. Kostüme: Elisabeth Urbancic, Nicola Hoeltz. Masken: Gertrud Weinz(-Werner), Alois Woppmann. Schnitt: Ursula Kahlbaum. Ton: Clemens Tütsch. Regie-Assistenz: Werner Grassmann, Thomas Grimm.

Darsteller: Martin Held (Christoph Mylius), Barbara Rütting (Hermine Schack), Götz George (Hansgeorg Lehmbruck), Loni von Friedl (Margot), Fita Benkhoff (Ilse Lehmbruck), Grit Böttcher (Dora), Margarete Haagen (Frau Krüger), Bruno Hübner (Feldhammer), Herta Saal (Nelly), Charles Regnier (Kramer), Ralf Wolter (Müller), Blandine Ebinger (Fräulein Bretschneider), Michael Barry (Andreas), Peter Striebeck (Melzer), Dagmar Hank (Yvonne), Ilse Pagé (Liane), Helmut Gentsch, Alfons Teuber, Franz Fröhlich.

Länge: 2541 m = 93 Min. Uraufführung: 28. 2. 1963. Verleih: Constantin. FSK: ab 16.

Die je einmal verwitwete und geschiedene Ilse Lehmbruck fürchtet, daß aus ihrem Sohn Hansgeorg, der im heimatlichen Universitätsstädtchen Medizin studiert, ein Muttersöhnchen werden könnte, auch, weil er sich auffallend wenig für Mädchen interessiert. Sie überredet ihn daher, nach München zu ihrem Bruder, dem berühmten Schriftsteller Christoph Mylius, zu ziehen, um dort unter günstigen Bedingungen weiterzustudieren. Dem Bruder vertraut sie an, daß sie hofft, Hansgeorg werde hier die nötigen Erfahrungen mit dem weiblichen Geschlecht sammeln, und bittet ihn aufzupassen, daß der Neffe sich nicht die Finger verbrennt. Hansgeorg vertraut dem Onkel an, daß er den Vorschlag der Mutter deshalb so schnell angenommen habe, weil sich zwischen ihr und dem Nachbarn, Landgerichtsdirektor Feldhammer, eine Beziehung anspinne, bei der ein erwachsener Sohn im Hause nur störe.

Was der Onkel nicht erfährt: In München lebt Hansgeorgs Jugendfreundin Margot, mit der er seit vier Jahren fest befreundet und seit zwei Jahren heimlich verlobt ist. So wundert sich Mylius nur, daß Hansgeorg so gar nicht auf seine Versuche reagiert, ihn via Tanzkurs, Nachtlokalbesuche und dergleichen mit dem weiblichen Geschlecht bekanntzumachen. Bis er Hansgeorg eines Tages, selbst frühmorgens von einem Abenteuer nach Hause kommend, dabei ertappt, wie er ebenfalls, aber im Gegensatz zum Onkel ausgeschlafen, nach Hause kommt. Bei einem Studentenfest stellt nun Hansgeorg Margot seinem Onkel vor, der das Mädchen vergebens von der Wankelmütigkeit junger Männer zu überzeugen versucht.

Liebe will gelernt sein

Loni von Friedl, Götz George

Als sich Ilse Lehmbruck mit Feldhammer verheiratet, ergreifen Hansgeorg und Margot die Gelegenheit. Ilse wird samt Ehemann eingeladen und mit der Absicht der beiden konfrontiert, demnächst zu heiraten. Als sie gegen diese vorzeitige feste Bindung des, wie sie meint, unfertigen jungen Mannes Einspruch erhebt, erfährt sie, daß sie seit zwei Jahren Großmutter ist.

Der Film entstand nach einem Theaterstück Erich Kästners, das dieser 1943, zu einer Zeit, als er mit totalem Schreibverbot belegt war, für die Schublade schrieb und 1948 unter dem Titel „Zu treuen Händen" uraufführen ließ. Er brachte es unter dem Pseudonym Melchior Kurtz heraus, weil er „den eigenen Namen für sein eigentliches Theaterdebüt, für ‚Die Schule der Diktatoren', aufsparen wollte."[45] Das zeigt schon, daß Kästner das Stück nicht zu seinen besten Werken zählte. Nun konnte Kästner zwar in der Zeit des Nationalsozialismus — bis 1943 durfte er ja im Ausland publizieren — allgemein nur harmlos-humoristische Werke wie die ebenfalls von Hoffmann verfilmten Romane „Drei Männer im Schnee" und „Der kleine Grenzverkehr" schreiben. Doch was diese auszeichnet, witzige Dialoge, überraschende Wendungen, Grazie und Leichtigkeit, und was auch einer Boulevardkomödie wie „Zu treuen Händen" gut anstehen würde, fehlt dem ziemlich konstruiert wirkenden Stück weitgehend.

Für den Film hat Kästner, der das Drehbuch schrieb, den szenischen Aufbau des in einem Raum spielenden Stückes zwar stark aufgelockert, doch die Regie hat wenig darüberhinaus getan, um den Eindruck verfilmten Theaters zu vermeiden. Das ironische Spiel um die Moralvorstellungen findet vor allem im Dialog, vor einer weitgehend starren Kamera, statt und wird nicht visualisiert.

Überhaupt: Kästners immerhin zwanzig Jahre alte Abrechnung mit der alten Spießbürger„weisheit", daß junge Männer sich vor der Ehe die Hörner abstoßen müßten, mag am Ende der spießigen Ära Adenauer zwar noch angemessen sein, doch Hoffmann, dieser scheinbar ideale Kästner-Interpret, war nicht der Richtige, sie umzusetzen. Ihm fehlt, ganz im Gegensatz zu seinem Lehrmeister Reinhold Schünzel, der Sinn

Liebe will gelernt sein

Vorne: Dagmar Hank, Martin Held; hinten rechts: Loni von Friedl, Peter Striebeck, Götz George

Götz George, Barbara Rütting, Martin Held, Fita Benkhoff

für das Abgründige im Erotischen und für sexuelle Irritationen. So ist das brave und saubere Verhältnis Hansgeorgs und Margots — wenn die Rezensenten in den kirchlichen Besprechungsorganen wettern, die beiden seien mit ihrem Versteckspiel und „fraglosen Zusammenleben ohne Ehe"[46] nicht besser als die Moral der Alten, so zeigt dies nur, wie wenig überholt Kästners provozierend gemeinter Stoff war — hübsch in Szene gesetzt. Doch mit dem weitaus komplizierteren und für den Geist des Stücks genauso wichtigen Verhältnis des Schriftstellers Mylius zu der Schauspielerin Hermine Schack weiß Hoffmann nichts anzufangen. Symptomatisch dafür ist, daß im Film der vieldeutige Schluß des Drehbuchs entfallen ist: Mylius, der kleinen Abenteuern nicht abgeneigt ist, den sich Hermine immer neu erobern muß, der aber auch nicht frei ist von Eifersucht auf einen Hermine liebenden Filmregisseur, entschließt sich nach der Hochzeit Margots und Hansgeorgs plötzlich und ganz gegen seine Gewohnheit, Hermine auf eine Reise zu Dreharbeiten zu begleiten. Der Film dagegen endet in bester Tradition des harmlosen deutschen Kinos der Zeit mit den fröhlichen und beruhigenden Bildern von der Hochzeit. Wieweit die Produktion auf die Streichung Einfluß nahm, läßt sich nicht feststellen.

Schloß Gripsholm
1963

Produktion: Independent Film, München-Berlin. Drehbuch: Herbert Reinecker nach dem gleichnamigen Roman von Kurt Tucholsky. Kamera: Richard Angst. Musik: Hans-Martin Majewski. Bauten: Otto Pischinger. Kostüme: Elisabeth Urbancic. Schnitt: Kurt Hoffmann, Ursula Kahlbaum. Ton: Gunther Kortwich.

Darsteller: Jana Brejchova (Lydia), Walter Giller (Kurt), Hanns Lothar (Karlchen), Nadja Tiller (Billie), Agnes Windeck (Frau Kremser), Carl-Gustav Lindstedt (Herr Bengtson), Ekkehard Fritsch (Tourist), Inge Wolffberg (Touristin), Willy Witte, Ewald Wenck, Ilse Trautschold, Nini Husberg.

Länge: 2711 m = 99 Min. Uraufführung: 4. 10. 1963. Verleih: Gloria/Schorcht. FSK: ab 18.

Der Schriftsteller Kurt, von seiner Freundin Lydia zärtlich Fritz, Peter oder Daddy genannt, und besagte Lydia, von Kurt „Prinzessin", gelegentlich auch „Alte" tituliert, fahren in Urlaub nach Schweden. Während der Fahrt erinnert sich Kurt, wie er Lydia durch ein Bürofenster der Norddeutschen Seifenunion zum erstenmal gesehen hat und sofort von ihr fasziniert gewesen ist, wie er nach einer Woche Bekanntschaft das erstemal bei Lydia eingeladen war und wie Lydia ihrer Zimmerwirtin eine Komödie vorgespielt hat, um Kurt über Nacht dabehalten zu können, und wie sie schließlich nach einigen verliebten Wochen beschlossen haben, in einem gemeinsamen Urlaub das tägliche Zusammenleben auszuprobieren.

In Stockholm nehmen sich die beiden einen Dolmetscher, den rührend eifrigen Herrn Bengtson, der ihnen helfen soll, eine ruhige Unterkunft auf dem Lande zu finden. Nach langer Suche verlieben sie sich auf Anhieb in den Anblick des Schlosses Gripsholm. Bengtson überredet die Schloßverwalterin, ihnen zwei Zimmer im Anbau zu vermieten. Lydia bezaubert sofort alle Männer, zuerst schon die Mitreisenden im Zug, den Steuermann des Schiffes nach Kopenhagen, den sie dazu bringt, sie ans Steuer zu lassen, auch wenn er rasch eingreifen muß, um nicht nach Liverpool zu geraten, dann Herrn Bengtson und schließlich — Kurts Freund Karlchen, der nach einigen Tagen unbeschwerten Urlaubsglücks zu Besuch gekommen ist. Doch Karlchen ist wirklich Kurts Freund und beläßt es beim Flirten, nicht ohne allerdings Kurt zu versichern, daß Lydia viel zu schade für ihn sei. Als er Kurt unter vier Augen darauf hinweist, daß Lydia ein Mädchen zum Heiraten sei, ist Kurt verwirrt;

Schloß Gripsholm

Walter Giller, Jana Brejchova

Von links: Walter Giller, Jana Brejchova, Hanns Lothar

wegen dieser Frage hatte es vor kurzem die erste kleine Verstimmung zwischen den beiden gegeben.

Kurt reist wieder ab, und Billie, Lydias beste Freundin, trifft als Besucherin ein. Und nun ist Kurt ganz verzaubert. Lydia bestärkt ihn bei seinen unbeholfenen Versuchen zu flirten. Kurt fühlt sich mit den beiden Frauen wie ein Pascha, und in einer unwirtlichen Regennacht, als man Billie nicht zumuten kann, in ihre Pension zurückzukehren, darf er zwischen Lydia und Billie im Doppelbett Platz nehmen ... Nach Billies Abreise verlaufen die letzten Urlaubstage harmonisch. Zurück in Hamburg führt Kurt Lydia, vor dem Straßenlärm flüchtend, auf einen Kirchturm, um ihr „etwas Wichtiges zu sagen". Doch da beginnen die Glocken zu läuten. Es bleibt offen, ob er ihr einen Heiratsantrag macht.

Tucholskys ironischer, übermütiger, widerborstiger, zuweilen zorniger, nur manchmal lyrisch angehauchter Roman, 1931 entstanden und gegen den Zeitgeist geschrieben, wurde für den Film in die 60er Jahre verlegt und von Drehbuchautor Reinecker und Hoffmann konsequent zur romantischen Idylle umgeformt. Die bedrückenden Szenen um „das Kind", die Hoffmann bezeichnenderweise störend und „nicht gut" fand[47], wurden eliminiert, der anzügliche Witz Tucholskys weitgehend auf das Unverbindliche reduziert. Mit Tucholsky also hat der Film „Schloß Gripsholm" nicht mehr viel zu tun, zumal auch der tapsig-liebenswerte Walter Giller, der durchaus eine große Leinwandpräsenz besitzt, nicht dem Ich-Erzähler des Romans entspricht. Man kann ihn sich kaum als Verfasser beißender Satiren vorstellen, eher als den Autor kleiner humorig-philosophischer Lebensweisheiten, wie er sie im Film des öfteren äußert. Auf dieses Niveau wurden Tucholskys Dialogtexte und Reflexionen banalisiert; einiges stammt auch von Reinecker selbst.

Die Idylle ist schon seit langem keine sonderlich anerkannte Gattung mehr. Wenn man allerdings Idyllen goutiert und nicht ständig Tucholsky im Blick hat, so hat der Film „Schloß Gripsholm" auch seine Qualitäten. Abgesehen von den durchweg überzeugenden Schauspielerleistungen weist er in Geschmackssicherheit und stimmigem Einsatz von Musik und Landschaftsaufnahmen durchaus die Handschrift von Hoffmanns Meisterwerk des Genres, „Ich denke oft an Piroschka", auf. Lediglich die zu Tucholskys Roman hinzuerfundene, oft etwas klischeehafte Vorgeschichte der Urlaubsreise fällt etwas ab. Sie beruht allerdings im Gegensatz zu Hoffmanns zweitem Tucholsky-Film „Rheinsberg" auf Elementen des Romans, fragmentarischen Erinnerungen des Ich-Erzählers, und auf Teilen aus dem Briefwechsel mit dem Verleger, der dem Buch vorangestellt ist. Und sie ist zum Glück auch nicht so ausgewalzt wie in „Rheinsberg".

Der Film ist für Hoffmanns Verhältnisse ungewöhnlich frivol, wohl in dem — vergeblichen — Bemühen, Tucholsky gerecht zu werden. Auch wenn diese Frivolität heutzutage eher bieder wirkt, rief sie damals doch die kirchlichen Filmkritikorgane auf den Plan. „Wegen der als antibürgerlicher Maßstab gesetzten freizügigen Moralauffassung ... im ganzen unannehmbar", resümierte der katholische Filmdienst[48], und der Evangelische Filmbeobachter appellierte an die Freiwillige Selbstkontrolle der Filmwirtschaft, „ihr Augenmerk auf dieses anscheinend immer gravierender werdende Gebiet"[49] zu richten. Der entrüstete Appell („So werden falsche Leitbilder vermittelt und werden Sitte und Moral untergraben."[50]) war zumindest im Falle dieses Films an die falsche Adresse gerichtet. „Schloß Gripsholm" war ohnehin nur ab 18 Jahren freigegeben worden. Mehr kann die FSK nicht für Sitte und Moral tun.

Schloß Gripsholm

Walter Giller, Hanns Lothar, Jana Brejchova

Nadja Tiller, Jana Brejchova, Walter Giller

Das Haus in der Karpfengasse
1963/64

Produktion: Independent Film, München-Berlin. Drehbuch: Gerd Angermann nach dem gleichnamigen Roman von M.Y. Ben-Gavriel. Kamera: Josef Illik. Musik: Zdenek Liska. Bauten: Bohumil Kulic. Schnitt: Dagmar Hirtz. Ton: Miroslav Hurka. Regie-Assistenz: Helmut Schmid.

Darsteller: Edith Schultze-Westrum (alte Kauders), František Filipovsky (alter Kauders), Ladislav Kříž (Emil Kauders), Wolfgang Kieling (Karl Marek), Rosl Schäfer (Olga Marek), Helmut Schmid (Leutnant Slezak), Walter Taub (Salomon Laufer), Hanna Vitova (Mali Laufer), Peter Herrman (Ernst Laufer), Tamara Kafkova (Frieda Laufer), Martin Gregor (Marcel Lederer), Margit Weiler (Bertha Lederer), Walter Buschhoff (Krauthammer), Jiři Holy (Klossmann), Rudolf Hrusinsky (Karl Glaser), Karl-Otto Alberty (Leopold Glaser), Ludmila Peškova (Anna Krummbein), Vaclav Voska (Leo Mautner), Eva-Maria Meinecke (Lilly Mautner), Jana Brejchova (Bozena), Ivan Mistrik (Milan Schramek), Berno von Cramm (Behrend), Jan Třiska (Kowlorat), Libuse Peškova, Josef Beyrl, Rudolf Deyl.

Länge: Fernsehfassung: 4960 m = 175 Min./Kinofassung: 2968 m = 108 Min.
Uraufführung: 7., 9., 11. 3. 1965 (ARD); 12. 3. 1965 (Kino). Verleih: Neue Filmform. FSK: ab 12.

Der Film erzählt das Schicksal der überwiegend jüdischen Bewohner des Hauses Karpfengasse 115 im alten Prager Judenviertel kurz vor und nach dem Einmarsch der Deutschen 1939. Die alte Witwe Kauders hat vor über 30 Jahren ihren Sohn verstoßen, weil der vermeintlich seinen Glauben gewechselt hatte. Nun will der Sohn, der nach Brasilien emigriert ist, die Mutter zu sich holen. Doch die Witwe Kauders ist, bevor sie ausreisen kann, den Schikanen der deutschen Behörden ausgesetzt. Als man ihr im letzten Moment den bereits ausgestellten Paß wieder abnimmt, um ihr ihr kärgliches „Vermögen" abzupressen, erliegt sie einem Herzschlag. Der unpolitische und weiche Buchhändler Marek wird von seiner Frau wegen eines deutsch-böhmischen Leutnants verlassen und wird wahnsinnig.

Die Inhaber der Papierhandlung Lederer & Laufer, deren Familien eng befreundet sind, klammern sich trotz vieler Warnungen ihrer Kinder an ihre bürgerliche Existenz. Von Kommissären, die die Besatzer ihnen — nicht zuletzt auf Betreiben der Konkurrenz — ins Geschäfts setzen, werden sie in den Ruin getrieben. Dem Ehepaar Laufer gelingt, ihren Kindern spät, aber nicht zu spät folgend, im letzten Moment die Emigration nach Palästina. Lederer zündet sein Warenlager an und begeht darin Selbstmord. Der deutschstämmige Hauswart Glaser und sein Sohn, der SS-Mann Leopold, profitieren von den neuen Verhältnissen. Doch Leopold wird in einem kommunistischen Lokal als Provokateur

Das Haus in der Karpfengasse

Wolfgang Kieling (links)

durchschaut und in gestellter Empörung krankenhausreif geschlagen. Glaser hat von einer jüdischen Kommunistin ein Kind. Diese erpreßt ihn, um fliehen zu können. Als der jüdische Bankangestellte Mautner ihm das Geld nicht beschaffen kann, denunziert ihn Glaser. Mautner wird mit seiner gelähmten und hysterischen Frau nach Dachau abtransportiert.

Die Portierstochter Bozena schließt sich einer studentischen Widerstandsgruppe an und verliebt sich in den besonnenen Schramek. Als am Gründungstag der Republik (28. 10. 1939) Studentenunruhen ausbrechen und wahllos Verhaftungen und Erschießungen durchgeführt werden, können Bozena und Schramek sich zunächst heraushalten. Doch SS-Leute, die von Leopold Glaser auf Bozena angesetzt sind, kommen durch sie auf Schrameks Spur und verhaften beide.

Während die drei ersten Episoden noch ziemlich geschlossen und vereinzelt stehen, durchkreuzen sich die geschilderten Schicksale in den letzten Episoden immer stärker, wobei die Geschichte der Bozena als Klammer wirkt. Hoffmann erzählt in Bildern von elegischer Schönheit. Der Stil ist realistisch, geht vom gemütvoll-idyllischen Genre bis zu Szenen lähmenden Entsetzens, die durch den Einbau dokumentarischen Materials gut verstärkt werden. Nur eine Szene fällt aus dem Rahmen und wirkt aufgesetzt: Als die Witwe Kauders ihren Paß abholen will, erscheint ihr die Umgebung der Nazi-Behörde grotesk-kafkaesk verzerrt. Schon die zeitgenössischen Kritiken meinten, Hoffmann müsse wohl Orson Welles' „Prozeß" gesehen haben.

Dem Film wurde angekreidet, daß er das Idyllische zu kritiklos idyllisch und das Schreckliche nicht schrecklich genug zeige; daß er damit nur der Vorlage Ben-Gavriels folge, wurde als Entschuldigung angeführt. Tatsächlich thematisiert der Film auf seinem Höhe- und Schlußpunkt nicht so sehr das tragische Scheitern der sich auflehnenden Studenten, sondern die Zerstörung einer Liebe. Und auch der Satz des Kommentars, „Einhundertsechzig junge Menschen kommen vor die Gewehre, ohne daß ihnen Gelegenheit gegeben wird, von ihren Eltern Abschied zu nehmen", bringt eine unangebrachte Sentimentalität ein, weil nicht auf die Rechtsbeugung durch das Regime, sondern auf die familiäre Tragik abgehoben wird. Der Satz ist zwar ebenfalls der Vorlage entnommen, doch dort ist die Sentimentalität nicht so einseitig vorherrschend. Hoffmann hat durch die Auswahl der Episoden und seinen Erzählstil die bei Ben-Gavriel angelegten Elemente von Satire und Sarkasmus ausgeklammert.

Dennoch: Das Positive überwiegt, die großartigen Schauspielerleistungen, die ausgezeichnete Kameraarbeit, die immer stimmige Musik, die atmosphärisch dichte Milieuschilderung. „Das Haus in der Karpfengasse" ist der achtbare und handwerklich mehr als gelungene Versuch eines Regisseurs, dem man das weniger als anderen zugetraut hätte, sich mit der deutschen Vergangenheit auseinanderzusetzen. Und weniger Verniedlichung oder Verzeichnung, die die zeitgenössische Kritik heraushebt, kennzeichnen den Film, vielmehr ist er Ausdruck der Hilflosigkeit des letztlich Unpolitischen vor dieser Vergangenheit wie auch Ausdruck des Bemühens, den Fehler der unpolitischen Kopf-in-den-Sand-Haltung zu überwinden. Diesen Willen hatte Hoffmann ja — daran sei erinnert — in „Wir Wunderkinder" bereits höchst angemessen thematisiert.

Der Film wurde zum Politikum, brach er doch mit einem Tabu des bundesrepublikanischen Films, dem der Behandlung der nationalsozialistischen Vergangenheit. Die Verleiher, die sich an Hoffmanns Lustspielen goldene Nasen verdient hatten, ließen ihn mit seinem Projekt im Regen stehen, bis schließlich der mutige Kleinverleiher Heiner Braun, das Fernsehen als damals noch höchst ungeliebter Co-Produzent, das sich die Erstaufführungsrechte sicherte, und Hoffmann selbst, dem der Stoff wie selten ein anderer am Herzen lag, die Finanzierung sicherstellten. Nach Fertigstellung des Films machte ein Bundesverband vertriebener Filmtheaterbesitzer mobil. Hoffmann wurde öffentlich als Nestbeschmutzer und Kommunistensympathisant denunziert, letzteres, weil er mit einem teilweise aus Tschechen bestehenden Team in Prag drehte. An der Kinokasse spielte „Das Haus in der Karpfengasse" keine nennenswerte Rolle, allerdings nicht so sehr wegen mangelnden Zuschauerzuspruchs (wenn auch die dreistündige Fernsehfassung, wie gesagt, schon vor der Kinoerstaufführung gelaufen war), vielmehr weil die Filmtheaterbesitzer ihn mieden.

Das Haus in der Karpfengasse

Edith Schultze-Westrum

Jana Brejchova, Ivan Mistrik

Der Film wurde zum offiziellen Beitrag der Bundesrepublik für die Festspiele in Cannes nominiert. Aber die Festivalleitung lehnte ihn wegen „mangelnder technisch-ästhetischer Qualität" ab, ein Urteil, das bereits laut wurde, ehe überhaupt eine Kopie in Cannes vorlag. Es wurde seinerzeit viel über die wirklichen Gründe für die Ablehnung gemunkelt. Der Film sei zu düster für Cannes, meinten französische Kritiker, es handle sich um einen Racheakt für das Zukurzkommen französischer Filme bei den Berliner Festspielen, vermuteten dagegen die deutschen. Andere unterstellten, der Film sei angesichts gespannter deutsch-französischer Beziehungen unbequem gewesen, weil er zeige, daß die Deutschen selbstkritisch sein könnten, und damit dem Bild widerspräche, das sich die Franzosen von den Deutschen machten (zuviel der Ehre für dieses einsame Beispiel!). Manche vermuteten schließlich auch politische Querschüsse des Auswärtigen Amts wegen der „Nestbeschmutzung". Geklärt sind die Vorgänge nicht.

1965 erhielt „Das Haus in der Karpfengasse" fünf Bundesfilmpreise (als bester Film, für beste Regie, bestes Drehbuch, beste Musik und beste weibliche Hauptrolle — Jana Brejchova als Bozena) und wurde damit Hoffmanns national höchstdekorierter Film, zumal auch noch das Prädikat „besonders wertvoll" der Filmbewertungskommission und die Aufnahme in die Jahresbestenliste der evangelischen und katholischen Filmkritik hinzukamen. Nichts gegen den Film, doch Hoffmann hat Besseres gedreht. Aber er mußte erst „ernsthaft" werden, um zu so hohen Ehren zu kommen.

Dr. med. Hiob Prätorius
1964

Produktion: Hans Domnick Filmproduktion, Wiesbaden. Drehbuch: Heinz Pauck, Istvan Bekéfi nach dem gleichnamigen Theaterstück von Curt Goetz. Kamera: Richard Angst. Musik: Franz Grothe. Bauten: Max Mellin, Werner Achmann. Kostüme: Hildegard (Chmillon-)Bornkessel. Masken: Josef Coesfeld, Klara (Walzel-)Krafft. Schnitt: Dagmar Hirtz. Ton: Walter Müller, Walter Rühland. Regie-Assistenz: Dagmar Hirtz.

Darsteller: Heinz Rühmann (Dr. med. Hiob Prätorius), Liselotte Pulver (Violetta Höllriegel), Fritz Rasp (Shunderson), Fritz Tillmann (Dr. Klotz), Werner Hinz (Vater Höllriegel), Peter Lühr (Professor Speiter), Klaus Schwarzkopf (Dr. Watzmann), Robert Klupp (Rektor), Käthe Itter (Oberschwester), Marie Ferron, Tatjana Sais, Lisa Helwig, Sigrid Pawlas, Edith Schultze-Westrum, Rosl Mayr, Wilhelm Meyer, Sybille Tewes.

Länge: 2510 m = 92 Min. Uraufführung: 14. 1. 1965. Verleih: Constantin. FSK: ab 6.

Dr. med. Hiob Prätorius genießt den Ruf eines hervorragenden Arztes. Er wird von der studentischen Jugend verehrt (auch wenn er den Studentinnen predigt, die Aufgabe der Frau sei es nicht, Medizin zu studieren, sondern Kinder zu kriegen), von den Patienten vergöttert und von den Kollegen der Universitätsklinik geschätzt. Zu seinen wichtigsten therapeutischen Mitteln gehören Humor, Güte und gesunder Menschenverstand.

Eines Tages kommt in seine Praxis Violetta Höllriegel, um sich Gewißheit zu verschaffen, ob eine inzwischen abgebrochene Beziehung Folgen hatte, sie also ein Kind erwartet. Prätorius' bestätigende Diagnose versetzt sie in große Bestürzung, denn ihr Vater ist ein altmodischer Gutsbesitzer, der wenig Verständnis für ihre Lage haben wird. Prätorius rät ihr, dem Kind zuliebe den Zorn des Vaters auf sich zu nehmen. Der Unfall, den Violetta kurz darauf erleidet und der ihre Einlieferung in die Klinik von Dr. Prätorius erforderlich macht, erweist sich zwar als glimpflich, sieht aber verdächtig nach Selbstmordversuch aus. Um Violetta weitere Seelennöte zu ersparen, erklärt Prätorius, er habe sie in der Narkose noch einmal untersucht und festgestellt, daß seine Diagnose falsch war.

Violetta und Prätorius kommen sich bald näher. Um ihre Gefühle und die des Arztes zu prüfen, verläßt Violetta heimlich die Klinik und kehrt auf das Gut ihres Vaters zurück. Prätorius, in Kenntnis ihres wahren Zustandes, fühlt sich verpflichtet, ihr nachzureisen und ihren Vater

Dr. med. Hiob Prätorius

Von links: Heinz Rühmann, Liselotte Pulver, Werner Hinz

Im Hintergrund: Heinz Rühmann (links), Peter Lühr

schonend auf das Ereignis vorzubereiten. Höllriegel hat aus dem Verhalten seiner Tochter geschlossen, daß ein ernsthafter Bewerber um ihre Hand zu erwarten ist, und empfängt Prätorius wie seinen zukünftigen Schwiegersohn. Der versucht zwar, den Irrtum taktvoll richtigzustellen, findet aber den Gedanken einer Ehe mit Violetta nicht unsympathisch; und kurze Zeit später sind die beiden verheiratet.

Prätorius' Beliebtheit erregt den Neid, seine unkonventionelle Art den Unwillen seines humorlosen, in Schablonen denkenden Kollegen Professor Speiter. Speiter gräbt in Prätorius' Vergangenheit und glaubt, etwas Ehrenrühriges zutage gefördert zu haben. Prätorius muß sich vor einem Ehrengericht verantworten. Ihm wird vorgeworfen, sich vor Jahren als Kurpfuscher betätigt zu haben. Prätorius aber gibt an, daß er „den Dr. med. schon gemacht, aber nicht an seine Tür geschrieben" gehabt habe. Mit streng schulmedizinischen Methoden arbeitend, habe er doch den Eindruck eines „Wunderheilers" erweckt und deshalb große Erfolge erzielt. Als man aber entdeckt habe, daß er tatsächlich Arzt war, habe er fluchtartig den Ort verlassen müssen. Auch den Vorwurf, einen Mörder als Faktotum zu beschäftigen, kann Prätorius als Akt des Mitleids gegenüber einem durch einen Justizirrtum Geschädigten rechtfertigen. Prätorius wird voll rehabilitiert und begibt sich in die Aula, um das Studentenorchester beim „Gaudeamus igitur" zu dirigieren.

Selten wurde ein Film Kurt Hoffmanns so einhellig von der Kritik verrissen und selten so zu Recht. Zu seinem Mißlingen trugen viele Komponenten bei:

Zum einen die spekulative Absicht der Produktion. In den 60er Jahren gab es einen wahren Boom an Curt Goetz-Verfilmungen, dem sich Hans Domnick mit Remakes seiner 1949 bis 1953 entstandenen Goetz-Filme anschloß. In Heinz Rühmann, dem seinerzeit mit Abstand beliebtesten deutschen Schauspieler, gab man vor, nach Goetz selbst den idealen, auch von Goetz sanktionierten Goetz-Interpreten zu haben.[51] Doch Rühmann war alles andere als das. Sicher ist der Prätorius noch die Rolle, die ihm am ehesten lag. Den humorvollen, gütigen, überlegenen Arzt spielt er fast zu gut — man fühlt sich gelegentlich in Zuckerwatte gewickelt. Doch zu Goetz' scharfer, die Arroganz streifender Kritik an der menschlichen Dummheit (und einiger ihrer Institutionen wie der Justiz und dem Ärztestand) paßt Rühmanns augenzwinkernder Schalk nicht. In „Dr. med. Hiob Prätorius" wurde Rühmann erstmals mit dem beliebtesten weiblichen Star der Deutschen zusammengespannt. Doch während Liselotte Pulver in der späteren Rolle der Agda Kjerulf einigermaßen zu gefallen weiß, wird sie in ihrer kumpelhaften Robustheit hier weder dem Part der Verzweifelten, noch dem der nachsichtigen, ihren Gatten mit feiner leiser Überlegenheit begleitenden Ehefrau Violetta gerecht.

Ein zweiter Grund für das Mißlingen des Films ist ein schwaches Drehbuch mit halbherzigen Modernisierungsversuchen, die an der Unmodernität des Stoffes scheitern, und mit einem Happy End, das dem Stück seinen ironischen, distanz-schaffenden Rahmen und damit etwas vom Wesentlichsten nimmt und reichlich abgeschmackt, ja kitschig wirkt. Hatte man hier ohnehin nicht eines von Goetz' stärksten Stücken, ein eher mäßig witziges, sentimentbeladenes ausgesucht (das Hübscheste an dem Stück, die Psychologie der Wirkung von Wunderheilern, ist leider nur ein sparsamer rhetorischer Gag), so wird es im Film vollends in Sentimentalität getaucht. Die Dekors schließlich sind unerträglich gelackt. Als Vorlagen scheinen überwiegend Werbeprospekte für Inneneinrichtung oder Zeitschriftenbeiträge der Richtung „Schöner wohnen" gedient zu haben.

Die Summe aus solchen Schwachpunkten (und anderen, weniger gravierenden, wie einer lediglich routinierten Kameraführung und Musik) ist die Kritik an einer Regie, die zwar sauber arbeitet, aber kein eigenes Konzept hat, keinen Widerstand gegen Fehlbesetzung, Drehbuchverfälschung und geschmackloses Dekor leistet.

Hokuspokus oder:
Wie lasse ich meinen Mann verschwinden...?

1965/66

Produktion: Hans Domnick Filmproduktion, Wiesbaden. Drehbuch: Eberhard Keindorff, Johanna Sibelius nach dem Theaterstück „Hokuspokus" von Curt Goetz. Kamera: Richard Angst. Musik: Franz Grothe. Bauten: Otto Pischinger. Kostüme: Ingrid Neugebauer, Pierre Cardin. Masken: Josef Coesfeld, Jutta Stroppe. Gemälde: Jo von Kalkreuth. Schnitt: Dagmar Hirtz. Ton: Gerhard Müller. Regie-Assistenz: Dagmar Hirtz.

Darsteller: Heinz Rühmann (Peer Bille), Liselotte Pulver (Agda Kjerulf), Richard Münch (Gerichtspräsident), Fritz Tillmann (Staatsanwalt), Klaus Miedel (Mr. Graham), Stefan Wigger (Kunsthändler Amundsen), Joachim Teege (Zeuge Munio Eunano), Käthe Braun (Frau Engstrand), Edith Elsholtz (Anna Sedal), Tatjana Sais (Zeugin Kiebutz), Gerd Haucke, Albrecht Bethge.

Länge: 2737 m = 100 Min. Uraufführung: 3. 3. 1966. Verleih: Constantin. FSK: ab 12.

1965 drehte Hoffmann eine Farbversion von Curt Goetz' „Hokuspokus", zwölf Jahre nach seiner gelungenen Erstverfilmung. Es ist das einzige Mal, daß er einen Stoff wieder aufgriff, den er selbst schon einmal realisiert hatte, obwohl er angeblich (nach einem im Illustrierten Film-Kurier Nr. 98 abgedruckten PR-Interview) geäußert haben soll, dazu öfter Lust verspürt zu haben. So hätte er gern auch „Die Bekenntnisse des Hochstaplers Felix Krull" mit einem „viel besseren Schluß" (Kunststück!) neu verfilmt. Angesichts des Zustandes der Filmwirtschaft jener Jahre und der üblichen Qualität solcher Remakes (erinnert sei auch an Käutners unsägliche „Feuerzangenbowle", sein „Haus in Montevideo" nach Goetz, das dritte von Domnicks Remakes, war allenfalls passabel), darf bezweifelt werden, daß das Erstergebnis selbst mit einem besseren Schluß auch nur annähernd erreicht worden wäre. Doch zurück zu Goetz:

Das Handlungsgerüst entspricht dem der Erstverfilmung, so daß sich eine erneute Inhaltsangabe erübrigt. Der Part der Agda Kjerulf ist dem Star Liselotte Pulver zuliebe durch einige ergänzte Szenen stark aufgewertet. Der Film ist auch szenisch stärker aufgelöst als der von 1953. Aber, und das ist das Besondere an dieser Version, sämtliche Schauplätze, ein Maleratelier, eine Bildergalerie, ein Gerichtssaal, eine Leichenhalle, ein Friedhof, diverse Wohnungen und ein Seeufer, sind vom Filmarchitekten Otto Pischinger frei in den Raum gestellt, das heißt, sie sind innerhalb eines neutralen weißen Rundhorizonts mehr oder minder aus

Hokuspokus oder:
Wie lasse ich meinen Mann verschwinden

Fritz Tillmann (links), Liselotte Pulver, Richard Münch (Zweiter von rechts)

Klaus Miedel (Zweiter von links), Heinz Rühmann (Zweiter von rechts), Liselotte Pulver (rechts im Hintergrund und auf dem Bild) Richard Münch (von hinten)

Versatzstücken angedeutet und nur mit dem allernötigsten Requisitarium ausgestattet. Die Darsteller bewegen sich auf streng rechtwinklig gelegten Läufern, deren Farben nach dramaturgischen Gesichtspunkten ausgewählt wurden: im Gerichtssaal würdig und düster violett (die Passionsfarbe!), in der Bildergalerie rot, am Seeufer blau usw. Der distanzschaffenden Verfremdungswirkung dieser architektonischen Dramaturgie, die, verstärkt durch die Fotografie Richard Angsts, den Charakter von „Hokuspokus" als einer Farce betont und für die Pischinger einen Bundesfilmpreis bekam, steht allerdings eine konventionell-realistische Personenregie gegenüber, so daß der Film etwas uneinheitlich wirkt.

Dennoch beweist dieses „Hokuspokus"-Remake mehr Stilwillen als Hoffmanns vorausgegangener erster Versuch an „Dr. med. Hiob Prätorius", wird der Film dem Autor Goetz gerechter, wenn auch über die spekulative Besetzung der Hauptrollen mit Heinz Rühmann und Liselotte Pulver (die übrigen Rollen sind wie in „Dr. med. Hiob Prätorius" gut bis vorzüglich besetzt) das gleiche gesagt werden muß, wie beim vorausgegangenen Film. Insgesamt ist „Hokuspokus" neben Michael Pfleghars „Die Tote von Beverly Hills" sicher die interessanteste Goetz-Adaption der 60er Jahre. Das Publikum allerdings goutierte den eigenwilligen Stil des Films ebensowenig wie bei dem erwähnten von Pfleghar; „Hokuspokus" wurde ein Flop. Die Spekulationen, die nach dem Erfolg von „Dr. med. Hiob Prätorius" auf eine schnelle Wiederholung des Erfolgs mit dem gleichen Team gesetzt haben mögen und derentwegen Hoffmann zu diesem Remake bewogen worden sein mag, sie trogen.

Liselotte von der Pfalz
1966

Produktion: Independent Film, München-Berlin. Drehbuch: Johanna Sibelius, Eberhard Keindorff. Kamera: Richard Angst. Musik: Franz Grothe. Bauten: Otto Pischinger. Kostüme: Elisabeth Urbancic. Masken: Raimund Stangl, Susanne Krause. Schnitt: Claus von Boro. Ton: Erwin Schänzle. Regie-Assistenz: Claus von Boro.

Darsteller: Heidelinde Weis (Liselotte von der Pfalz), Harald Leipnitz (Herzog von Orléans), Hans Caninenberg (König Ludwig XIV.), Karin Hübner (Prinzessin Palatine), Erwin Linder (Kurfürst Karl Ludwig), Robert Dietl (Lorraine), Friedrich von Thun (Rudo, Graf von Hessen), Karla Chadimova (Paulette), Andreas Blum (Beauvais), Else Quecke (Frau von Bienenfeld), Joachim Teege (Priester), Gunnar Möller (Herzog von Kurland), Dana Smutna (Madame Montespan), Anton Smida (Louvois), *Bruno W. Pantel (Koch), Herbert Fux.*

Länge: 2837 m = 104 Min. Uraufführung: 7. 10. 1966. Verleih: Constantin. Video: Taurus. FSK: ab 16.

Der Film bedient sich einiger Themen und Motive aus dem Leben und den Briefen der Elisabeth Charlotte von der Pfalz, die als Neunzehnjährige in einer politischen Ehe den Bruder Ludwigs XIV. von Frankreich, den verwitweten Herzog Philipp von Orléans, heiraten mußte, am überfeinerten französischen Hof wegen ihrer derb-deutschen Art als Trampel aus der Provinz belächelt wurde, aber mit ihrer Geradlinigkeit den König beeindruckte und mit ihren drastischen Sittenschilderungen vom französischen Hof in ihren Briefen berühmt wurde.

Die Handlung des Films hält sich nur in einigen Grundzügen an die tatsächlichen Ereignisse. Liselotte, die älteste Tochter des verarmten, mit neun Kindern gesegneten Kurfürsten von der Pfalz, hat schon mehrere Bewerber um ihre Hand vergrault. Da unterbreitet die Prinzessin Palatine, eine Schwägerin des Kurfürsten, das Angebot Ludwigs XIV., Liselotte solle seinen verwitweten Bruder Philipp, Herzog von Orléans heiraten. Der Herzog beugt sich nur widerwillig dem Willen seines Bruders, empfängt Liselotte mit eisiger Kälte und verläßt gleich nach dem Defilee der Hochzeitsgäste das Ehebett, um in die Arme seiner Mätresse zu eilen — der Prinzessin Palatine. Diese hatte das Hochzeitsprojekt angeregt, weil sie in der „unerfahrenen Gans" aus der deutschen Provinz keine Gefahr als Nebenbuhlerin um die Gunst des Herzogs sah.

Liselotte hat in Erfahrung gebracht, daß der Herzog sich nur deswegen in ein Lotterleben mit Mätressen, Spiel und Tafelfreuden gestürzt hat, weil der König ihn kaltgestellt, ihm nach ersten Erfolgen sein militäri-

Liselotte von der Pfalz

Gunnar Möller, Heidelinde Weis

Harald Leipnitz, Heidelinde Weis, Else Quecke

sches Kommando wieder entzogen hat. Als sie den König kennengelernt und durch ihre offene, direkte Art beeindruckt hat, überredet sie ihn, Philipp das Kommando im Feldzug gegen Holland zu geben. Philipp ist von der Geste seiner Frau gerührt und trennt sich von der Prinzessin Palatine. Als Liselotte in der Abwesenheit Philipps Besuch von einem Jugendfreund, dem Grafen von Hessen, bekommt, läßt die Prinzessin dem Herzog anonyme Nachrichten über eine angebliche Untreue seiner Frau zukommen. Der Herzog kommt nach Paris, um seine Frau zur Rede zu stellen, nicht wegen der Untreue, sondern wegen der Schädigung seines Rufs. Die beiden versöhnen sich, doch bevor sie das erstemal gemeinsam das Ehebett besteigen können, wird der Herzog vom König zurück zu seinen Truppen befohlen. Der Graf von Hessen wird des Landes verwiesen.

Die Prinzessin Palatine beschließt nun, Liselotte zu beseitigen. Doch ein Giftanschlag mißlingt, weil Liselotte heimlich das Schloß verlassen hat, um sich vom Grafen von Hessen zu verabschieden, und in der Zwischenzeit sich eine Zofe über die für sie bestimmten Speisen hergemacht hat. Liselotte befürchtet, daß die Mörder, wenn sie sie anzeigt, ihren Mann, dessen erste Frau unter rätselhaften Umständen gestorben ist, in die Sache hineinziehen könnten, und sie beschließt, zu ihrer Sicherheit mit dem Grafen von Hessen nach Deutschland zu fliehen. Doch die beiden werden abgefangen. Als Liselotte erfährt, daß der Graf von Hessen im Verhör von dem Giftanschlag erzählen will, beschwört sie ihn in einem Brief, dies im Interesse ihres Mannes nicht zu tun. Der Brief wird abgefangen, und der König läßt ihn dem Herzog zustellen, der erneut nach Paris eilt und nun seine erste Liebesnacht mit Liselotte verbringt.

Der Film ist weit davon entfernt, ein stimmiges Bild der historischen Liselotte von der Pfalz zu geben. Hoffmanns gewohnte Dezenz und Geschmackssicherheit ließen ihn wohl vor der Drastik dieses Sujets zurückschrecken; er hätte sich besser gar nicht darauf eingelassen. Heidelinde Weis in der Rolle der Liselotte spielt großartig — aber sie spielt die falsche Rolle, mehr lausbubenhaft, als derb, mehr spitzbübisch, als drastisch, ausgelassen und temperamentvoll, aber auch zart und hübsch und alles andere als ein Trampel. Vielleicht wäre Liselotte Pulver, die zunächst für die Rolle vorgesehen war, obwohl etwas zu alt, dem historischen Vorbild (zum Beispiel in einer Mischung aus Gretl und Liesl Kohlhiesel) näher gekommen — so sie der Regisseur gelassen hätte. Denn hier ist, auch abgesehen von der Hauptdarstellerin, mit einer guten handwerklichen Leistung das Thema verschenkt. So wenn der Krieg, von dem die historische Liselotte Bewegendes zu berichten wußte, zu einem „Gag (wird), um den Handlungsfaden neu zu schürzen"[52], so, wenn der Giftmord, der eingebaut ist, um kindliche Gemüter zu erschrecken und die Ruchlosigkeit am französischen Hof zu zeigen, nur berichtet und nicht gezeigt wird, so, wenn untere Schichten nur in der Form von Dienstboten vorkommen, die bei Liselotte ein feines Leben haben. Alles wirkt überzuckert, verniedlicht, bilderbuchhaft. Aber für eine nette Liebesromanze, die dieser Film der Anlage nach ist, ist der Hof von Versailles der falsche Ort und das Leben der Elisabeth Charlotte von der Pfalz das falsche Sujet.

PS: Daß „Liselotte von der Pfalz" — abgesehen von den ersten Talentproben der jungen Regisseure — zu den herausragenden deutschen Produktionen der Zeit gehörte, sagt alles über den Zustand des deutschen Films der 60er Jahre. Daß das Publikum den Film goutierte — er war der erfolgreichste deutsche Film des Jahres und hielt sich auf dem inländischen Markt auch gegen die internationale Konkurrenz gut[53] — erstaunt angesichts seiner handwerklichen Qualitäten und seines Unterhaltungswertes allerdings weniger.

Liselotte von der Pfalz

Bruno W. Pantel, Robert Dietl, Herbert Fux, Karin Hübner

Heidelinde Weis

Herrliche Zeiten im Spessart
1967

Produktion: Independent Film, München-Berlin. Drehbuch: Günter Neumann. Kamera: Richard Angst. Musik: Franz Grothe. Bauten: Werner und Isabella Schlichting. Kostüme: Elisabeth Urbancic. Masken: Raimund Stangl, Susanne Krause, Marian Babuich. Schnitt: Gisela Haller. Ton: Erwin Schänzle. Regie-Assistenz: Eberhard Schröder, Monika Kalwa.

Darsteller: Liselotte Pulver (Anneliese Mümmelmann), Harald Leipnitz (Frank Green), Willy Millowitsch (Konsul Mümmelmann), Tatjana Sais (Frau Mümmelmann), Rudolf Rhomberg (Onkel Max), Hans Richter (Toni), Joachim Teege (Hugo), Kathrin Ackermann (Katrin), Hubert von Meyerinck (General Teckel), Hannelore Elsner (Johanna), Vivi Bach (Rosalinde), Monika Zinnenberg (Sigrun), Paul Esser (Mönch), Peter Capell (Bürgermeister), Klaus Schwarzkopf (Roland), Gila von Weitershausen (Gundel).

Länge: 2865 m = 105 Min.
Uraufführung: 21. 9. 1967. Verleih: Constantin/Schorcht. Video: Taurus. FSK: ab 12.

Anneliese, die Tochter des Hoteliers Konsul Mümmelmann, möchte den amerikanischen Raketenspezialisten Frank Green heiraten. Doch mitten in den Hochzeitsvorbereitungen — sie hat schon das Brautkleid an — erfährt sie, daß Frank in geheimer NATO-Mission nach Amerika abkommandiert ist. Da landen auf dem Dach des Hotels die Spessart-Gespenster, die seit dem „Spukschloß im Spessart" mit defekter Rakete durchs Weltall geschwebt sind, jetzt aber einen Dreh gefunden haben, wie sie ihr Raumschiff reparieren können. Sie müssen immer noch ihre gute Tat tun, um von ihrem Gespensterdasein erlöst zu werden, und bieten ihrem „Komteßchen" daher an, sie mit ihrer Rakete mal schnell nach Amerika rüberzufliegen, damit sie ihren Frank suchen kann. Die Gespensterbraut Katrin bleibt allerdings lieber da, um den Barkeeper zu vernaschen.

Die Rakete ist doch noch nicht wieder so ganz in Ordnung. Sie wird plötzlich zur Zeitmaschine, und Anneliese landet mit ihren Gespenstern unversehens unweit des Limes („Aha, römischer Grenzwall mit fünf Buchstaben": die Gespenster sind kreuzworträtselgebildet) bei den alten Germanen. Einer der Germanen gefällt Anneliese ausnehmend gut, weil er so viel Ähnlichkeit mit Frank hat. Während eines großen Gelages schwört ihr der Germane ewige Treue und daß er sie nie verlassen werde. Doch da ertönt das große Kriegshorn, der Heerführer ruft zum totalen Krieg auf, und ihr Germane stürzt davon in die Schlacht. Kriegsgott gegen Liebesgott 2:0.

Herrliche Zeiten im Spessart

Liselotte Pulver, Hans Richter, Joachim Teege, Rudolf Rhomberg

Harald Leipnitz, Liselotte Pulver

Enttäuscht besteigt Anneliese mit ihren Gespenstern wieder die Rakete. Diesmal landen sie in der Reformationszeit. Man wechselt die Garderobe, und Anneliese tritt als kaiserlicher Kornett auf. Doch weder sie noch ihre den Folterungen der Inquisition gegenüber unempfindlichen Gespenster können erreichen, daß ein junger Knecht (auch er Frank wie aus dem Gesicht geschnitten, und Anneliese muß sich schon sehr beherrschen, um ihre Rolle als Mann nicht zu vergessen) seine Johanna bekommt, denn er ist ein Lutherischer und wird als Ketzer verhaftet.

Nun landet die Rakete im Zeitalter der Minnesänger. Da gefällt es Anneliese zunächst ausgezeichnet, denn von der Rittersfrau Rosalinde, die ihrem Mann vor seiner Abreise zum Kreuzzug noch schnell den Schlüssel für den Keuschheitsgürtel entwendet hat, erfährt sie, daß dies das Zeitalter der Frau ist. Ohne mit der Wimper zu zucken springen auf einen Wink der Herrin schöne Pagen aus dem Fenster des Turmzimmers. Ein schöner Troubadour (Na? Erraten! Er sieht aus wie Frank) umwirbt Anneliese mit schmachtenden Liedern, während Rosalinde ob seines schönen Gesanges ausgerechnet mit dem homophilen Gespenst Hugo anbändeln möchte. Da kommt ein heimkehrender Kreuzritter mit einem Wagen voller hübscher Mädchen vorbei. Der faszinierte Troubadour erfährt, daß man so etwas als Kriegsbeute auf dem Kreuzzug bekommt, und stürzt sich in seine Rüstung, um sich seinen Anteil an der Beute zu sichern. Kriegsgott gegen Liebesgott 4:0.

Anneliese hat jetzt endgültig die Nase voll und will mit Macht zurück in die Gegenwart. Doch im Übereifer schießen sie übers Ziel hinaus und landen im Jahr 2067. Da wird gerade auf einer Friedenskonferenz kräftig gestritten. Immerhin versteht man in dieser Zeit etwas von Raketen. Doch so ein vorsintflutliches, schrottreifes Modell wie das der Gespenster kann nur der ehemalige Leiter des Raketenmuseums reparieren. Sie gehen zum Museum, und Anneliese steht plötzlich Frank und dann sich selbst, um hundert Jahre gealtert, gegenüber. Der, den sie für Frank gehalten hat, ist der älteste der drei Söhne, die sie bekommen hat, beziehungsweise bekommen wird. Frank hat man eingefroren, um ihn länger frisch zu halten. Nachdem Anneliese diesen Blick in die Zukunft getan hat, ist sie zufrieden, weil offenbar alles gut gegangen ist. Frank wird aufgetaut, stattdessen ein allzu martialischer Friedensminister auf Eis gelegt, und die Reise zurück in die Gegenwart kann beginnen.

Wirklich hat sich, als Anneliese zurückkommt, Frank eines Besseren besonnen, hat Mission Mission sein lassen und kommt gerade noch pünktlich zur Hochzeit. Als der Brautzug einem Militärkonvoi begegnet, ist sogar der schnarrende General Teckel gerührt — vorrübergehend.

Mit „Herrliche Zeiten im Spessart" versuchte Hoffmann, der diesmal (zum dritten und letzten Male) selbst produzierte, sich an den großen Erfolg der beiden ersten „Spessart-Filme" anzuhängen, reichlich spät allerdings, denn der letzte lag schon über sechs Jahre zurück. Die deutsche Kritik rümpfte über diese Spekulation fast einhellig die Nase, während die Amerikaner, so man „Variety"[54] als repräsentativ ansehen darf, sie für legitim erklärten. In den USA war das Verhältnis von Kunst und Kommerz schon immer unverkrampfter als hierzulande.

Der Versuch als solcher ist nicht strafwürdig, die Durchführung allerdings läßt zu wünschen übrig. Der Kabarettist Günter Neumann, der schon an den brillanten Dialogen und Songtexten von „Das Wirtshaus im Spessart", „Das Spukschloß im Spessart" und „Wir Wunderkinder" mitgearbeitet hatte, schrieb diesmal das Drehbuch allein — und man muß es alles in allem als mißlungen ansehen. Die Verknüpfung mit den vorangegangenen Spessart-Filmen ist inkonsequent und unlogisch. Einerseits wird der Schluß des „Spukschloß im Spessart" aufgegriffen, indem die Gespenster seit einigen Jahren als Raumfahrer im All kreisen, andererseits wird die Geschichte des Vorgängerfilms negiert, da die Gespenster sich durch Anneliese an die Komtesse aus dem „Wirtshaus im Spessart" erinnert fühlen, nicht an deren Nachfahrin aus dem „Spukschloß". Vielmehr wird die Komtesse als Vorfahrin Annelieses bezeichnet. Indem Neumann Anneliese ausgerechnet die Tochter eines Hotelbesitzers sein läßt, was keinerlei dramaturgische Notwendigkeit für sich hat, weckt er unangebrachte Assoziationen an den Schluß des „Spukschloß", wo die Komtesse einen Hotelbesitzersohn ehelicht. An eine Tochter dieser Komtesse darf man bei Anneliese nicht denken, da die

Herrliche Zeiten im Spessart

Liselotte Pulver (links), Hannelore Elsner

Harald Leipnitz, Liselotte Pulver

nur sechs Jahre auseinanderliegende Entstehungszeit der Filme mit der Zeit der Filmhandlung identisch ist.

Solch mangelhafte Verknüpfung könnte man verschmerzen, wenn der Film in sich geschlossen und einheitlich wäre. Doch er stört durch eine gewisse Unentschiedenheit. Er bordet über von mehr oder weniger gelungenen Gags, von Parodien und satirischen Anspielungen auf Zeitgenössisches wie die Beatles oder NATO-Manöver und auf Historisches wie Goebbels' Sportpalastrede mit der Ausrufung des „Totalen Kriegs", die bei den alten Germanen antizipiert erscheint. Auch die Verknüpfung von Wagners Sängerkrieg auf der Wartburg mit modernen Schlagerwettbewerben ist durchaus vergnüglich. Doch das Ganze gerät durch die sich verselbständigenden Teile zur kabarettistischen Nummernrevue. Auch die Auswahl der Episoden beziehungsweise historischen Epochen ist dramaturgisch nicht zwingend, mit Ausnahme der Minnesängerepisode, in der gezeigt wird, daß auch im vermeintlichen „Zeitalter der Frau" die Kriegslüsternheit der Männer nicht zu bremsen ist.

Trotz des episodischen, des Nummernrevue-Charakters wird versucht, eine Geschichte zu erzählen und mit Identifikationsfiguren (in erster Linie Liselotte Pulver, die allerdings nicht gerade ihre stärkste Leistung bietet) zur emotionalen Beteiligung des Zuschauers auszustatten. Hoffmann läge das letztere mehr; die Nummernrevue überwiegt. So überzeugend es Hoffmann in „Wir Wunderkinder" gelang, Elemente des Kabaretts in einen ausgewogenen, einheitlich wirkenden Film zu integrieren, hier schlägt das Kabarett zurück.

Daß man heute im Fernsehen oder auf Video den Film mit weniger Enttäuschung sieht, als seinerzeit im Kino, liegt daran, daß er bei aller Opulenz und allem Aufwand — er war Hoffmanns bis dato teuerster Film — eher als frisch-fröhliche Fernseh-Show durchgehen kann. Doch diese Gattung hatte seinerzeit mit Michael Pfleghar bereits einen angemessenen Regisseur.

Rheinsberg
1967

Produktion: Independent Film, München-Berlin. Drehbuch: Herbert Reinecker nach der gleichnamigen Erzählung von Kurt Tucholsky. Kamera: Richard Angst. Musik: Hans-Martin Majewski. Bauten: Werner Schlichting. Kostüme: Elisabeth Urbancic, Ingrid Zoré. Masken: Fredy Arnold, Helga Kempka. Schnitt: Gisela Haller. Ton: Gerhard Müller. Regie-Assistenz: Monika Kalwa.

Darsteller: Cornelia Froboess (Claire), Christian Wolff (Wolf), Werner Hinz (Claires Vater), Ehmi Bessel (Claires Mutter), Ruth Stephan (Dienstmädchen Anna), Willi Rose (Redakteur Vogel), Anita Kupsch (Paula), Agnes Windeck (Frau Knappke), Monika Peitsch (Carla), Dinah Hinz (Lissy), Franz Nicklisch (Wirt), Karl Helmer (Kastellan), Uwe Reichmeister (Ede), Ekkehard Fritsch (Mann im Bus), Bruno Fritz, Werner Stock.

Länge: 2400 = 88 Min. Uraufführung: 21. 12. 1967. Verleih: Constantin/Schorcht. FSK: ab 12.

Der aufstrebende junge Redakteur Wolf öffnet im Strandbad versehentlich eine falsche Kabinentür und sieht die reizende Claire vor sich. Daß es ihm leid tut, wie er Claire versichert, will die ihm nicht glauben, denn er habe ausgesehen wie jemand, der eine schöne Erinnerung mit nach Hause nehmen werde. Die beiden machen sich bekannt, kommen sich näher, verlieben sich, albern durch das Berlin von 1912, verbringen die Sonntage miteinander auf der vergeblichen Suche nach einem einsamen Plätzchen. Dem Vater Claires wird Wolf als der Lateinnachhilfelehrer der Tochter vorgestellt. Der Vater ist befriedigt, von bedeutenden Fortschritten seiner Tochter bei ihrem neuen Lehrer zu hören. Als Wolf Claire mit auf sein Zimmer nimmt, inszeniert sie im Treppenhaus sehr publikumswirksam einen „Knöchelbruch", weil sie das heimliche Sich-Hineinschleichen würdelos findet.

Um sich über ihre Gefühle füreinander klarzuwerden, beschließen die beiden, für ein paar Tage nach Rheinsberg zu fahren; Claire weilt für ihre Eltern offiziell bei einer Freundin. In Rheinsberg wird das ausgelassene Spiel fortgesetzt: bei der Schloßbesichtigung mit Filzpantoffeln und stocksteifem Kastellan, bei der Bootsfahrt mit Verlust der Ruder, bei dem Kauf von Wäscheknöpfen, zu dessen Vollzug die beiden Ladeninhaberinnen den Herrn pikiert bitten, den Laden zu verlassen. Doch bei allem Übermut, den die beiden an den Tag legen, sind sie sich am Ende ihres Rheinsberg-Aufenthaltes über die Ernsthaftigkeit ihrer Gefühle klargeworden.

Rheinsberg

Christian Wolff, Cornelia Froboess

Christian Wolff (links), Agnes Windeck (Mitte), Cornelia Froboess

„Rheinsberg" erhielt bei Teilen der zeitgenössischen Kritik bessere Noten als Hoffmanns vergleichbarer anderer Tucholsky-Film „Schloß Gripsholm". Doch auch „Rheinsberg" ist ziemlich weit von Tucholsky entfernt. Die Ähnlichkeit in der Konstruktion beider Drehbücher, gerade auch da, wo sie sich von Tucholsky entfernen, läßt bei dem vielbeschäftigten Drehbuchautor Reinecker auf Spekulation oder mangelnden Einfallsreichtum schließen. Tucholskys Buch war, als es 1912 herauskam, eine Provokation, war „in einer von Tabus und Konventionen, Drill und Obrigkeitsdenken befangenen Umwelt... eine Revolution der Natürlichkeit"[55]. Von dieser provozierenden Wirkung war 55 Jahre später nicht mehr viel übrig. Bei dem Film auf Rekonstruktion der historischen Szenerie wie der Handlungsmotive zu setzen, hieß also, ihm einen musealen Charakter zu verleihen.

Zu der Liebesgeschichte Tucholskys hat der Drehbuchautor Herbert Reinecker eine ausführliche Vorgeschichte hinzuerfunden. Zwar hat Peter W. Jansen in der „Filmkritik" recht, wenn er meint, der Witz von Tucholskys Erfindung sei 1912 „gerade das Un-Soziale dieser Liebesgeschichte" gewesen, ihre „Voraussetzungslosigkeit"[56]. Aber Hoffmann und Reinecker einen Vorwurf daraus zu machen, daß sie sich nicht an diese Erfindung gehalten haben, ist unsinnig, denn 1967 lag in dieser Erfindung kein Witz mehr. Gerade in den hinzuerfundenen Szenen jedoch herrscht die Rekonstruktion vor, gerade sie bewirken den musealen Charakter des Films.

Mit einigen der hinzuerfundenen Szenen — der Chefredakteur, Claires Vater, die Offiziere bei der Besichtigung Rheinsbergs — haben Hoffmann und Reinecker wohl den ehrenwerten Versuch gemacht, Tucholsky als Gesellschaftskritiker gerecht zu werden. Doch während im Buch Tucholskys Gesellschaftskritik als Haltung des reflektierenden Ich-Erzählers gegenwärtig ist und sich kaum einmal in konkreten Vorgängen der Geschichte äußert (die sittenstrengen, knöpfchenverkaufenden Ladeninhaberinnen sind eine solche Ausnahme), wirken im Film die genannten Szenen ein wenig wie unmotiviert eingeschobene Kabarettnummern und verdünnen die Tucholskysche Gesellschaftskritik eher. Wenn allerdings manche Kritiker meinen, der Film verkläre das Kaiserreich, so ist das der Wirkung des opulenten, kulinarischen Bildererzählstils auf den

Betrachter zuzuschreiben, liegt nicht in der Absicht von Regisseur und Drehbuchautor.

Die Sprache Claires schließlich, die aus dem Buch weitgehend in den Film übernommen wurde, gehörte 1912 zu der erwähnten Provokation. 1967 wirkt sie trotz der weitgehend überzeugenden Übernahme durch Cornelia Froboess eher peinlich. Der Ich-Erzähler des Buches gewinnt Konturen vor allem als reflektierender Erzähler, nicht als Figur der Geschichte. Das wurde für den Film zur Hypothek: Der Wolf des Films bleibt konturenlos, der blasse Christian Wolff, der ihn spielt (ganz anders der sehr präsente Walter Giller in der ähnlich schwierigen Rolle in „Schloß Gripsholm"!), ist eigentlich nur damit beschäftigt, staunend den Kapriolen der Cornelia Froboess alias Claire zuzuschauen — ein bißchen wenig für die männliche Hauptrolle in einem abendfüllenden Spielfilm.

Überzeugend ist der Film überall da, wo er sich den Elementen des Tucholskyschen Werkes annähert, die es auch heute noch, jenseits der nicht mehr wirksamen Provokation, lesenswert machen, in der selbstzweckhaften Liebesgeschichte. Mit anderen Worten, auch dieser Film ist am überzeugendsten, wo er sich der von Hoffmann so gut beherrschten unsentimentalen romantischen Idylle nähert, einer Idylle, die ebenso zeit- und raumentrückt ist, wie bei Tucholsky, die sich ihrer Zeit- und Raumentrücktheit aber ebenso bewußt ist, wie bei diesem. Diese, durchaus begrenzte, Übereinstimmung ließ Hoffmann wohl zu den Tucholsky-Stoffen greifen. Daß er sich in „Schloß Gripsholm" stärker auf diese Übereinstimmung konzentriert hat, macht diesen meines Erachtens zu dem geschlosseneren und gelungeneren Film. Daß die bei Tucholsky ebenfalls vorhandenen Reflexionen über die Liebe nicht transponiert werden können, wollen wir einem Film grundsätzlich, also auch diesen beiden nicht vorwerfen.

Rheinsberg

Vorn: Cornelia Froboess, Christian Wolff

Christian Wolff, Cornelia Froboess

Morgens um sieben ist die Welt noch in Ordnung
1968

Produktion: Independent Film, München-Berlin. Drehbuch: Eberhard Keindorff, Johanna Sibelius nach dem gleichnamigen Roman von Eric Malpass. Kamera: Heinz Hölscher. Musik: James Last. Bauten: Werner und Isabella Schlichting. Kostüme: Ingrid Zoré. Masken: Heinz Stamm, Barbara Naujok. Schnitt: Gisela Haller. Regie-Assistenz: Alexander Ebermayer von Richthofen.

Darsteller: Archibald Eser (Gaylord), Gerlinde Locker (Mutter May), Peter Arens (Vater Jocelyn), Werner Hinz (Großvater), Agnes Windeck (Tante Marygold), Maria Körber (Tante Rose), Diana Körner (Tante Becky), Gerd Vespermann (Robert), Herbert Bötticher (Stan), Rolf Zacher (Peter), Eva Lissa (Frau Fogerty), Gerd Lohmeyer (Willy), Wolfgang Petri (Bert), Lu Säuberlich (Tante Bea), Charles-Hans Vogt (Onkel Ben), Dinah Hinz (Fräulein Marston), Dirk Reichert (David).

Länge: 2626 m = 96 Min. Uraufführung: 5. 9. 1968. Verleih: Constantin/Schorcht. FSK: ab 6.

Der Film stellt einen Drei-Generationen-Haushalt auf dem Lande in Großstadtnähe vor. Im Mittelpunkt steht der sieben Jahre alte Gaylord, dessen Blickwinkel dem Zuschauer weitgehend suggeriert wird. Weiter gehören dem Haushalt an: Gaylords Eltern (der Vater ist Schriftsteller, wie man beiläufig erfährt), sein Großvater väterlicherseits, deutlich als Familienoberhaupt charakterisiert, dessen Schwester, Großtante Marygold, und zwei unverheiratete Schwestern von Gaylords Vater. Rose, die ältere der beiden, ist Lehrerin und fürchtet, eine alte Jungfer zu werden. Becky, die jüngere, dagegen übt eine magische Anziehungskraft auf Männer aus. So hat auch Bob, ein Kollege Roses, den sie nach Hause eingeladen hat und auf den sie sich Hoffnungen macht, bald nur noch Augen für Becky. Als Rose Bob wieder einmal einlädt, bringt der Stan, einen Freund, mit, der von Rose sehr beeindruckt ist. An einem Sonntag, als Rose mit Bob zum Picknick verabredet ist, begegnet Bob Becky und flüchtet mit ihr vor einem Gewitter ins Heu. Gaylord überrascht sie in eindeutiger Situation und teilt dies in aller Unschuld der Familie mit. Man beschließt, daß man Becky, um sie zu entschärfen, schnellstens unter die Haube bringen muß, und Großvater spricht ein paar energische Worte mit Beckys Freund Peter. Bald darauf ist Hochzeit.

Gaylord hat indessen seine eigenen Probleme. Der schwachsinnige Willy, dessen Umgang ihm die Eltern verboten haben, hat ihm eines Tages in einem Versteck voller Stolz einen gläsernen Briefbeschwerer gezeigt. Als dieser eines Tages verschwunden ist, verdächtigt Willy Gaylord, ihn gestohlen zu haben und droht, ihn umzubringen. Willys Brüder lauern

Gaylord auf und bedrohen ihn mit einem Messer. Gaylord sieht den Briefbeschwerer bei einem Klassenkameraden und versucht, als dieser ihn nicht verkaufen will, die Glaskugel zu stehlen. Die Lehrerin ertappt ihn dabei und verständigt die Eltern. Gaylord muß alles gestehen. Fortan darf er nicht mehr allein auf die Straße und abwechselnd begleitet ihn eines der Familienmitglieder in die Schule.

Die Ferien verbringt Gaylord mit seinen Eltern und Tante Rose auf einer Nordseeinsel. Eines Tages entdeckt er da Stan und teilt Rose stolz die Entdeckung mit. Die eilt aufgeregt hin, und die Wiedersehensfreude ist beiderseits groß, getrübt nur durch die aufdringliche Anhänglichkeit Gaylords. Bereits nach zwei Tagen muß die Familie überraschend aufbrechen, da Großtante Marygold gestorben ist. Stan kann nur noch eine Nachricht hinterlassen werden. Im Hafen sieht Gaylord in einem Souvenirladen einen gläsernen Briefbeschwerer. Die Eltern kaufen ihn auf seinen dringenden Wunsch. Am nächsten Tag, zu Hause, läuft er zu Willy, um ihm die Glaskugel als Ersatz für seine verlorene zu schenken. Doch der will keinen Ersatz, und Willys Brüder schlagen Gaylord zusammen. Kurz darauf trifft Stan ein, der Rose nachgereist ist. Als die beiden einen Spaziergang machen, finden sie den übel zugerichteten Gaylord. Stan leistet erste Hilfe, und Gaylord kann gerettet werden. Als Gaylords Vater Stan seinen Dank ausspricht, findet der den Mut, um Roses Hand anzuhalten.

Eric Malpass' Roman der gehobenen Unterhaltungskategorie war seinerzeit in England, dem Herkunftsland des Autors, wie in Deutschland ein Bestseller. Der Geeignetste, aus dieser Familiengeschichte einen Familienfilm zu machen, war ohne Zweifel Kurt Hoffmann, der sich in die im Buch geschilderte gepflegt-bürgerliche Welt besser einfühlen konnte, als zum Beispiel in die Seele eines Herrn Mississippi oder das historische Umfeld einer Liselotte von der Pfalz, und der diese Welt ohne geschmackliche Einbußen und ohne allzuviele Klischees mit einem für den Idylliker bemerkenswerten Maß an Realismus übertrug. Eine Fortsetzung, die Malpass unter dem Titel „Wenn süß das Mondlicht auf den Hügeln schläft" schrieb und Wolfgang Liebeneiner unter demselben Titel verfilmte, war schon weit weniger gelungen. Aber dies ist ein

Morgens um sieben ist die Welt noch in Ordnung

Gerd Lohmeyer (links), Archibald Eser

Gerd Vespermann, Diana Körner

Schicksal, dem Fortsetzungen leicht ausgesetzt sind. Hoffmann hat gut daran getan, nicht allzuoft Fortsetzungen zu drehen. Einigermaßen befriedigend ist es ihm nur einmal gelungen, mit „Das Spukschloß im Spessart".

Malpass beschäftigt sich ausführlichst mit der Gefühls- und Gedankenwelt seiner Protagonisten. Das ist in den Film nur sehr schwer zu übertragen. Dennoch vermißt der Betrachter nichts. Das ausgezeichnete Spiel der Darsteller und klug gesetzte szenische Akzente lassen ihn auch ohne viele Worte verstehen. Eine ungewöhnlich gelungene Literaturverfilmung, die dasselbe gepflegte Unterhaltungsniveau hat wie die Vorlage und nur ein Manko aufweist: die Musik. Kaum wird irgendwo im Film ein Radio aufgedreht — und das geschieht leider sehr oft —, rinnt daraus dieselbe seichte Soße des James Last. Hoffmann, zu dessen Stärken nicht zuletzt der wohlüberlegte, stimmige Einsatz der Musik gehörte, mußte sich hier wohl der Konzession der Produktion an die seinerzeit sehr große Popularität des Bandleaders beugen. Darunter sollte besonders sein letzter Film, „Der Kapitän", noch mehr zu leiden haben.

Ein Tag ist schöner als der andere
1969

Produktion: Independent Film, München-Berlin. Drehbuch: Kurt Hoffmann, Hertha und Reinhard von Eichborn, Kinder der Familie von Eichborn nach dem gleichnamigen Buch der Familie von Eichborn. Kamera: Fritz Schwennicke. Musik: Franz Grothe, James Last. Musik-Ausführung: The Spirits of Sounds, Eugen Cicero Trio. Liedertexte: Justina von Eichborn. Masken: Herta Kyrath-Schwarz. Schnitt: Jane Hempel. Ton: Eberhard Schultze. Regie-Assistenz: Jane Hempel.

Darsteller: Vivi Bach (Kirsten), Ingrid Braut (Mutter), Siegfried Siegert (Vater), Clarissa von Eichborn (Clarissa), Justina von Eichborn (Puckie), Evelyn von Eichborn (Evie), Jacqueline von Eichborn (Jackie), Wolfram von Eichborn (Wolfi), Holger von Eichborn (Holli), Isabelle von Eichborn (Pluto), Rolf Christiani (Rolf), Erika Gesell (Fräulein Schmidt), Eleonore Weisgerber (Carla).

Länge: 2568 m = 94 Minuten. Uraufführung: 19. 12. 1969. Verleih: Constantin/Kristall. FSK: ab 6.

Unmittelbar nach „Morgens um sieben ist die Welt noch in Ordnung" versuchte Hoffmann noch einmal, aus einer Familiengeschichte einen erfolgreichen Familienfilm zu machen. Das zugrundegelegte Buch der Familie von Eichborn „Ein Tag ist schöner als der andere", eine Sammlung von 77 von den Familienmitgliedern in der Art braver Deutschaufsätze verfaßter kurzer Texte zum Alltag der Familie, war allerdings für eine unmittelbare Umsetzung nicht geeignet. So erfand Hoffmann im Einvernehmen mit der Familie eine regelrechte Handlung, die es im Buch nicht gibt. Von den im Buch enthaltenen Vorkommnissen — immerhin Ereignisse aus über 20 Jahren — ist in diese Handlung zwar kaum etwas eingegangen, doch da Hoffmann das Drehbuch — seine einzige offizielle Drehbuchverfasserschaft! — zusammen mit der Familie von Eichborn geschrieben hat, darf man annehmen, daß es ebenfalls aus Erlebnissen der Familie gespeist ist.[57]

Die Handlung: Ein typischer hektischer Morgen im Alltag der Familie. Als die sieben Kinder zwischen sieben und zwanzig Jahren und der Mann aus dem Haus sind, sinkt die Mutter erschöpft auf einen Stuhl. Der Wetterbericht meldet: Nur vorübergehende Wetterbesserung. Die Mutter hat dringend Erholung nötig. Eine Verwandte hat sie zu einem Urlaub an der See eingeladen. Die Kinder reden ihr zu, hinzufahren; sie würden schon allein zurechtkommen. Doch die alltägliche Erfahrung — alle verlassen sich nur zu oft auf die Mutter — spricht dagegen. Daher bitten die Eltern ihre Verwandte Kirsten, eine junge Lehrerin aus Dänemark, während der Abwesenheit der Mutter auszuhelfen. Die Kinder

Ein Tag ist schöner als der andere

Evelyn von Eichborn (links), Vivi Bach

Kurt Hoffmann mit den sieben Kindern der Familie von Eichborn.

blicken der Ankunft Kirstens, nicht zuletzt wegen ihres Berufes, sehr skeptisch entgegen. Doch Kirsten erweist sich als modern, unbefangen, aufgeschlossen — und robust: Selbst eine auf ihren Teller geschmuggelte künstliche Vogelspinne kann sie nicht erschrecken. Sie gewinnt die Kinder schnell für sich und kommt mit dem turbulenten Haushalt bestens zurecht.

Als der Vater in Geldschwierigkeiten gerät und deshalb keinen anderen Ausweg sieht, als die Pferde der Kinder zu verkaufen, bestärkt Kirsten die Kinder in ihrem Plan, selbst etwas hinzuzuverdienen, um die Pferde zu retten. So singen zum Beispiel drei der älteren selbstgeschriebene Schnulzen auf Seniorenabenden. Kirsten bringt den Vater von seinem Vorurteil ab, es sei mit seiner väterlichen Autorität nicht vereinbar, sich von den Kindern finanziell unterstützen zu lassen.

Justina, genannt Puckie, die Zweitälteste, hat Kummer. Ihr Freund Rolf ist mit seinen Eltern nach Heidelberg gezogen. Kirsten entlockt dem Vater das Einverständnis, daß Puckie eine Freundin in Heidelberg besuchen darf (und bei dieser Gelegenheit Rolf wiedersehen kann). Doch als Puckie nach der Heimkehr mit dem Wunsch herausrückt, in Heidelberg zu studieren — die Freundin hat ihr angeboten, bei ihr zu wohnen, womit finanzielle Bedenken vom Tisch sind —, kommt es zum Krach mit dem Vater. Puckie fühlt sich in ihren Motiven mißverstanden und von der autoritären Sorge des Vaters eingeengt; der Vater ist vom Tonfall der Tochter gekränkt. Kirsten sagt beiden die Meinung und bewirkt den Kompromiß, daß Puckie, die lediglich selbständig werden, nicht etwa mit Rolf in „wilder Ehe" leben möchte, in München studieren darf.

Kurz darauf kommt, sichtlich erholt, die Mutter zurück, und nach dem ersten morgendlichen Ansturm hört sie, schon deutlich weniger gestreßt, im Radio-Wetterbericht, daß die Wetterbesserung nur vorübergehend sein werde.

Die sieben Kinder werden von den wirklichen Kindern der Familie von Eichborn dargestellt, die Eltern von zwei unbekannten, mit Geschick ausgewählten Schauspielern verkörpert. Der Titel „Ein Tag ist schöner als der andere" klingt wie das Programm eines großen Teils des Hoffmannschen Filmschaffens. Daß es der Titel des Buches ist, mag Hoffmann auf dieses aufmerksam gemacht haben. Die zeitgenössische Kritik hat Hoffmann vorgeworfen, er habe einmal mehr in unzulässiger Weise heile Welt gezeigt und zur Wirklichkeitsflucht animiert. Doch der Fehler scheint mir stärker woanders zu liegen. Die „außergewöhnliche Familie", die hier exemplarisch vorgestellt wird, ist weder exemplarisch im Sinne von vorbildhaft, noch repräsentativ im Sinne von normal. Außer der Tatsache, daß man hier eine Großfamilie vorgeführt bekommt in einer Zeit, in der Großfamilien selten geworden sind, und daß hier jedes Kind sein Reitpferd hat, wo andere Jugendliche der Zeit allenfalls das eigene Moped oder gar Auto anstreben, werden hier Alltäglichkeiten gezeigt, die keinerlei Aussagewert haben. Da zudem der dramaturgische Spannungsbogen alles andere als straff gespannt ist, wirkt der Film ziemlich langweilig. Daraus Rückschlüsse auf Hoffmanns mögliche Qualitäten als Drehbuchautor zu ziehen, wäre voreilig. Er hat sich wohl eher im Sujet vergriffen. Daß das Buch (nicht zuletzt wegen seines allzu biederen Stils) über weite Strecken geradezu läppisch wirkt, nicht aber der Film, kann Hoffmann nicht entlasten, verstärkt nur den Eindruck von einem Mißgriff bei der Sujetwahl.

Die Probleme der Puckie, die den Kernpunkt des angedeuteten Generationenkonflikts bilden, mögen vielleicht die wirklichen Probleme der Familie von Eichborn wiedergeben, treffen aber nicht die eigentlichen Probleme der Jugendlichen Ende der 60er Jahre, die in der zeitgenössischen Kritik mit Schlagworten wie „Sex vor der Ehe" oder „Pille — ja oder nein?" umrissen wurden. Daß es die 68er Revolte gegeben hatte, wird in diesem Film vom Ende des Jahres 1969 kaum angedeutet. Einige über den Wert der Familie soziologisierende Studenten werden in eher denunziatorischer Absicht gezeigt.

In Szenen von einer Teenage-Fair experimentiert Hoffmann mit einer neuen Bild-Ästhetik. Doch auch das wirkt eher denunziatorisch, zumindest ironisch. Insgesamt herrscht der sehr konventionelle, wenn auch handwerklich perfekt beherrschte Bilderzählstil vor. Zwar präsentiert Hoffmann seine Bilder von einem Pony-Treck mit weit mehr Geschmack und Realitätssinn in der Idylle als die sonst im deutschen

Film verbreitete verkitschte Pony-Romantik (man denke etwa an die Immenhof-Filme vom Ende der 50er Jahre und ihre unsäglichen Aufgüsse von 1973 und 1974), doch dem Lebensgefühl und den Problemen der Jugend Ende der 60er Jahre, um die es hier doch weitgehend gehen soll, wird Hoffmann auch filmästhetisch alles andere als gerecht.

Stattdessen wird in dem Film immer wieder aufdringlich und mit erhobenem Zeigefinger pädagogisiert. Dies und einige bei Hoffmann ungewohnte technische Unzulänglichkeiten (ein weitgehend verwaschener, kaum verständlicher Ton zum Beispiel, der höchst unpassend an die gewollte Laienhaftigkeit mancher Werke des Jungen Deutschen Films erinnert) lassen es erklärlich erscheinen, daß der Film bei der Kritik Verärgerung hervorrief und beim Publikum kaum Interesse fand.

Der Kapitän
1971

Produktion: Franz Seitz Filmproduktion, München/Terra Filmkunst, Berlin. Drehbuch: Georg Laforet (d.i. Franz Seitz) nach dem Roman „Käpt'n Ebbs, Seebär und Salonlöwe" von Richard Gordon. Kamera: Ernst Wild. Musik: James Last. Bauten: Werner und Isabella Schlichting. Kostüme: Eva Gall-Eckelt. Masken: Josef Coesfeld, Sylvia Kramer. Schnitt: Ingrid Bichler. Ton: Klaus Eckelt. Regie-Assistenz: Jane Hempel.

Darsteller: Heinz Rühmann (Kapitän Ebbs), Johanna Matz (Dr. Claudia Lund), Terry Torday (Ilona Porter-Almassy), Horst Tappert (Konsul Carstens), Ernst Stankowski (1. Offizier Meier-Pollex), Horst Janson (2. Offizier Jörg Neher), Monika Lundi (Anette Breitenbach), Hans Korte (Zahlmeister Prittel), Joseph Offenbach (Steward Otto Krümel), Günter Pfitzmann (Chefingenieur Oldenburg), Karl Lange (Rob E. Anderson), Jane Hempel (Evelyn Moll), Irina von Bentheim (Patricia), Ruedi Walter (Herr Haas), Margrit Rainer (Frau Haas).

Länge: 2537 m = 93 Min. Uraufführung: 28. 10. 1971. Verleih: Constantin. FSK: ab 6.

Nach zehn Jahren als Kommandant eines altersschwachen Frachters wird Kapitän Ebbs wegen der Erkrankung eines anderen Kapitäns von der Reederei auf einen Luxusdampfer versetzt. Ebbs, ein tüchtiger Seemann, aber gesellschaftlich unerfahren, bekommt schon bald Schwierigkeiten mit den Passagieren. Konsul Carstens, ein Seifenfabrikant und Hauptanteilseigner der Reederei, der das Schiff gehört, hat an allem etwas auszusetzen und maßt sich die Kontrolle über Ebbs' Führung des Schiffes an. Ein junges Mädchen möchte nachts um 3 Uhr mit einem Jüngling, den sie erst seit wenigen Stunden kennt, getraut werden, präsentiert sich aber am nächsten Tag auf der Cocktailparty des Kapitäns bereits mit einem neuen „Verlobten". Eine liebeshungrige Dame dagegen legt sich dem Kapitän ins Bett und ist nur mit größter Mühe dazu zu bewegen, sich zu entfernen. Lediglich die reife, aber jugendlich wirkende Lektorin Dr. Claudia Lund hat Verständnis für die Nöte des Kapitäns und setzt sich immer wieder bei Carstens warm für ihn ein. Ebbs verliebt sich prompt in Claudia, vor allem auch, weil sie sich so tolerant zeigt, als er sich während eines Landausflugs der Passagiere zusammen mit dem Chefingenieur sinnlos betrinkt.

Auch mit seiner Mannschaft hat Ebbs einigen Ärger. Unter seinem Vorgänger ist an Bord ein ziemlicher Schlendrian eingerissen. Der Erste Offizier, der sich selbst Hoffnung auf das Kommando des Schiffes gemacht hatte, kümmert sich mehr um die weiblichen Passagiere als um seine Pflichten. Außerdem entdeckt Ebbs eine Betrügerei des Zahlmeisters. Als dieser ihm erklärt, er, Ebbs, habe durch seine Blankounterschrift alles gedeckt und müsse nun dafür geradestehen, schlägt Ebbs ihn nieder. Carstens glaubt nun endgültig, eine Handhabe gegen den Kapitän zu haben, der ihm nicht devot genug ist.

Ebbs formuliert bereits sein Entlassungsgesuch. Da wird „Mann über Bord" gemeldet. Frau Porter-Almassy, jene liebeshungrige Dame, die einst im Bett des Kapitäns lag, wurde gehört, wie sie Selbstmordabsichten äußerte, weil der Erste Offizier sie wegen einer unscheinbaren Millionärstochter versetzt hat, und wird nun vermißt. Ebbs startet eine Suchaktion. Da findet er in seiner Kabine ein kleines Mädchen, das Frau Porter-Almassy geschickt hat, um ihn zu ihrem Aufenthaltsort zu führen. Ebbs findet sie — in Konsul Carstens' Bett. Da das Bekanntwerden dieser Tatsache weder auf Carstens' Frau noch auf die Leitung der Reederei einen sonderlich günstigen Eindruck machen würde, kann Ebbs den Konsul erpressen, einen günstigen Bericht über ihn an die Reederei zu schicken.

Inzwischen im Bestimmungshafen angekommen, glaubt er auch, sich Claudia erklären zu können. Noch ehe er zum Eigentlichen gekommen ist, wird er zu Frau Porter-Almassy gerufen, die sich verabschieden will. Als er zurückkommt, ist Claudia verschwunden, aber ihr Bild steht auf seinem Schreibtisch.

„Der Kapitän", ein Vehikel für den damals 69 Jahre alten Star Heinz Rühmann, auf den der Film ganz zugeschnitten ist, wurde gnadenlos und erfolgreich auf Publikumswirksamkeit hingetrimmt. Dazu dienten eine oft mehr populäre als passende Besetzung, die seichte musikalische Untermalung durch den seinerzeit äußerst beliebten James Last — das Schlimmste an Filmmusik, was ein Kurt Hoffmann-Film je zu bieten hatte, obwohl sie dem windigen Thema manchmal durchaus angemessen ist — und ein Drehbuch, das die sarkastische, von grimmigem Humor geprägte, sehr englische Romanvorlage von Richard Gordon geglättet, verwässert und zugleich durch vermeintliche Gags, viele davon recht schlüpfrig, aufgepeppt hat. Verfaßt ist es vom Produzenten Franz Seitz unter seinem Lümmelfilm-Pseudonym Georg Laforet. Wieviel vom eigentlichen Witz des Buches verlorengegangen ist, zeigt sich besonders

Der Kapitän

Johanna Matz, Terry Torday, Heinz Rühmann

Horst Tappert, Terry Torday

am Schluß des Films. Im Buch stellt sich ganz zum Schluß, und nur für den Leser, nicht für den Kapitän, heraus, daß Claudia Lund (die Namen des englischen Originals tun hier nichts zur Sache) mit Frau Porter-Almassy, mit der sie befreundet ist, eine Wette abgeschlossen hat, wem es eher gelingen werde, den Kapitän herumzukriegen. Claudia siegt mit ihrer mütterlichen Tour über den Vamp Porter-Almassy. Im Film ist der Part Claudia Lunds unreflektiert genauso angelegt, doch weil der Schlußgag fehlt, weil es so aussieht, als ob sie es mit Ebbs ehrlich meint, wirkt ihre penetrant überverständnisvolle Art treudoof, aufdringlich und unmotiviert.

Von dem Film wurde zu Recht gesagt, „er hätte auch gut ein früher Pilotfilm der Fernsehserie ‚Das Traumschiff‘ sein können"[58], die ja in den frühen 80er Jahren geradezu synonym für seichte, realitätsfeindliche Fernsehunterhaltung stand. Wie weit die Schwächen des Films dem Regisseur angelastet werden müssen und wie weit sie auf das popularitätshaschende Konzept der Produktion zurückzuführen sind (siehe den Einsatz von James Last; wenn Hoffmann ihn zu verantworten hätte, würde mein ganzes Hoffmann-Bild zusammenbrechen!), läßt sich schwer sagen. Ich habe jedenfalls Hoffmanns Regie nie als so lustlos und uninspiriert empfunden wie bei „Der Kapitän".

Anmerkungen

1. Gewiß sind „Drei Männer im Schnee" oder „Der kleine Grenzverkehr" nicht die Werke, derentwegen Kästner zu den Großen der deutschen Literatur gezählt werden müßte. Aber sie sind, unter dem Druck der Umstände entstanden, so vorzüglich, daß sie Kästner zu einem *der* Unterhaltungsschriftsteller in Deutschland gemacht haben, deren es ohnehin nicht so viele ernstzunehmende gibt. Vgl. dazu auch Tornow 1989.
2. Zit. nach: Sybille: Der Mann mit der leichten Hand. In: Film-Revue, Jg. 12, 1958, Heft 20.
3. Hembus 1981, S. 54. Der Verfasser widerspricht sich aber selbst schon am Anfang dieses Abschnitts (S. 51), wenn er, allerdings mit polemischer Absicht, Hoffmann als „Filmschöpfer" anerkennt, der „sein Bild der Welt in seinen Werken malt", der „die Dinge nicht nur darstellt, sondern auch seiner Wertung unterwirft". Die Liste der für Hoffmann wichtigen, im deutschen Film für Qualität stehenden Mitarbeiter wäre zu ergänzen durch die Kameramänner Albert Benitz und Friedel Behn-Grund, den Komponisten Hans-Martin Majewski, die Filmarchitekten Robert Herlth, Werner Schlichting und Otto Pischinger, die Kostümbildnerinnen Ilse Dubois und Elisabeth Urbancic und die Cutter(innen) Claus und Hilwa von Boro und Dagmar Hirtz.
4. Enno Patalas in der Kritik zu „Lampenfieber" in: Filmkritik, 1960, S. 103.
4a. Eine gattungsgeschichtliche Untersuchung über die Idylle im Film gibt es übrigens meines Wissens nicht.
5. Filmkritik, 1965, S. 267 f.
6. So der deutsche Übersetzungstitel der Buchvorlage von Antonia Ridge.
7. „Die Flucht aus der Wirklichkeit in die Idylle ist heutzutage auch für ‚Lustspiel'-Regisseure nicht mehr legitim." Evangelischer Filmbeobachter, 1969, Nr. 6. Auch das Drehen von Lustspielen wird hier zum Delikt!
8. In dem Fernsehfeature zu Hoffmanns 75. Geburtstag von Christian Bauer „Humor ist eine ernste Sache", gesendet in der ARD am 12. 11. 1985 (Hervorhebung von mir). Hoffmann erzählt darin auch von einem ganz durch die Musik zu gestaltenden Offenbach-Sujet, das ihm vorgeschwebt habe. Schade, daß er's nicht verwirklicht hat!
9. „Humor ist eine ernste Sache", s. Anm. 8.
10. Vgl. Ball/Spiess, S. 92.
11. Courtade/Cadars, S. 212.
12. Hembus, S. 52.
13. Zentrale Filmographie Politische Bildung, Bd. 2, S. 174.
14. Ball/Spiess, S. 109.
15. Ebd.
16. Verleihkatalog Nr. 1, S. 159.
17. „Ganz vorne steht das Buch". Aussage in: „Humor ist eine ernste Sache", vgl. Anm. 8.
18. Albrecht, S. 333 u.ö.
19. Wendlandt 1943, S. 53 f.
20. Bei Koschnitzki, S. 39 und Bauer, Bd. 2, S. 113 sind auch Hardy Krüger und Franz Schafheitlin genannt, die ich auf der Kopie aber nicht entdecken konnte.
21. Filmdienst, 1950, Nr. 603.
22. Evangelischer Filmbeobachter, 1950, Nr. 266.
23. Evangelischer Filmbeobachter, 1952, Nr. 234, Kommafehler in der Vorlage.
24. Evangelischer Filmbeobachter, 1953, Nr. 580.
25. Reclams deutsches Filmlexikon, S. 208.

[26] Münchner Merkur, 14. 10. 1954.

[27] Evangelischer Filmbeobachter, 1954, Nr. 803.

[28] Filmdienst, 1954, Nr. 3565; Kirst, vgl. Anm. 26; eher unentschieden Gunter Groll in der Süddeutschen Zeitung (vgl. Groll, S. 63).

[29] Variety, 15. 12. 1954.

[30] Groll, S. 64.

[31] Vgl. dazu Tornow 1989, S. 58 ff.

[32] Hembus/Bandmann, S. 182.

[33] Ebd.

[34] Hembus, S. 53.

[35] Ebd.

[36] Enno Patalas in: Filmkritik 1958.

[37] Ebd.

[38] Filmkritik, 1959, S. 103. Patalas' Überlegungen, was ein französischer Regisseur aus diesem Stoff gemacht hätte, will ich hier nicht nachgehen, da sie reine Spekulation sind.

[39] Zit. nach: „Die großen Filmerfolge", S. 89.

[40] Enno Patalas in: Filmkritik, 1960, S. 103.

[41] Zit. nach: „Die großen Filmerfolge", S. 100.

[42] Variety, 11. 1. 1961.

[43] Filmkritik, 1961, S. 35.

[44] Filmkritik, 1963, S. 22.

[45] Vgl. Tornow 1989, S. 81 und ausführlicher S. 79 ff.

[46] Evangelischer Filmbeobachter, 1963, Nr. 147. Ähnlich: Filmdienst, 1963, Nr. 11 824.

[47] Interview in: Illustrierte Film-Bühne Nr. 6610. Hoffmann weist allerdings auch darauf hin, daß man eine Coproduktion mit den Schweden geplant habe und daß diese das Handlungsmotiv als für ihr Land völlig unrealistisch abgelehnt hätten, man es also auch, um die Schweden nicht zu verstimmen, weggelassen habe.

[48] Filmdienst, 1963, Nr. 12 278.

[49] Evangelischer Filmbeobachter, 1963, Nr. 587.

[50] Ebd.

[51] Im Illustrierten Film-Kurier Nr. 1.

[52] Evangelischer Filmbeobachter, 1966, Nr. 386.

[53] Sigl/Schneider/Tornow, Jahresliste 1966. Dort ist auch nachzuschlagen, daß zwischen 1949 und 1971 allein achtmal ein Hoffmann-Film zu den zehn erfolgreichsten deutschen Filmen des Jahres zählte.

[54] Variety, 8. 11. 1967.

[55] Filmdienst, 1967, Nr. 15 158.

[56] Filmkritik, 1968. S. 134.

[57] Günther Bastian weist allerdings im Filmdienst, 1969, Nr. 16 522 auf die große Ähnlichkeit dieser Filmhandlung mit dem dänischen Film „Kleine Sünder — große Sünder" hin, der kurz zuvor in Deutschland gelaufen war.

[58] „Die großen Filmerfolge", S. 159.

Literaturverzeichnis

Albrecht, Gerd: Nationalsozialistische Filmpolitik. Eine soziologische Untersuchung über die Spielfilme des Dritten Reichs. Stuttgart 1969.

Ball, Gregor; Spiess, Eberhard: Heinz Rühmann und seine Filme. München 1982.

Barthel, Manfred: So war es wirklich. Der deutsche Nachkriegsfilm. München 1986.

Bauer, Alfred: Deutscher Spielfilm-Almanach. Bd. 1: 1929-1950. 2. Aufl. München 1976. Bd. 2: 1945-1955. München 1981.

Buchers Enzyklopädie des Films. Hrsg. von Liz-Anne Bawden. Ed. der deutschen Ausgabe von Wolfram Tichy. 2. Aufl. 2 Bde. München, Luzern 1983.

Cinegraph. Lexikon zum deutschsprachigen Film. Hrsg. von Hans-Michael Bock. Loseblattausgabe. Bisher 4 Bde. München 1984 ff.

Courtade, Francis; Cadars, Pierre: Geschichte des Films im Dritten Reich. München 1975.

Drewniak, Boguslaw: Der deutsche Film 1938-1945. Ein Gesamtüberblick. Düsseldorf 1987.

Dürrenmatt, Friedrich: Die Ehe des Herrn Mississippi. Eine Komödie in zwei Teilen (Neufassung 1980) und ein Drehbuch. Zürich 1985 (Werksausgabe in 30 Bänden; 3).

Dumont, Hervé: Geschichte des Schweizer Films. Spielfilme 1896-1965. Lausanne 1987.

Fischer, Robert; Hembus, Joe: Der Neue Deutsche Film. 1960-1980. München 1981.

Groll, Gunter: Lichter und Schatten. Filme in dieser Zeit. 100 Kritiken. München 1956.

Die großen Filmerfolge. Hrsg. von Gerd Albrecht mit dem Deutschen Institut für Filmkunde. Ebersberg 1985.

Das Haus in der Karpfengasse. Drehbuch. In: Film. Eine deutsche Filmzeitschrift, 1965, Heft 5, S. 49-66.

Hembus, Joe: Der deutsche Film kann gar nicht besser sein. Ein Pamphlet von gestern, eine Abrechnung von heute. München 1981.

Hembus, Joe; Bandmann, Christa: Klassiker des deutschen Tonfilms. 1930-1960. München 1980.

Holba, Herbert; Knorr, Günther; Spiegel, Peter: Reclams deutsches Filmlexikon. Filmkünstler aus Deutschland, Österreich und der Schweiz. Stuttgart 1984.

Knorr, Günter: Deutsche Kurz-Spielfilme 1929-1940. Eine Rekonstruktion. Ulm 1977.

Koschnitzki, Rüdiger: Filmographie Kurt Hoffmann. Wiesbaden 1980.

Krusche, Dieter: Reclams Filmführer. 7., neubearb. Aufl. Stuttgart 1987.

Lexikon des internationalen Films. Das komplette Angebot in Kino und Fernsehen seit 1945. 21 000 Kurzkritiken und Filmographien. Hrsg. vom Katholischen Institut für Medieninformation e.V. und von der Katholischen Filmkommission für Deutschland. 10 Bde. Reinbek bei Hamburg 1987.

Pflaum, Hans Günther; Prinzler, Hans Helmut: Film in der Bundesrepublik Deutschland. Der neue deutsche Film. Herkunft, gegenwärtige Situation. Ein Handbuch. München, Wien 1979.

Pleyer, Peter: Deutscher Nachkriegsfilm 1946-1948. Münster 1965 (Studien zur Publizistik; 4).

Reinhold Schünzel. Schauspieler und Regisseur. Redaktion: Jörg Schöning. München 1989.

Riess, Curt: Das gab's nur einmal. Durchges., erw. Ausg. 5 Bde. Wien, München 1977.

Schmieding, Walther: Kunst oder Kasse. Der Ärger mit dem deutschen Film. Hamburg 1961.

Seidl, Claudius: Der deutsche Film der Fünfziger Jahre. München 1987 (Heyne Filmbibliothek; 100).

Sigl, Klaus; Schneider, Werner; Tornow, Ingo: Jede Menge Kohle? Kunst und Kommerz auf dem deutschen Filmmarkt der Nachkriegszeit. Filmpreise und Kassenerfolge 1949-1985. München 1986.

Tornow, Ingo: Erich Kästner und der Film. Mit den Songtexten Kästners aus „Die Koffer des Herrn O.F.". München 1989.

Tornow, Ingo: Kurt Hoffmann. In: BAG-Filmmaterialien. Regisseur- und Schauspielerbiographien. Hrsg.: Bundesarbeitsgemeinschaft für Jugendfilmarbeit und Medienerziehung e.V., Frankfurt a.M., Bd. 520, 1988, S. 105-139.

Verleihkatalog Nr. 1. Deutsches Institut für Filmkunde; Stiftung Deutsche Kinemathek. Redaktion: Hans Helmut Prinzler; Dorothea Gebauer, Walther Seidler. Frankfurt a.M., Wiesbaden, Berlin 1986.

Wendlandt, Karlheinz: Geliebter Kintopp. Sämtliche Spielfilme von 1929-1945 mit zahlreichen Künstlerbiographien. 8 Bde., bisher erschienen: 7 Bde. Berlin 1986-1989.

Wir Wunderkinder. Einführung: Roman Brodmann. Zürich o.J. (Berühmte Filme; 2).

Das Wirtshaus im Spessart. (Filmnacherzählung). In: Film-Revue, Jg. 11, 1957, Heft 25 bis Jg. 12, 1958, Heft 2.

Zentrale Filmographie Politische Bildung. Hrsg. vom Institut Jugend Film Fernsehen, München im Auftrag der Bundeszentrale für politische Bildung. Bisher 4 Bde. Opladen 1981-1987.

Zwischen gestern und morgen. 40 Jahre Neue Deutsche Filmgesellschaft. Hrsg.: Sylvia Wolf. Ebersberg 1987.

Zwischen Gestern und Morgen. Westdeutscher Nachkriegsfilm 1946-1962. Katalog des Deutschen Filmmuseums, Frankfurt a.M. Hrsg. von Hilmar Hoffmann und Walter Schobert. Frankfurt a.M. 1989.

Personen- und Filmtitelregister

Die Filme von Kurt Hoffmann sind schräg gedruckt. Aufgenommen sind alle im Text und den Bildunterschriften erwähnten Personen und Filmtitel, nicht die aus den filmographischen Angaben. Ein Register aller in der „Filmographie Kurt Hoffmann" verzeichneten Personen findet sich bei Koschnitzki (s. Literaturverzeichnis).

Adenauer, Konrad 91, 158, 192
Adina, Lil 42
Amphitryon 150
Andere Länder, andere Sitten 11
Anders, Günther 14
Andree, Ingrid 146
Angst, Richard 14, 126, 132, 212
Arens, Axel 118
Arnold, Franz 94

Bach, Ernst 94
Bach, Vivi 234
Baky, Josef von 41, 119
Behn-Grund, Friedel 243 (Anm. 3)
Behrendt, Klaus 61
Bekenntnisse des Hochstaplers Felix Krull (1957) 10, 14, 142-147, 210
Die Bekenntnisse des Hochstaplers Felix Krull (1982) 145
Ben-Gavriel, Moscheh Ya'akov 202, 203
Bendow, Wilhelm 43
Benitz, Albert 243 (Anm. 3)
Benkhoff, Fita 75, 111, 113, 114, 193
Berlin Alexanderplatz 145
Binding, Rudolf G. 107
Boese, Carl 26
Bois, Curt 174, 175, 177
Boro, Claus von 243 (Anm. 3)
Boro, Hilwa von 243 (Anm. 3)
Borsche, Dieter 81, 82, 83
Borsody, Eduard von 28
Brasch, Helmut 187
Braun, Alfred 10
Braun, Curt Johannes 99
Braun, Harald 9, 56, 147
Braun, Heiner 203
Brausewetter, Hans 27
Brejchova, Jana 196, 199, 204, 205
Brem, Beppo 38, 46
Buchholz, Horst 142, 146
Buddenbrooks 147
Burkhard, Paul 122

Canaris 10
Čapek, Karel 12
Charell, Eric 10, 122
Clarin, Hans 176, 177
Corry Bell s. Klettermaxe
Curtis, Tony 81

Dahlke, Paul 43, 55, 95, 96, 119, 127, 128
Daruga, Gitty 170
Deppe, Hans 140
Deter, Inken 170
Diamond, I.A.L. 81
Dietl, Robert 217
Doktor Faustus 147
Dr. med. Hiob Prätorius 16, 206-209, 212
Domnick, Hans 104, 208, 210
Das doppelte Lottchen 119
Drei Männer im Schnee 15, 18, 125-128, 136, 189, 192
Die Drei von der Tankstelle 19, 150
Der dritte Mann 66
Du und ich 11
Dubois, Ilse 243 (Anm. 3)
Dürrenmatt, Friedrich 10, 13, 181, 182, 183

Ebinger, Blandine 65
Egger, Ingeborg 83
Die Ehe des Herrn Mississippi 10, 178-184, 230
Eich, Günter 62
Eichborn, Evelyn von 234
Eichheim, Josef 45, 46
Ein Tag ist schöner als der andere 15, 17, 81, 233-237
Elisabeth Charlotte von der Pfalz 213, 216
Elsner, Hannelore 222
Enderle, Luiselotte 41, 175
Engel, Erich 9
Der Engel, der seine Harfe versetzte 15, 18, 109, 159-162, 166, 171, 189
Eser, Archibald 231
Esser, Paul 174

Der Fall Rabanser 11, 68-72
Fanfaren der Liebe 18, 78-83, 104
Faßbinder, Rainer Werner 145
Feiler, Hertha 61
Felmy, Hansjörg 153, 156, 184
Feuerwerk 11, 14, 18, 120-124, 189
Die Feuerzangenbowle (1944) 62
Die Feuerzangenbowle (1970) 210
Feydeau, Georges 94
Finkenzeller, Heli 45, 47, 48, 52
Firmans, Lothar 35
Flickenschildt, Elisabeth 153
Das fliegende Klassenzimmer (1954) 116-119
Das fliegende Klassenzimmer (1973) 119
Florath, Albert 108
Fontane, Theodor 10
Frau Warrens Gewerbe 10
Frauenarzt Dr. Prätorius 104
Friedl, Loni von 191, 193
Fritsch, Willy 104, 141
Froboess, Cornelia 225, 227, 228
Fröhlich, Gustav 55, 58
Frydtberg, Wera 153
Fuchs, Matthias 161

Fünf Millionen suchen einen Erben 26
Fünf unter Verdacht 11, 63-67, 71
Fux, Herbert 217

Gaze, Heino 188
Geissendörfer, Hans W. 147
Geliebter Lügner 67
George, Götz 191, 193
Giller, Walter 187, 189, 196, 197, 199, 227
Das Glas Wasser 19
Goebbels, Joseph 29, 223
Goethe, Johann Wolfgang von 16
Goetz, Curt 102, 104, 105, 208, 209, 210, 212
Gordon, Richard 239
Graf, Otto 184
Graf, Robert 153, 165
Grimm, Oliver 108, 167
Grimms Märchen von lüsternen Pärchen 188
Grote, Hermann 36
Grothe, Franz 14, 99, 132, 162
Günther, Egon 147

Haack, Käthe 121
Haagen, Margarete 47, 121, 127
Häussler, Richard 58
Hancke, Edith 180
Hank, Dagmar 193
Hansen, Rolf 10
Harbou, Thea von 31
Harlan, Veit 36
Hartung, Hugo 158
Harvey, Lilian 104
Hasse, O(tto) E(duard) 180
Hauptmann, Gerhard 10
Hauff, Wilhelm 150
Das Haus in der Karpfengasse 13, 14, 15, 16, 17, 136, 200-205
Das Haus in Montevideo (1951) 104
Das Haus in Montevideo (1963) 104, 210
Heesters, Johannes 134
Heesters, Nicole 127
Heimliches Rendezvous 59-62, 136
Held, Martin 180, 193
Herlth, Robert 243 (Anm. 3)
Herrliche Zeiten im Spessart 218-223
Heuser, Loni 113
Heut' passiert was — Königin einer Nacht s. Königin einer Nacht
Heute heiratet mein Mann 14, 133-136
Hinz, Michael 170
Hinz, Werner 207
Hirtz, Dagmar 243 (Anm. 3)
Högel, Hartmut 118
Höhn, Carola 32, 95
Hörbiger, Paul 111, 113
Hoffmann, Carl 10
Hoffmann, Kurt (Abbildungen) Umschlag, 134, 142, 234
Hokuspokus (1930) 104

Hokuspokus (1953) 101-105, 210
Hokuspokus oder: Wie lasse ich meinen Mann verschwinden? 210-212
Hollaender, Friedrich 14
Holms, Frank 138
Hoppe, Marianne 55, 57, 58
Hubschmid, Paul 98, 99, 138, 141
Hudi, Aladar 187
Hübner, Bruno 118
Hübner, Karin 217
Hurra! Ich bin Papa! 30-32

Ich denke oft an Piroschka 14, 16, 18, 99, 109, 129-132, 136, 198
Ich vertraue Dir meine Frau an 18, 40-43
Ich werde Dich auf Händen tragen 49-53
Imhof, Fritz 127
Das indische Grabmal 10

Jacobs, Werner 12
Jud Süß 36
Jugert, Rudolf 10
Der junge Baron Neuhaus 10

Kästner, Erich 13, 41, 43, 62, 117, 119, 126, 140, 192, 194, 243 (Anm. 1)
Käutner, Helmut 9, 11, 12, 19, 51, 210
Der Kapitän 12, 232, 238-241
Karlstadt, Liesl 156
Kieling, Wolfgang 201
Der kleine Grenzverkehr 140
Klettermaxe 18, 71, 72, 88-92
Klinger, Paul 118
Klüsner, Karl 65
Knuth, Gustav 111, 113, 114, 131
Koch, Marianne 138, 141
Koczian, Johanna von 156, 180, 183
Köck, Eduard 46, 48
Königin einer Nacht 18, 84-87
Königliche Hoheit 147
Körner, Diana 231
Kohlhiesels Töchter (1920) 46
Kohlhiesels Töchter (1943) 44-48
Der Kongreß tanzt 10, 122
Kräly, Hanns 46
Kraus, Peter 118
Krauß, Werner 36
Krüger, Bum 108
Krüger, Hardy 243 (Anm. 20)
Kückelmann, Gertrud 98
Kurtz, Melchior Pseud. für Erich Kästner

Laforet, Georg Pseud. für Franz Seitz
Lampenfieber 15, 16, 20, 168-172
Land der Liebe 10
Landgut, Inge 70
Lang, Franzl 140
Lang, Fritz 10, 66
Lang, Michl 121, 140, 156

Last, James 232, 239, 241
Lauter Lügen 11, 26
Leibelt, Hans 65, 156
Leipnitz, Harald 214, 219, 222
Lemmon, Jack 82
Liebe im Finanzamt s. Wochenend im Paradies
Liebe will gelernt sein 14, 172, 190-194
Liebeneiner, Wolfgang 11, 230
Lieven, Albert 92
Liselotte von der Pfalz 213-217, 230
Löbel, Bruni 165
Logan, Michael 79
Lohmeyer, Gerd 231
Lohner, Helmuth 149
Lorenzen, Henry 65
Lothar, Hanns 196, 199
Lotte in Weimar 147
Lubitsch, Ernst 9, 46
Ludwig XIV., König von Frankreich 213
Lüders, Günther 98, 99, 128
Lühr, Peter 207
Lüthge, Bobby E. 43

M — eine Stadt sucht einen Mörder 66
Mahlke, Knut 118
Majewski, Hans-Martin 243 (Anm. 3)
Malpass, Eric 230, 232
Manche mögen's heiß 79, 82
Mann, Thomas 10, 13, 14, 144, 145, 147, 158
Marian, Ferdinand 36
Martens, Valerie von 104, 105
Matz, Johanna 240
Maugham, Somerset 12
May, Karl 12
Meinecke, Eva-Maria 165
Meisel, Will 87
Meyerinck, Hubert von 92, 151, 177
Miedel, Klaus 211
Mistrik, Ivan 204
Möllendorf, Else von 42
Möller, Gunnar 61, 131, 214
Mörike, Eduard 16
Moik, Lutz 65
Mord in Belgesund s. Fünf unter Verdacht
Morgens um sieben ist die Welt noch in Ordnung 229-232, 233
Moselfahrt aus Liebeskummer 106-109
Monroe, Marilyn 82
Movar, Dunja 161, 171
Müller, Lisabet 108
Münch, Richard 211
Münchhausen 41
Musik bei Nacht 97-100, 136

Neumann, Günter 14, 221
Neuss, Wolfgang 157
Nicklisch, Franz 65

Nielsen, Hans 52, 65, 102
Nitribitt, Rosemarie 175
Nykvist, Sven 14, 162, 183

Offenbach, Jacques 243 (Anm. 8)
Olden, Hans 127
Osten, Nana 161, 162

Palmer, Gaston 187
Palmer, Lilli 121, 122, 124
Pantel, Bruno W. 217
Paradies der Junggesellen 11, 25-29
Pauck, Heinz 14, 62, 82, 171
Paulsen, Harald 70
Peters, Ina 149
Petersson, Friedhelm von 65
Petri, Ilse 83
Peukert, Leo 48
Pfleghar, Michael 212, 223
Philipp I., Herzog von Orléans 213
Pischinger, Otto 210, 212, 243 (Anm. 3)
Ponto, Erich 102, 105
Porten, Henny 46
Possendorf, Hans 90
Prack, Rudolf 61
Der Prozeß 202
Pulver, Liselotte 89, 92, 131, 132, 134, 136, 146, 149, 165, 166, 174, 207, 209, 210, 211, 212, 216, 219, 222, 223

Quadflieg, Will 108
Quax, der Bruchpilot 18, 33-39
Quecke, Else 214
Quest, Hans 31

Raddatz, Carl 75
Rasp, Fritz 105
Rathony, Akos von 10
Die Ratten 10
Der Raub der Sabinerinnen 18, 110-115, 169
Rausch, Lotte 27
Reed, Carol 66
Regnier, Charles 183, 184
Reincke, Heinz 142
Reinecker, Herbert 197, 226
Reinl, Harald 12
Reschke, Ethel 86
Rheinsberg 15, 16, 198, 224-228
Rhomberg, Rudolf 187, 219
Richter, Hans 174, 219
Richter, Paul 45
Romanowsky, Richard 138
Rosen für den Staatsanwalt 157
Rosen im Herbst 10
Rühmann, Heinz 11, 26, 27, 28, 31, 32, 34, 35, 36, 38, 42, 128, 207, 208, 209, 211, 212, 239, 240
Rütting, Barbara 193
Ruffin, Kurt von 42

Salzburger Geschichten 18, 62, 137-141, 192

Sauerbruch 10
Sautter, Emil 122
Schafheitlin, Franz 70, 243 (Anm. 20)
Schlichting, Werner 243 (Anm. 3)
Schloß Gripsholm 15, 16, 109, 195-199, 226, 227
Schmidt, Peer 146
Schneewittchen und die sieben Gaukler 18, 185-189
Schneider, Romy 122
Schönböck, Karl 74, 75, 122
Das schöne Abenteuer (1932) 10
Das schöne Abenteuer (1959) 17, 163-167, 171
Schönfelder, Friedrich 65
Schönthan, Franz von 113
Schönthan, Paul von 113
Schott, Werner 65
Schramm, Günter 187
Schröder, Arthur 35
Schroth, Hannelore 74, 75, 77
Schünzel, Reinhold 9, 10, 11, 19, 82, 96, 150, 192
Schuller, Walter 32
Schultze-Westrum, Edith 204
Schweikart, Hans 67
Schwiers, Ellen 61
Seitz, Franz 147, 239
Selinko, Annemarie 136
Shaw, George Bernard 10
Sieber, Josef 27, 65
Sima, Oskar 46, 48, 82
Sinkel, Bernhard 147
Siodmak, Robert 10
Der Skarabäus 11
Söhnker, Hans 70
Sonntagsgeschichten 12
Das Spukschloß im Spessart 15, 173-177, 183, 189, 221, 232
Stadt im Nebel s. Fünf unter Verdacht
Staudte, Wolfgang 9, 11, 12, 157
Steinhoff, Hans 11
Stemmle, Robert Adolf 36
Stephan, Ruth 111
Storr, Otto 149, 187
Stresemann 10
Striebeck, Peter 193
Stürme der Leidenschaft 10

Tappert, Horst 162, 240
Taxi-Kitty 18, 73-77
Teege, Joachim 102, 219
Teichs, Alf 28, 43
Terrot, Charles 162
Thellmann, Erika von 47, 48
Theokrit(os) 16
Thiele, Rolf 147, 188
Thiele, Wilhelm 19, 150
Thoeren, Robert 79, 147
Thomalla, Georg 80, 81, 83, 174, 175, 177, 187
Thompson, Carlos 149

Tiller, Nadja 175, 199
Tillmann, Fritz 211
Tonio Kröger 147
Torday, Terry 240
Tost, Peter 118
Die Tote von Beverly Hills 212
Das Traumschiff 241
Traven, B. 12
Trier, Walter 140
Truss, Madelon 92
Tucholsky, Kurt 13, 14, 197, 198, 226, 227

Ucicki, Gustav 10, 104
Unordnung und frühes Leid 147
Urbancic, Elisabeth 243 (Anm. 3)

Vahl, Henry 161, 162
Valente, Caterina 187, 188
Vergil (Publius Vergilius Maro) 16
Das verlorene Gesicht 11, 54-58
Versprich mir nichts 11
Vespermann, Gerd 231
Vogel, Rudolf 98, 121
Vohrer, Alfred 12
Ein Volksfeind 11

Wälsungenblut 147
Wagner, Richard 223
Waitzmann, Kurt 65
Waldow, Ernst 114, 121
Wallace, Edgar 12
Weicker, Herbert 146
Weidenmann, Alfred 10, 147
Weis, Heidelinde 214, 215, 217
Weiser, Grethe 82
Weiss, Helmut 62
Welles, Orson 202
Wenn der Vater mit dem Sohne 31
Wenn süß das Mondlicht auf den Hügeln schläft 230
Werner, Ilse 86
Westermeier, Paul 86
Wieder, Hanne 174, 175, 177, 187, 188
Wilcke, Claus 170
Wilder, Billy 79, 81, 82
Windeck, Agnes 225
Wir machen Musik 51
Wir Wunderkinder 12, 14, 15, 17, 18, 99, 136, 152-158, 176, 183, 203, 221, 223
Das Wirtshaus im Spessart 12, 14, 41, 99, 148-151, 175, 221
Wochenend im Paradies 93-96
Wochenendfrieden 11
Wolff, Christian 225, 227, 228
Wunschkonzert 28

Yvette 11

Der Zauberberg 147
Zoch, Georg 46

Vom selben Autor ist im Verlag *filmland presse* erschienen:

> **Klaus Sigl**
> **Werner Schneider**
> **Ingo Tornow**
>
> # JEDE MENGE KOHLE?
>
> Kunst und Kommerz
> auf dem
> deutschen Filmmarkt
> der Nachkriegszeit

Im ersten Teil bietet der reich illustrierte Band Charakteristiken und kontrastierende Vergleiche der größten Kassenerfolge und der Hauptpreisträger des deutschen Filmpreises für jedes Jahr des behandelten Zeitraums im Kontext der deutschen Filmgeschichte. Der zweite Teil listet tabellarisch über 2000 in Deutschland gelaufene Filme mit ihren Kassenerfolgen und deutschen sowie internationalen Filmpreisen auf, eine Übersicht, für die es in ihrer Vollständigkeit nichts Vergleichbares gibt. Dazu eine Dokumentation des Deutschen Filmpreises und Statistiken zum deutschen Filmmarkt seit 1949. Ein unentbehrliches Nachschlagewerk für jeden an der deutschen Filmgeschichte Interessierten.

Klaus Sigl · Werner Schneider · Ingo Tornow: Jede Menge Kohle? Kunst und Kommerz auf dem deutschen Filmmarkt der Nachkriegszeit. Filmpreise und Kassenerfolge. Großformat. 193 Seiten. Zahlreiche Abbildungen. Broschiert DM 29,80. ISBN 3-88690-070-3.

FILMLAND PRESSE · POSTFACH 14 02 60 · 8000 MÜNCHEN 5

Vom selben Autor ist im Verlag *filmland presse* erschienen:

> Ingo Tornow
> ERICH KÄSTNER UND DER FILM
> Mit den Songtexten Kästners aus
> „Die Koffer des Herrn O. F."
>
> Eine Publikation der Münchner
> Stadtbibliothek Am Gasteig

Das Buch stellt Erich Kästner als einen der meistverfilmten deutschen Autoren vor, der zudem als Drehbuchautor ein enges Verhältnis zur Filmbranche hatte. Neben der Untersuchung der Filme und ihrem Vergleich mit den Kästnerschen Vorlagen beleuchtet ein Kapitel Kästners persönliches Verhältnis zum Film, ein anderes Kapitel weist auf Besonderheiten der Kästner-Rezeption im Film hin. Es werden (verfilmte) Theaterstücke Kästners vorgestellt, die dieser im Dritten Reich unter Pseudonym geschrieben hat und die der Öffentlichkeit bisher nicht bekannt waren. Zum erstenmal auch werden Kästner Songtexte für „Die Koffer des Herrn O. F." in größtmöglicher Vollständigkeit abgedruckt. Ein Buch, das sowohl für filmhistorisch Interessierte wie für Philologen wichtig ist.

Ingo Tornow: Erich Kästner und der Film. Mit den Songtexten Kästners aus „Die Koffer des Herrn O. F." Eine Publikation der Münchner Stadtbibliothek Am Gasteig. 113 Seiten. Zahlreiche Abbildungen. Broschiert DM 9,80. ISBN 3-88690-044-4.

FILMLAND PRESSE · POSTFACH 14 02 60 · 8000 MÜNCHEN 5